Ulla Hahn

Dichter in der Welt

Ulla Hahn

Dichter in der Welt

Mein Schreiben und Lesen

Deutsche Verlags-Anstalt
München

Aut prodesse volunt aut delectare poetae
aut simul et iucunda et idonea dicere vitae.

Der Dichter soll entweder nützen oder erfreuen / oder zugleich, was erfreut und was nützlich fürs Leben ist, sagen.

Quintus Horatius Flaccus (4 v. Chr.)

Es ist die »Sache des Dichters …, den Abgesandten des Nichts, die in der Literatur immer zahlreicher werden, zu widerstehen …«

Elias Canetti (1905–1994)

Inhalt

Vorwort

Dieser Band versammelt Texte, die im Laufe der Jahre mein Schreiben begleitet haben.

Es sind zum einen Überlegungen zum Verständnis des eigenen Handwerks. Versuche zu erklären, warum ich mich dem »nulla dies sine linea« (kein Tag ohne einen Strich, Apelles, 4. Jh. v. Chr.) verschrieben habe. Meine Antworten auf die Fragen, die so alt sind wie das erste Gedicht: Warum schreiben Sie? Und: Warum so und nicht anders? Wie halten Sie es mit der Tradition? Und überhaupt: Lesen? Und dazu noch Gedichte? Warum das denn?

Ein weiterer Schwerpunkt meiner Auswahl liegt auf der Annäherung an Kolleginnen und Kollegen. Seit ich es kann, ist kein Tag ohne Lesen vergangen, und seien es nur ein paar Sätze. Sucht? Ja. Nach Glück. Lesen macht (mich) glücklich. Bin ich vom Schreiben ausgebrannt, machen mir schon ein paar Zeilen großer Literatur Mut.

Viele der hier versammelten Texte entstanden, weil man mich darum gebeten hatte. Doch jede Anfrage verstand ich auch als Herausforderung, mir etwas Neues anzueignen. Nicht ohne »das kritische Pendel« zeitweilig auszuhängen und die »Liebe als Kunstgriff« (Friedrich Nietzsche) zu benutzen. Gelang mir das nicht, gab ich der Redaktion das Buch zurück. Ein einziges Mal, vor nahezu dreißig Jahren habe ich einen Verriß geschrieben.(Es tut mir heute noch leid.) Seither gilt: Was ich nicht schätze, möchte ich nicht abschätzen. Meine Lektüre ist eine ununterbrochene Kette von Annäherungsversuchen, werbend, aber nicht blind.

Und schließlich: Ich habe mich immer als schreibende Zeitgenossin verstanden. Auch ein Schriftsteller sollte Dinge, die im argen liegen, beim Namen nennen – wie j e d e r a n d e r e D e m o k r a t. Mein Mittel ist das Wort, dem ich als einem Pfeiler menschlicher Existenz vertraue. Dabei gilt: »Aus unseren Zwisten mit anderen holen wir die Rhetorik, aber aus unseren Zwisten mit uns selbst die Poesie.« (William Butler Yeats) So sind wir dichter in der Welt.

2005

So wie der Süßapfel rot wird ganz hoch an der Spitze des Zweiges,
hoch an dem höchsten von allen – ihn haben die Pflücker vergessen
(nein doch! o nein! nicht vergessen! sie konnten ihn nur nicht erreichen) – SAPPHO (um 630–590 v. Chr.)

Süßapfel, rot
Oder: Sprechen aus der »Anderswelt«
Zur Entwicklung meines Schreibens

Meine ersten Gedichte schrieb ich. Nicht: Für wen? Nicht: Wie? Und nicht: Warum? Nicht um zu … zu belehren, zu beichten, zu räsonieren, zu reflektieren, zu verkünden. Ich schrieb. Es machte mir Freude.

Nach vergeblichen Bemühungen, an der Universität Fuß zu fassen, hatte ich bei Radio Bremen eine Stelle als Literaturredakteurin bekommen. Es war eine Erlösung. Ich mußte nicht mehr jeden Satz mit drei Fußnoten stützen, mußte nicht mehr lesen, was »wichtig« war und schon gar nicht mehr Literatur über Literatur. Ich durfte mit Büchern wieder umgehen wie in meiner Kinder- und Jugendzeit: wie mit Freunden. Und so sah ich auch meine Arbeit in der Redaktion an: Freundschaften zu stiften zwischen Buch und Hörer. Mit einem Wort: Ich durfte Bücher wieder lieben ohne Wenn und Aber. Ich fühlte mich frei.

Ich schrieb. Wichtig war allein, daß ein Gedicht entstand und nicht an lauter vorweggenommenen Einwänden erstickte. Für eine Germanistin gar nicht so einfach. Wäre ich an der Universität geblieben, ich hätte wohl keine Gedichte geschrieben.

Nach der Arbeit drängte es mich an den eigenen Schreibtisch oder an die Weser, jedenfalls in die Einsamkeit, in jenen Zustand der Verpuppung, der Abkapselung, der mehr ist als ein bloßer Rückzug aus dem Alltag: ein Zustand der Meditation, nahe der Trance, mächtiger und erregender als das wirkliche Leben. Es ist der Aufenthalt in dieser anderen Welt, wo Alltagswörter werden wie neugeboren; wo sie bannen oder heilen. Dichtung ist »Anderssagen«. Sprechen aus der »Anderswelt«. Diese Wonnen des Wörterfindens und Miteinandervereinens, diese Freude, wenn sie Funken schlagen und ungeahnte Bedeutungen freigeben! Wo es gilt, Meister Eckehart zu folgen: ganc ane weg den smalen steg. Der Weg entsteht im Gehen. Und reicht so tief und so weit, wie die Wörter reichen, die mir entgegenkommen, sich mir gnädig zeigen.

Schreiben wurde zur zweiten Natur. Oder zur ersten? Das Bedürfnis zu schreiben, verselbständigte sich. Zwei Seelen in einer Brust? Eher zwei Wesen in einem Körper. Eines, das einkauft, kocht, die Waschmaschine anstellt. Und das andere, das sich zu Papier bringt, zur Sprache macht, in den Gedichten aufgeht. Beide miteinander verbunden wie Schlemihl mit seinem Schatten. Fordert mein »Schatten« mich auf, muß ich ihm folgen.Versuche ich, ihn zu fliehen, dem Drang zum Schreiben auszuweichen, in irgendwelche Aktivitäten zu flüchten, wie Bad putzen, um die Alster laufen, verreisen, läßt er mir keine Ruhe, bis ich mich wieder aus der Alltagswelt zurückziehe, in die andere Welt, die Welt der »Schatten«. Das Schreiben aufzugeben hieße, wie Schlemihl, der seinen Schatten dem Teufel verkauft, die Seele zu verkaufen.

Mut und Widerborstigkeit bescheinigte mir Karl Krolow in seiner Laudatio zum Hölderlin-Preis. Ich ahnte wohl: jedes Gedicht, das ich schreibe, vermindert die Angst und schafft Platz für Mut und Lebensfreude. Solange ich Wörter finde für mein Glück oder Unglück, solange ich aus meinen Erfahrungen Erfindungen machen, Erfahrungen und Erfindungen so verweben kann, daß neue Wirklichkeiten entstehen, geformte Sprache, Gedichte, kann ich nicht aussichtslos unglücklich sein. Es gibt keine endgültige Verzweiflung im Gedicht, solange es dieses Gedicht gibt. Die gelungene Form verwandelt Trauer und Verzweiflung in Trost: »Viele versuchten umsonst das Freudigste freudig zu sagen, / Hier spricht endlich es mir, hier in der Trauer sich aus«. (Friedrich Hölderlin)

Mit der Zeit wurden meine Gedichte reflektierter, machten sich auch selbst zum Thema, griffen die ironische »Ars poetica« aus dem ersten Band ernsthafter wieder auf. Doch nie habe ich Energie darauf verwandt, so zu tun, als sei die Sprache etwas völlig Fremdes und Unergründliches, und Ziel des Dichtens einzig das Bemühen um die Sprache, die Dichtung selbst. Dazu T. S. Eliot: If you aim only at poetry in poetry, there is no poetry either. Wer nichts als Kunst machen will, landet in der Verseschmiede. Jeder Dichter hat zwei Väter: David und Orpheus, den Redner und den Sänger. Wo der eine vorherrscht, muß der andere als Verwandter spürbar sein. Dichtung darf sich nicht vom Denken lossagen. Wo gesprochen wird, werden Gedanken mitgeführt. Alles andere ist Gebrabbel. Daß »die Sprache spricht«, ist Unsinn. Der Autor ist für das, »was die Sprache spricht«, verantwortlich. Und es ist seine Chance, daß sein Kunstmaterial, die Sprache, an eine äußere Referenz, an allgemeinverbindliche Bedeutungen und Konventionen zurückgebunden ist. Seine Chance, nicht in die Beliebigkeit abstrakter Verantwortungslosigkeit zu geraten.

Hat soziales Engagement also Vorrang vor der Ästhetik? Genausogut könnte man mich fragen: Willst du lieber atmen oder essen? Alles ernsthafte Schreiben ist der Versuch, diesen Dualismus zu überwinden. Wer schreibt, als wären Ästhetik oder Gesellschaft ohne einander vorstellbar, nimmt menschliche Erfahrung nur bruchstückhaft wahr. Sprache selbst ist sozial und hat moralische Dimensionen. Dichtung bedarf keiner gutgemeinten Ergänzung von moralischer oder soziologischer Seite. Dichtung ist keine ästhetisch-moralische Quacksalberei. Sie ist moralisch, ist human oder keine Dichtung.

Gedichte schreiben nicht über soziales Leben; sie sind Teil dieses Lebens. In Gedichten wird nie »über« etwas geschrieben. Die Frage: Was ist Ihr Thema? verrät schon die ganze Hilflosigkeit vor dem Gedicht. Gedichte haben kein Thema. Wie das? Können Gedichte »kein Thema« haben? Sie sind ein Thema. Sie gebrauchen nicht Sprache. Sie sind Sprache. Alles hat Platz in einem Gedicht. Das Sujet besagt kaum etwas; wichtig ist, wie es mit Wörtern behandelt wird. Daher halte ich auch nicht viel von Dichtung als verkürztem Kommentar zur Zeitgeschichte. Nichts vom Protzen mit Wissen oder von reimendem Possenreißen. Nichts von publizistisch-lyrischer Didaktik, die manchen als die Verbindung von Kunst und Leben gilt. Das Gedicht ist kein Meta-Ort außerhalb der Gesellschaft.

Ich vertraue der Sprache, vertraue mich ihr an. Wie soll der Leser mir vertrauen, wenn ich nicht an die Fähigkeit meines Handwerkszeugs glaube – und an mich? Wenn ich nicht hoffe, etwas zum Sagen zu haben – so gut ich das kann. Und zwar so und nicht anders. Mitteilungsfunktion und Materialaspekt der Sprache gehören zusammen. Die menschliche Dimension der Sprache läßt sich nicht in absolute Form und absoluten Inhalt spalten. Trennung führt zu rhetorischer Banalität oder zu verkünsteltem Leerlauf.

Das Gedicht ist der Ort, wo Erfahrung zur Sprache gebracht, zu Sprache gemacht wird. Wörter müssen gedeckt sein durch Erleben und Erleiden. Erfahren und Erleben einerseits, und das ästhetische Bemühen um die Sprache andererseits, können durchaus nebeneinander verlaufen oder zu verschiedenen Zeiten stattfinden. Davor sind selbst große Lyriker nicht gefeit. Später aber wird die angesammelte Substanz mit dem sprachlichen Vermögen für »das« Gedicht zusammengeführt. Nicht von ungefähr hat Benn von den sechs bis acht gelungenen Gedichten als Resultat eines Dichterlebens gesprochen.

Notwendig war es mir immer, neugierig zu bleiben; nie die Lust zu verlieren, mich selbst zu überraschen. Schreiben: sich mit jedem Gedicht neu zu erfinden. Wiederholungen vermeiden. Fällt mir etwas leicht, ist es höchste Zeit, es mir von neuem schwer zu machen. Der Widerstand des Materials, der Sprache, muß spürbar bleiben. Für mich. Dem Gedicht darf man die Mühe nicht anmerken. Der Dichter ist gehalten, »in Ketten zu tanzen« (Friedrich Nietzsche). Doch klirren hören sollte man sie nicht – es sei denn mit Absicht.

Leser jedoch gewöhnen sich gern an den Ton »ihres« Autors, sie lieben die vertraute Stimme und sind dann oft enttäuscht vom Wechsel des Stoffes oder der Form. Sie möchten ihre Erwartung bedient sehen. Der Autor als Markenartikel. Ein gefährlicher Zustand: Es verführt den Autor zum Selbstplagiat. Von Band zu Band bin ich das Risiko der Veränderung, dieser Enttäuschung des Lesers bewußt eingegangen.

In meinen späteren Gedichten tritt auch der ironische Ton zurück. Gewagt wird die Darstellung des unverstellten, unmittelbaren Gefühls, das nicht sogleich wieder ironisch zurückgepfiffen wird. Ironie eignet sich zur Notwehr, nicht für den Dauereinsatz. Dies gilt auch für gesellschaftskritische Gedichte, wenn Verhältnisse aufgedeckt, falsches Bewußtsein bloßgestellt werden soll. Bei aller Unterhaltsamkeit ist Ironie destruktiv. Mit der Zeit verschleißt sie mehr, als sie gibt. Kierkegaard bezeichnet die Ironie als »Elastizität der Seele«. Bei Dauerdehnung droht Ausleiern.

Die Abkehr von der Ironie spiegelt sich auch im Rhythmus der Gedichte. Das Gedicht ist sein Rhythmus, unablösbar von der Bedeutung der Zeilen. Meist macht sich zuerst ein Rhythmus bemerkbar, ein Zupfen, ein Pochen, eine Bewegung, lauernd auf Wörter. In meinen frühen Gedichten läuft dieser Rhythmus dem Metrum oft zuwider. Der Reim bietet nur dem Auge Einhalt; Inhalt und Melodie gehen über ihn hinweg. Wörter stürzen über das Zeilenende, das Strophenende hinaus in die nächste Zeile, den nächsten Vers, verkehren nicht selten den Sinn der vorangegangenen Zeile im Zusammenhang mit der nächsten in sein Gegenteil; der Rhythmus führt den Leser an der Nase herum.

Mit dem langen Atem kam Gelassenheit. Meine Gedichte sind nicht mehr Ausdruck tastender Selbstvergewisserung, rastloser Suche nach der Zeile »die mir sagt/ wo ich mich find'«, so die letzte Zeile in dem Gedicht »Meine Wörter«. Das Verhältnis von Ich und Welt wird nicht länger ausschließlich als Gegensatz erlebt. Lyrisches Ich und Welt durchdringen einander. Das Ich läßt die Welt auf sich einströmen, in sich hineinströmen. Dies hebt Grenzen auf – auch in der Form. Die Gier nach Welthaltigem, das Bemühen, Leben festzuhalten, Platz zu schaffen für immer neue Weltstücke, immer neue Verbindungen dieser

Stücke, immer neuer »Geisterblicke« (Eichendorff), die das Entlegendste zusammenrücken, läßt manche Gedichte überborden, scheinbar ausufern. Das Gedicht als Ergebnis geduldigen, achtsamen Wartens auf Bruchstücke von Erfahrungen, die das Bewußtsein für Spracherfindungen freigibt. Wirklichkeit erscheint nicht länger linear, kausal; sie wird kaleidoskopisch erfaßt. Ein Weitergleiten des Auges: und Satz- und Bildgefüge fallen auseinander und formieren sich neu. Unterstützt wird dies durch den Gebrauch von Infinitivformen, die einen Zustand oder ein Geschehen benennen, ohne Verbindung mit Person, Zahl oder Aussageweise. Das lyrische Ich erscheint im Sprechakt, nicht in der Grammatik; dies gibt mir die Möglichkeit unendlicher Wörterfolgen, Wortmelodien ohne den Zwang, immer neue Sätze zu bilden und damit die Musik zu unterbrechen. Etwa in dem Gedicht »Frucht in der Farbe der Luft«.

Gebundene Verse schreibe ich auch weiterhin. Ob in gebundenem oder freiem Vers geschrieben wird, ist weder fort- noch rückschrittlich. Freier und gebundender Vers sind keine gegensätzlichen, sondern sich ergänzende Techniken. Gebundene Verse tragen zur Fokusierung und Präzision freier Verse bei; der freie Vers hilft, die gebundenen Gedichte vielgestaltig, lokker und zeitgenössisch zu halten. Beide werden gebraucht, um der Dichtung – und dem Dichter – Kraft und Lebendigkeit zu bewahren.

Das Ziel der Dichtung ist Gesang. Der freie Vers darf diesen Gesang nicht verlieren. In den Kindheitstagen der Dichtung war die gebundene Rede das einzige Mittel, Dichtung haltbar zu machen, transportfähig, eine Stütze für das, allein auf das gesprochene Wort angewiesene, Gedächtnis. Dichtung wandte sich an das Ohr, den Hörer. Ein Gedicht ohne Melodie war undenkbar, dem Vergessen preisgegeben. Ohne Musik gibt Dichtung gerade das auf, womit sie uns in ihren magischen Zirkel lockt. Man beobachte Kinder, wenn sie ihre ersten Verse lernen. Ihre Freude am Reim, der Wiederholung der Hebung und Senkung der Silben. Gerade freie Verse verlangen vom Autor wie vom Leser ein feines Gehör. Man lese noch einmal Bertolt Brechts

Aufsatz: »Über reimlose Lyrik mit unregelmäßigen Rhythmen«. Oder erinnere das Zwiegespräch in Richard Wagners »Die Meistersinger von Nürnberg«. »Wie fang ich nach der Regel an?« fragt Walther von Stolzing. Antwort Hans Sachs': »Ihr stellt sie selbst und folgt ihr dann.« Man kann es nicht oft genug sagen: Ohne diese – völlig frei gewählte, von Gedicht zu Gedicht neu gestellte – Regel gibt es keine Poesie. Diese Regel als Leser sogleich zu erkennen, ist nicht wichtig; aber man muß spüren, daß es eine gibt, daß der Autor bemüht war, dem Sprachfluß ein eigenes Ufer zu bilden.

Jedes Gedicht birgt meine Erfahrungen und mein sprachliches Vermögen zur Zeit seiner Niederschrift. Sind sie schön? Immer geht es um die Deckung von Erfahrung, Erfindung und sprachlichem Vermögen. Erfahrung, nicht Wissen. Der Mensch ist ein Sinnenwesen. Grundlage der Dichtung bleibt es, die Unmittelbarkeit der Dinge und Erfahrungen in Sprache zu überführen. In einer Welt überwiegend mittelbarer Eindrücke und virtueller Reize wird dies zunehmend wichtiger. Dichtung, die sich bemüht, das Unsagbare mit jeder Zeile ein Stück weiter ins Sagbare zu überführen, gleicht der Arbeit eines Biologen, der den Geheimnissen des Lebens auf die Spur kommen will. Wir leben, soweit wir es aussprechen können. Alles andere ist Rückfall ins Vegetative.

Gedichte können uns nicht vom Kampf um die tägliche Existenz befreien, aber Wünsche und Begierden aufdecken, die unter den Anstrengungen des Lebens begraben sind. Dichtung kann verschlossene Möglichkeiten aufbrechen, betäubte Zonen des Gefühls wiederbeleben, Begehren wecken. Habenwollen und Nötighaben, das uns aufgezwungen wird und das wir blindlings als das unsere akzeptieren, als vorfabriziert kenntlich machen.

Die Unterhaltungsindustrie lenkt den Blick des Menschen von sich weg, lenkt ihn nach außen. Sie will den Menschen zerstreuen – das Wort sagt alles. Das Gedicht lenkt den Blick nach innen. Ein Gedicht bedarf des »gesammelten« Menschen. Er kann »in sich gehen«, »in sich sehen«, »innehalten«, ein Gedicht darf »innig« sein. Dichtung, das Sprechen in Bildern und Gleichnissen, ist die Muttersprache der Seele.

Flott formulierte Zynismen als Antwort auf existentielle Fragen gelten heute oft als geistreich und dürfen des Beifalls gewiß sein. Sinne und Verstand werden gereizt, aber das Herz bleibt leer, wenn die Liebe fehlt und der Logos. Jubel, Freude, Verehrung, Zustimmung werden heute oft scheel angesehen. War es die Parole von der Selbstverwirklichung, die der Ehrfurcht den Garaus gemacht hat? Der Mensch verlangt nach Liebe, nach Schönheit, nach Verstandenwerden, nach Geborgenheit, nach Antworten auf die Frage nach dem Sinn seines Hierseins, seines Tuns und Leidens. Ohne Liebe – in all ihren Facetten, vom kruden Sex bis zur selbstaufopfernden Nächstenliebe – gäbe es weder Sie noch mich. Demut wäre angebracht angesichts der Tatsache, daß jeder von uns zu einem größeren Entwurf gehört, den wir nicht kennen. Woher kommt der Mensch? Wohin geht er? Warum ist er jetzt, in diesem Augenblick der Evolution auf dieser Erde? Niemand erwartet von einem Gedicht, daß es diese Rätsel löse. Aber den Stachel des Erkennenwollens, das Ringen nach Erklärungen für dieses scheinbar so selbstverständliche Leben, den Hunger nach Sinn möchte ich spüren. Wenn dann aus dem Wortkörper eines Gedichts, aus dem Zusammenspiel zwischen Form und Inhalt, die Melodie sich erhebt und zu schweben beginnt, zu kreisen, dann rührt das Gedicht an das Beste im Menschen: das Gefühl der Freiheit. Dazu ist Dichtung da. Oder wie es in »Künstlers Abendlied« von Goethe heißt: »und dieses enge Dasein hier/zur Ewigkeit erweitern«.

Schreiben ist meine Möglichkeit, das Leben zu bestehen. Beizutragen, daß wir diese Welt nicht schlechter zurücklassen, als wir sie vorgefunden haben. Gedichte schreiben: spekulieren, wie der Mensch am Leben bleiben kann. Oder, um es mit einer meiner Lieblingsfiguren zu sagen, der Antigone von Sophokles: Nicht mitzuhassen, mitzulieben bin ich da.

Indes: Was auch immer ich schreibe, ist verlorene Liebesmüh – ohne Leser. In meinem Gedichtband »Unerhörte Nähe« habe ich auf die Frage »Für wen schreiben Sie?« geantwortet:

»Für den, der fragt.« Meine Gedichte sind meine (vorläufigen) Antworten auf meine Fragen. In der geformten Sprache wird meine private Erfahrung universell; meine Antwort so persönlich und gleichzeitig so allgemein, daß sich jede(r) darin wiederfinden kann, der ähnlich fragt wie ich. Wer nicht glaubt, im Gedicht etwas zu finden, daß ihm ganz persönlich unter die Haut gehen könnte, für den bleibt es ein Buchstabenhaufen. Der reichste Acker, nicht gepflügt, nicht bestellt, verkommt zum Brachland.

Geduld muß der Leser aufbringen und Neugier auf sich und die Welt. Den gleichen Eifer, die gleiche Energie wie der Autor. Nur dann wird das Gedicht sein Gedicht. Oberstes Gebot dabei: Nicht zu fragen: Was will der Dichter damit sagen? Sondern: Was sagt dieses Gedicht mir? Denn jedes Gedicht vervielfältigt sich in den Köpfen der LeserInnen. Es gibt so viele Gedichte wie es LeserInnen gibt. Ein Beispiel:

KATZENMAHLZEIT

Alles ist in Roma eßbar
Artischocken schwarzes Schaf
Ciceroni Chips Cypressen
Rosmarin Maroni

Alles ist in Rom vergeßbar
Esbahn Uhahn Alster Spree
Villen Pillen Brillenträger
Papa Papperlap

Alles ist vergeßbar eßbar
Colossum Marzipan
Minestrone Mamma mia
Dolce Duce Du

Zu diesem Gedicht erhielt ich einige Leserbriefe. Einen, liebevoll mit Blümchen verziert, schickte ein kleines Mädchen: Meine Tante hat mir Ihr Gedicht abends am Bett vorgelesen. Ich habe nichts verstanden, aber es hat mir gefallen. Ich habe es auswendig gelernt, und jetzt benutze ich es mit meinen Freundinnen auf dem Schulhof als Abzählreim. Eine zweite Zuschrift kam von einem Oberstudienrat. Er warf mir vor, mit diesem Gedicht den italienischen Faschismus zu verherrlichen. Ich stutzte, begriff nichts, dann aber dämmerte es mir: Der Herr Lehrer hatte die letzte Zeile des Gedichts mit »süßer Führer du« übersetzt und dabei wohl an Mussolini gedacht, während mir mit der Vermischung von Eßbarem und Vergeßbarem eher ein Tiramisu und eine abgeräumte Liebe vorschwebte. Zum Schluß noch die Stimme eines Psychotherapeuten: Er hatte herausgefunden, daß mein Name »Uhahn« in der Mitte aller Wörter des Gedichts steht, was für ihn der untrügliche Beweis war, daß sich in der Dichtung wie im Leben immer alles um das Ego des Autors dreht.

Jede(r) hatte das Gedicht in seinem Kopf zu Ende geschrieben, es sich zu eigen gemacht. Hatte ich an eine dieser Möglichkeiten auch nur im entferntesten gedacht? Natürlich nicht. Sondern? Nein – ich werde hier nicht die »autorisierte Auslegung« liefern. Auch vor meinem eigenen Gedicht bin ich eine Leserin von vielen; ich kann auf Aspekte hinweisen, etwas zur Entstehung sagen, aber was ich mit dem Gedicht sagen wollte, ist mit dem Gedicht gesagt. Der Leser bleibt also, wie der Autor, auf sich gestellt – und auf sein Vertrauen, daß er dem Autor entgegenbringt. Dem Vertrauen des Autors, etwas zu sagen zu haben, entspricht das des Lesers, sich etwas sagen zu lassen. Je aufrichtiger ich mir schreibend selbst begegne, meine Wörter mich in Regionen führen, wo die Berührung schmerzt, desto größer wird für den Leser die Wahrscheinlichkeit, Antworten auf Fragen zu erhalten, die er selbst sucht, aber nicht in Worte fassen kann. Das Glück der Selbsterweiterung oder Selbstvertiefung wird dann beiden zuteil: Autor und Leser.

Das Gedicht ist wie eine Partitur. Musik macht daraus erst der Musikant. Lesen ist wie Musik spielen und hören zu einer

Zeit. Lesen Sie laut! Nehmen Sie das Gedicht in den Mund. Öffnen Sie ihm Augen und Ohren, Verstand und Gefühl. Erfahren Sie die Sinnlichkeit des Sprechens, der Sprache; lassen Sie sich mit dem Klangkörper Gedicht auch selbst körperlich ein.

Der Dichter setzt das Gedicht in die Welt. LeserInnen aller Länder und Zeiten halten es lebendig. In der Kunst gibt es keinen Fortschritt. Ein Gedicht von Sappho, nahezu 3000 Jahre alt, rührt mich an wie gestern geschrieben. Weil es von meinen Erfahrungen als Leserin neu erfunden wird.

Einmal gedruckt, gehören Gedichte nicht mehr dem, der sie schrieb. Sie gehören denen, die sie brauchen. Machen Sie meine Gedichte zu den Ihren! Zu wissen, daß dies geschieht, tut fast so gut, wie sie zu schreiben.

2003

»Gedichte fürs Gedächtnis« ist der Titel einer Sammlung deutscher Gedichte, die ich, versehen mit ausführlichen Kommentaren, 1999 herausgegeben habe. Der Untertitel »Zum Inwendig-Lernen und Auswendig-Sagen« verweist unverblümt auf mein Anliegen: sich Gedichte zu eigen zu machen. In einem ausführlichen Vorwort habe ich dafür einige gute Gründe skizziert. Daraus einen Auszug.

Mit dem Gaumen des Herzens

Gedichte fürs Gedächtnis

Jede Anthologie von Gedichten versammelt Gedichte »fürs Gedächtnis«. Anthologien heben auf, »was bleibet« und die »Dichter gestiftet« haben. Das, was des Bewahrens, des Erinnerns wert ist. Wir, die Lebenden schließen einen Pakt mit den Toten für die Ungeborenen: Wir konservieren. Der Ort dieses Erinnerns ist die Schrift, ist das Buch.

In Platons »Phaidros« erzählt Sokrates von der Erfindung des Schreibens: Theuth, ein ägyptischer Gott, zeigte Thamos, dem König von Ägypten, seine Erfindungen der Arithmetik, der Logik, der Geometrie und Astronomie, vor allem aber der Schrift mit dem Hinweis: »Mit der Schrift habe ich ein Mittel für beides gefunden: für die Weisheit und für das Gedächtnis.« Doch der König wandte ein: »Wer die Schrift gelernt haben wird, in dessen Seele wird zugleich mit ihr viel Vergeßlichkeit kommen, denn er wird das Gedächtnis vernachlässigen. … Theuth, du hast ein Mittel für die Erinnerung, nicht für das Gedächtnis erfunden.« Wir haben eben nicht im Gedächtnis, was wir »schwarz auf weiß nach Hause tragen« oder im Internet abrufen können. Mehr und mehr wird unser Gedächtnis »extern«. Wir erinnern uns, wo wir etwas nachschlagen können; aber im Kopf, im eigenen Gedächtnis haben wir es nicht mehr.

Darum aber geht es mir: um eine An-Eignung im eigenen Gedächtnis. Das, was ich im Untertitel nenne: Inwendig-Lernen und Auswendig-Sagen. Mit dem altmodischen Auswendiglernen, wie einige von uns es noch aus der Schule erinnern, hat dies wenig zu tun. Der Begriff des Auswendiglernens enthält eine Distanz zum Gegenstand, etwas Äußerliches und Mechanisches. Mein Begriffs-Paar Inwendiglernen und Auswendigsagen meint gerade nicht diesen gestreckten pädagogischen Zeigefinger, der sich hinter dem Einpauken von Gedichten erhebt. Gedichte sind viel zu schade, um sie als Drill- und Disziplinübungen, als bloßes Gedächtnistraining zu mißbrauchen: »Ein gutes Gedächtnis ist ein Talent, wie eine gute Rückhand beim Tennis. Und daher ist auch die Lust am Lernen von Gedichten verschieden groß. Zwang hilft da nichts. Wohl aber Training. Doch die Lust am Gedicht und am Lernen ist das Wichtigste. Ein nicht inwendig erlebtes Gedicht ist keines. Man könnte geradesogut einen Fahrplan auswendig lernen.« (Golo Mann)

Mein Verständnis von Inwendiglernen und Auswendigsagen kommt dem beneidenswerten Ausdruck der Engländer learning by heart nahe; oder apprendre par cœur, wie die Franzosen sagen. Fügen wir zum heart ein head, zum cœur ein tête, dann wird klarer, was ich mit Inwendiglernen und Auswendigsagen meine: die Gedanken, Bilder und Gefühle eines anderen in sich hineinzunehmen, sich anzuverwandeln, sich zu eigen zu machen, in Kopf und Herz.

Als Bücher noch eine teure Mangelware waren, war das Gedächtnis von größter Bedeutung. Mnemosyne (Gedächtnis) hieß bei den Griechen die Göttin der Musen. Und in der sogenannten »Dialexis«, einem Fragment um 400 v. Chr., heißt es: »Die größte und schönste Erfindung ist das Gedächtnis, es ist zu allem nütze in der Weisheit und im Leben.« Was weiß man aber heute noch von den alten Gedächtnispraktiken? Könnten uns die Methoden der Alten helfen?

Die älteste Technik, wie sie im europäischen Raum bis ins späte Mittelalter geübt wurde, soll auf den Dichter Simonides von Keos zurückgehen, der sein Wort-Gedächtnis auf eine Kombination von Bildern und Orten stützte. Wie er diesen Weg fand, wird von Cicero erzählt. Seine Geschichte läßt auch etwas von der uns so eigenartig anmutenden Denkweise einer Welt ohne Buchdruck und Informationstechnik ahnen: Bei einem Festmahl, das von dem thessalischen Fürsten Skopas veranstaltet wurde, trug Simonides ein Gedicht vor, das Skopas zu seinen eigenen Ehren bestellt hatte. Zum Ärger von Skopas bestanden die Verse aber zu zwei Dritteln aus einem Loblied auf die Zwillinge Castor und Pollux. Der geizige Skopas wollte dem Dichter deswegen nur ein Drittel des versprochenen Honorars zahlen – den Rest solle er sich doch bei den Zwillingen holen! Kaum hatte Skopas das gesagt, als Simonides erfuhr, draußen wollten ihn zwei junge Männer sprechen. Simonides ging hinaus, das Dach des Festsaals stürzte ein und begrub Skopas und seine Gäste. Die Leichen waren so zerschmettert, daß man sie nicht mehr erkennen konnte. Da sich Simonides aber erinnerte, wer wo gesessen hatte, konnte er allen ihre Toten zeigen. Diese Erfahrung soll Simonides auf seine Prinzipien der Gedächtniskunst gebracht haben: die planmäßige Anordnung von Bildern, die Verbindung von loci und imagines. Wie diese Gedächtniskunst durch die Jahrhunderte überliefert wurde, beschreibt Frances A. Yates in seinem Buch »Gedächtnis und Erinnern«.

Die Bilder eines Gedichtes werden an bestimmten »Orten« des Gedächtnisses gleichsam »abgelegt«, um sie dann während des Auswendigsagens, des Sprechens also, in einer Art virtuellem Spaziergang wieder einzusammeln. Haben wir es mit handfesten Dingen zu tun, ist das einigermaßen einfach. Wir überführen à la Simonides das Gedicht in eine Bilderabfolge, eine Art Bilderleiste. Ein Beispiel: Knabe; Röslein; Heide; jung, morgenschön; laufender Knabe; nahes Hinsehen. Der »Knabe« soll mit dem »Röslein« verknüpft, beides wiederum mit dem Ort, »Heide«, mit dem Zustand des Rösleins und so weiter verbunden werden. Die bildliche Vorstellung soll die Wortfolge, in der sie wurzelt, hervorrufen und gleichzeitig das nächste Bild heranbringen. Die Bilder sollen gleichsam in den Kopf fotografiert, bei Bedarf aufgeblättert und verbalisiert werden. Wer mit dieser Technik arbeitet, könnte eine lange Kette von Bildern miteinander verknüpfen. Auch mit abstrakteren Gedichten läßt es sich ausprobieren; das Gedicht muß dann zunächst »illustriert« werden, damit die Verse kommen, wenn die Bilder ablaufen, etwa wie ein Soundtrack im Film.

Schon eine derart intensive Beschäftigung mit dem Aufbau des Gedichtes hat eine große Bedeutung, nicht nur für das Begreifen, sondern auch für das Erinnern der Verse. Mir erscheint es allerdings oft mühsam, zunächst Wörter in Bilder und diese wieder in Wörter zu verwandeln oder sogar für Abstrakta konkrete Bilder zu finden. Doch für anschauliche Texte läßt sich diese Methode der Visualisierung recht gut verwenden.

Ich selbst aber bin vor allem ein Ohrenmensch. Und daher scheint es mir sinnvoller, das Gedicht bei seinem Material zu nehmen, dem gesprochenen Wort. Das älteste und wichtigste Merkmal eines Gedichts ist seine Klangstruktur, sind Metrum, Rhythmus, Reim. Die Wiederholung von Klängen, Wörtern, Satzstücken unterscheidet Dichtung nicht nur von gewöhnlicher Sprache; sie war in Zeiten vor der Schrift auch die wichtigste Stütze der mündlichen Überlieferung von Liedern und Geschichten. Lange bevor es die Schrift gab, war das Hörmuster eines Liedes oder einer Geschichte die einzige Stütze, um den Kreislauf von Auswendigsagen, Zuhören, Inwendiglernen und wieder Auswendigsagen zu erleichtern und aufrechtzuerhalten.

Unsere Sprache ist ein hochorganisiertes, uraltes System, das in Bedeutungen wurzelt, die uns oft gar nicht mehr bewußt sind, aber tief und lebendig in unserem Unterbewußtsein weiterwirken. In der Dichtung werden Muster aus diesen verborgenen ebenso wie aus den deutlich hörbaren Bedeutungen gebildet. Diese verborgenen Muster sind die stärkeren, ihnen sollten wir vertrauen. Das Hörgedächtnis greift sich diese Muster von dem, was es an der Oberfläche hört, heraus; filtert aus der unmittelbar gehörten Oberfläche der Verse diese tieferliegenden Muster heraus. Mitunter trifft uns eine solche Klangfigur, trifft uns ein Strom syntaktischer Kraft mit geradezu physischer Wucht.

Auch nach der Erfindung der Schrift blieben Sinn und Klang der Wörter verbunden. In der Antike, ob im öffentlichen Vortrag oder als individuelle Lektüre, war jedes Lesen, vom Murmeln bis zur Deklamation, lautes Lesen. Diese Gewohnheit blieb bis ins Mittelalter erhalten, man las, so Augustinus, »mit dem Gaumen des Herzens«. Lesen war in erster Linie wiederholtes und lautes Lesen, ein Vor-Lesen, sich selbst und anderen. Erst im achtzehnten Jahrhundert gewann das Optische die Überhand, reduzierte sich die sinnliche Erfahrung beim Lesen weitgehend auf das Auge. Das Lesen wurde still.

Allein für die Dichtung blieb das laute Lesen noch eine Weile üblich, was dem aufgeklärten Herder sogar gefährlich schien: »Worte … lernen ist der menschlichen Seele ein schädliches Opium, das zwar zuerst einen süßen Traum, einen Tanz von Sylben und Bildern gewährt, vor dem man sich als vor einer Zauberansicht halbwachend und halbschlummernd fühlet; bald aber spürt man bei dem Opium die bösen Folgen dieser Wortträume. Sie ermatten die Seele … Wortschälle, Opiumträume.« Lautes Lesen als Rauschmittel. Allerdings habe ich etwas unterschlagen: Herder verdammt nur »Worte ohne Gedanken«. (Hervorhebung U. H.) »Take care of the sense and the sounds will take care of themselves«, sagt die Herzogin in »Alice in Wonderland« (Lewis Caroll).

Wählen Sie das Gedicht aus, das Ihnen das liebste ist. Ziehen Sie sich mit ihm zurück, und dann lesen Sie es. Laut und leise. Mit den Augen und dem Mund und den Ohren. Inwendig und auswendig. Wörter sind Laute, sinnliche Gebilde, sie wollen nicht nur begriffen, sondern ergriffen sein, mit Zunge und Zähne, Lippen und Zäpfchen, mit der Luft aus dem Raum in die Lunge und wieder hinaus. Im Anfang war das Wort. Nicht die Schrift. Wörter wollen gehört sein. Wenn wir wieder begreifen wollen, was ein Gedicht in seinem Kern ausmacht, müssen wir es wieder in den Mund nehmen. Jedes Wort hat einen Körper, einen Klangkörper. Ein Gedicht ist eine Komposition, eine Partitur, die jeder nachspielen, nachsprechen kann.

Ein Gedicht Wort für Wort immer wieder neu hervorzubringen, seinen Körper aus Vokalen und Konsonanten zu erforschen, ist eine ganz und gar sinnliche Erfahrung. Zu der vorwiegend analytischen intellektuellen Annäherung an das

Gedicht, wie sie heute vorherrscht, ist diese sinnliche Erfahrung eine unabdingbare Ergänzung. Die Wörter im Mund zu formen ist ebenso Teil des Genusses, wie den Klang in der Luft zu hören. Man beobachte nur einmal Kinder, wenn sie ihre ersten Verse lernen. Ihre Freude am Reim, an der Wiederholung, an der Hebung und Senkung der Silben.

Goethe behielt seine Vorliebe für das laute Lesen aller Literatur ein Leben lang bei. Als auf einer der »Freitagsgesellschaften« in Weimar einmal Zweifel aufkamen, ob die Vossische Übersetzung der Ilias verständlichlich sei, bat sich Goethe aus, »das Gedicht vorzulesen, ... nach alter Ueberzeugung, daß Poesie durch das Auge nicht aufgefaßt werden könne ... Und gewiß schwarz auf weiß sollte durchaus verbannt seyn: das Epische sollte rezitirt, das Lyrische gesungen und getanzt und das Dramatische persönlich mimisch vorgetragen werden.« (1824)

Im Aussprechen machen Sie das Gedicht zu einem Gegenstand, Sie stellen es in den Raum, Sie vollziehen es nach, schaffen es nach, erzeugen es in einer Einmaligkeit, die aus der Durchdringung Ihrer und der Persönlichkeit des Gedichts kommt, Sie schaffen ein Drittes, nie Dagewesenes: Ihr Gedicht. Sie sind ungleich aktiver denn als stiller Leser. Aussprechen prägt ein. Lesen Sie ein Gedicht laut, und Sie werden die Bedeutung der Form in einer Intensität erleben, die stilles Lesen nie vermitteln kann. Je stärker das Muster der Töne, die die Abfolge der Silben hervorbringt, desto leichter läßt sich die Zeile behalten.

In allen Gedichten, die der Erinnerung wert sind, tragen die Zeilen ein Muster. Dies gilt auch für Gedichte ohne strenge Form und ohne Reim. Diese Muster können dem ersten Hören verborgen bleiben. Auch sogenannte freie Rhythmen machen deutlich: Es gibt keinen freien, sondern nur einen notwendigen Rhythmus. Und diese Notwendigkeit erschließt sich am besten, wenn Sie das Zeilenende nicht nur mit den Augen realisieren, sondern auch beim lauten Lesen durch eine (winzige) Pause respektieren. Bertolt Brecht hat sich in seinem Aufsatz »Über reimlose Lyrik mit unregelmäßigen Rhythmen« hierzu ausführlich geäußert.

Das wichtigste beim Inwendiglernen ist also, die Hörfähigkeit weit offen zu halten, nicht so sehr auf die Wörter zu *sehen*, sondern auf sie zu *hören*, so weit, so tief und scharf wie nur möglich (und Sie werden feststellen, wieviel weiter, tiefer, schärfer Sie mit einiger Übung hören werden). Prüfen Sie jeden Hauch in der Luft und im Echoraum Ihres Körpers. Der ganze Körper kann beteiligt sein beim lauten Lesen eines Gedichts. So wie beim Schreiben. Oft ist der Rhythmus, die Bewegung eines Gedichts in meinem Atem, meiner Körperbewegung, meinem Gehen und Innehalten eher als in meinen Worten. Immer überprüfe ich die Wörterbewegung mit meinem Atem und meiner Körperbewegung. Das heißt, ich schreibe auch mit den Ohren. Und mit den Ohren lese ich auch.

Ein gutes Gedächtnis zum Inwendiglernen ist ein Talent. Die Fähigkeit zum Auswendigsagen ein anderes.

Nicht jeder, der ein Talent zum Inwendiglernen hat, hat auch eines zum Auswendigsagen. Vor allem nicht vor Publikum. In Thomas Manns Roman »Die Buddenbrooks« soll der sensible, verträumte Hanno zum hundertjährigen Firmenjubiläum vor der versammelten Festgemeinde »Schäfers Sonntagslied. Von Uhland« auswendig sagen. Hat er es inwendig gelernt? Das ist anzunehmen, denn Hanno lernt gut und kennt viele Gedichte aus »Des Knaben Wunderhorn«. Doch hier, vor aller Augen, bringt er nur die ersten beiden Zeilen hervor. Seine lebhafte, wenngleich etwas oberflächliche Tante Toni hingegen haben wir zuvor mit ihrer besonderen Fähigkeit zum Nachplappern kennengelernt.

Zu jeder Beschäftigung mit Kunst gehört zuallererst die Fähigkeit, sich ergreifen zu lassen. Nur was mich ergreift, kann ich begreifen. Nur dann können wir Gedichte als »Ahnenkette großer Seelentröster« (Wulf Segebrecht) erfahren. Nur dann hat Goethe wieder einmal recht: Man tue wohl, so Goethe, »… von Zeit zu Zeit wieder zurückzublicken. Was an uns Original ist, wird am besten erhalten und belobt, wenn wir unsre Altvordern nicht aus den Augen verlieren.«

In seinem leichtesten der als schwer zugänglich geltenden »Sonette an Orpheus« hat Rilke für den Vorgang des Inwendiglernens und Auswendigsagens einfache und fröhliche Bilder gefunden. Vielleicht machen Sie ja gleich mit diesem Gedicht den Anfang.

Sonette an Orpheus I, XXI

Frühling ist wiedergekommen. Die Erde
ist wie ein Kind, das Gedichte weiß;
viele, o viele ... Für die Beschwerde
langen Lernens bekommt sie den Preis.

Streng war ihr Lehrer. Wir mochten das Weiße
an dem Barte des alten Manns.
Nun, wie das Grüne, das Blaue heiße,
dürfen wir fragen: sie kanns, sie kanns.

Erde, die frei hat, du glückliche, spiele
nun mit den Kindern. Wir wollen dich fangen,
fröhliche Erde. Dem Frohsten gelingts.
O, was der Lehrer sie lehrte, das Viele,
und was gedruckt steht in Wurzeln und langen
schwierigen Stämmen: sie singts, sie singts!

1999

Historische Provinzler

Bemerkungen zu meinem Umgang mit der literarischen Tradition

Fällt in der Beurteilung einer Dichterin oder eines Dichters das Wort Tradition, meint dies hierzulande seltener ein Lob denn einen Tadel. Wird der Begriff mit einem -ismus versehen, ist die Verdammung eindeutig, das vom Verdikt getroffene Gedicht und sein Hersteller nicht weiter diskutabel. Eine unvoreingenommene Auseinandersetzung mit Gedichten, die offenkundig und bewußt bestimmte traditionelle Elemente aufnehmen, findet nicht statt. Es ist leicht Naserümpfen über die Leiche, wenn man alles Lebendige vorher mit Fleiß unter Ismen erstickt hat, weil es sich und andere anders bewegte als gewünscht. Bestenfalls wird gefragt, was trotz, nicht wegen des Überlieferten neu sei, so, als gehöre das Alte wenn nicht zum alten Eisen, so doch hinter Glas ins Museum, als habe das Heutige seinen Wert nur um der Neuheit willen. Forderungen nach »neuen Formen«, wie sie gern in Vorworten zu Anthologien zeitgenössischer Lyrik erhoben werden, erinnern an das süchtige Fahnden von Werbefirmen nach neuen Slogans für ihr Produkt. An der Tagesordnung ist ein geradezu unterwürfiger Hang zu einer vordergründigen Aktualität. Es scheint fast, als dehne sich das unsichere Verhältnis vieler Deutscher zur Vergangenheit auch auf den Umgang mit ihrer literarischen Tradition aus. Es gibt aber nicht nur eine Provinzialität des Raumes, sondern auch eine der Zeit, darauf hat T. S. Eliot hingewiesen. Wer lebt, schreibt, urteilt, als gehöre die Welt den Lebenden allein, der ist ein historischer Provinzler.

Es ist engstirnig, dem Neuen hinterherzuhecheln, am Alten zu kleben auch.

Ich habe weder Sympathie für die Spezies der Kraftmeier, die mit jeder Zeile die Dichtung neu zu erfinden glauben, noch für diejenigen, die das Andersartige des Überlieferten nicht spüren, und es daher für überflüssig halten, ein neues Verhältnis zu ihm zu suchen. Das Vergangene wird nicht automatisch gegenwärtig, es genügt nicht, bestimmte Regeln zu kennen und einzuhalten, dies wäre ein sehr bequemer, rein mechanischer, konventioneller Kontakt. Nein, Regeln und Formen zu kennen ist nützlich nur, um gegen sie verstoßen zu können, jedes Neue ist ein Verstoß gegen das Alte, ein Vorwärtsstoßen des Alten, ein Erweitern des Spielraums. Denn Erfindungen, auch die der Poesie, sind für den Gebrauch bestimmt und zur Weiterentwicklung. Für jeden, der etwas herstellt, sollte es selbstverständlich sein, zu kennen, was schon hergestellt worden ist, und den Produkten und den Produzenten mit Respekt zu begegnen.

Literatur muß, wie alle Kunst, um verständlich zu sein, auf der Tradition aufbauen, auch Redundanzen enthalten. Alles, was bereits erarbeitet wurde, steht mir als Kunstmittel zur Verfügung. Aber ich vermag auf vielerlei Weise, grundsätzlich aber auf zwei Arten an die Tradition anzuknüpfen, wobei der persönliche Umgang nicht beliebig wählbar ist.

Zum einen kann der Dichter gegen die Tradition rebellieren und das Neue herausstellen; dieser wird dann insbesondere von denen gelobt, die gern das Neue mit dem Fortschrittlichen, was immer sie auch darunter verstehen mögen, verwechseln. Sticht das Neue allerdings zu sehr in die Augen, werden diese zugeklappt.

Zum anderen kann der Poet das Neue im Alten verbergen; er wird oft von den Ablehnenden wie den Lobenden gleichermaßen mißverstanden. Beide klammern sich ans Altbekannte, der eine mit Verdruß, mit Vergnügen der andere. Beide sehen angesichts des Gewohnten über das Ungewöhnliche hinweg. Häufig kommt hinzu, daß Einfachheit mit der gängigen Meinung von Verständlichkeit, mit Eingängigkeit verwechselt wird.

Wie gesagt, seinen persönlichen Umgang mit der Tradition kann sich der Dichter nicht aussuchen. Ich bevorzuge die sanftere Art, eine quasi verdeckte Überrumpelung. Ich nehme auf und gebe weiter, was es schon gibt und füge mein Teil dazu, stehe weder im Bann noch im Gegensatz zu meinen Vorfahren, aber in ihrem Gefolge.

Heute weiß ich, daß meine Haltung gefördert wurde durch einen Umstand, der den Kontakt mit der Literatur länger als üblich verhinderte. Ich wuchs – bis auf einen Band mit Heiligenlegenden – in einem Haushalt ohne Bücher auf. Wie beneidete ich die Mädchen und Jungen, deren Eltern ein Abonnement für die Büchergilde Gutenberg, ein Regal, eine Wand gar voller Bücher besaßen, deren Väter gereimte Sätze – Teile der »Glocke« oder des »Faust« – herzusagen wußten. Ich war etwa sechzehn Jahre alt, als wir in der Realschule Lessings »Nathan« mit verteilten Rollen lasen, ich sprach die Recha. Damals begannen meine literarischen Freundschaften fürs Leben, die stetig mehr wurden und werden, mitunter vernachlässige ich die eine, die andere, flüchtige Bekanntschaften und Gleichgültiges gibt es auch.

Da ich vom Elternhaus nichts erwarten konnte, mußte ich mir nach dem Anstoß durch die Schule den Zugang zur Literatur selbst verschaffen. Gerade weil der Weg zu dieser ganz anderen Welt nicht selbstverständlich war, wurde sie mir kostbar. Hier fand ich meine Verwandten, hier protestierte ich gegen, triumphierte ich über die trostlose äußere Wirklichkeit, hier brachte die Geheimsprache der Dichtung den unbeholfenen Dorfdialekt zum Schweigen.

Ich mußte, anders als viele meiner Altersgenossen aus dem Bürgertum, nichts im Protest gegen die Vorstellungen dieser Schicht über Bord werfen, weil ich nichts zu werfen hatte. Im Gegenteil. Ich hätte mir meinen mühsam errichteten Zufluchtsort selbst zerstört. Ich sah, was andere nur durch die verzerrende Brille ihrer bildungs- beziehungsweise kleinbürgerlichen Herkunft erblickten, mit neuen, unverbrauchten Augen. Mich hatte nie ein Vater zum Genuß des Sonntagsbratens nach dem Geburtstag Goethes gefragt. Den vorurteilslosen Blick, die emotionale Unbefangenheit bei der Begegnung mit Literatur habe ich mir bewahrt. Wie damals nähere ich mich denen, die mir vorangegangen sind, voller Vertrauen, ohne Vorbehalte, immer mit der Sehnsucht, Verständnis für mich zu finden. Ich stelle ihnen Fragen, und sie antworten, weil ich sie nicht in Frage stelle. Wie in der Liebe erfahre ich nur dann etwas von mir und für mich, wenn ich mich ganz in das außer mir Liegende hineinbegebe. Nur was ich liebe, öffnet sich mir. Auch die Dichterinnen und Dichter geben nur dann ihre Erfahrungen und Empfindungen preis. Nur, wenn ich sie weder als Zitatenschatz noch als Form- und Regellieferanten verbrauche, mich vielmehr unablässig um sie bemühe, sie für mich einzunehmen versuche, kann ich sie als Verbündete und Komplizen hineinnehmen in meine Zeit. Sie alle sind meine Zeitgenossinnen und Zeitgenossen, ich bin die ihre, Ururahnin und Enkelin zugleich, Zeitgenossin aller Zeiten. Aber nur, wenn ich ihnen Fragen von heute stelle, beginnen die Alten zu reden. Ich frage sie, die mir vorangefahren sind, weil ich wissen will, wie es um uns, ihre Nachfahren, steht; weil ich wissen will, wie sie es gemacht haben, ihr Gedicht und ihr Leben in ihrer Zeit, um meines zu machen wie ich, jetzt.

Aber die Vorfahren sind nicht nur für mich, ich bin auch für sie da. Kunst veraltet nicht. Aber das ist immer wieder neu zu beweisen.

Denn das Alte ist nur ewig und zeitlos, wenn wir es in unsere Zeit hineinholen, es veraltet nur deshalb nicht, weil es sich verändert, durch unsere Zeit verändert. Immer wieder ist zu entdecken, daß sich das scheinbar Unzeitgemäße am Ende als das der Zeit in einem tieferen Sinne Aktuelle herausstellt.

Auf der Suche nach Verbündeten und Vergessenen geselle ich mich am liebsten zu den Autorinnen. Ihnen fühle ich mich am nächsten, bei ihnen bin ich in jedem Sinne aufgehoben. Gerade denen, die auch durch das Netz der Frauenbewegung, der manche Wiederentdeckung zu danken ist, fallen, möchte ich zu ihrem Recht auf Leserinnen und Leser verhelfen, etwa Gertrud Kolmar, Ricarda Huch oder Gertrud von le Fort. Ihre Werke muß man in der Tat mit neuen Augen lesen, um die Patina zu durchschauen. In welchem Maße eine zeitgenössische Sichtweise alte Texte aufleben lassen kann, erfuhr ich zuletzt, als ich Gertrud von le Forts Erzählung »Die Tochter Farinatas« mit einem Nachwort herausgab. »Hätten wir«, schrieb mir der Lektor, »Ihr Nachwort vorher gekannt, das Buch wäre als ein Beitrag des Verlags zur Friedensbewegung angekündigt worden.«

Mit diesen meinen Bemühungen um Einzelne hoffe ich, ihnen allen, den Berühmten und den Vergessenen, ein bißchen zurückgeben zu können, ihnen zu danken für Trost und Ermutigung.

1985

Lebendige Tradition
Oder: Auch so kann ein Gedicht entstehen

Meine ersten Gedichte schrieb ich so »für mich hin«, ohne im mindesten ans Veröffentlichen zu denken: Volksliedhaftes und freie Rhythmen, wie es mir gerade gefiel. Ein Freund, dem ich diese Versuche zeigte und der zudem meine Haltung zu Tradition und Erneuerung kannte, sagte daraufhin etwas spöttisch zu mir: »Na, gut. Aber: schreib doch mal ein anständiges Sonett!«

Meine Antwort:

ANSTÄNDIGES SONETT

Schreib doch mal ein anständiges Sonett

St. H.

Komm beiß dich fest ich halte nichts
vom Nippen. Dreimal am Anfang küß
mich wo's gut tut. Miß
mich von Mund zu Mund. Mal angesichts

der Augen mir Ringe um
und laß mich springen unter
der Hand in deine. Zeig mir wie's drunter
geht und drüber. Ich schreie ich bin stumm.

Bleib bei mir. Warte. Ich komm wieder
zu mir zu dir dann auch
»ganz wie ein Kehrreim schöner alter Lieder«.

Verreib die Sonnenkringel auf dem Bauch
mir ein und allemal. Die Lider
halt mir offen. Die Lippen auch. 1978

Und Walter Hinderer schrieb dazu in der »Frankfurter Anthologie«:

Unter dem Stichwort »Das poetische Joujou« meinte 1803 ein Sachverständiger: »Der Sonette giebt es im Deutschen eine so ungeheure Menge, daß man das ganze große Bedlam, Erde, über und über damit tapezieren könnte; allenfalls blieben noch genug übrig zu einem Futteral von *papier maché* für den Mond.« Von einer solchen »Sonettenwut« ist in unserer Lyriklandschaft allerdings nichts mehr zu spüren. Im Gegenteil: Die alten, bewährten Formen scheint es heute nur noch in den Lyrik-Museen zu geben. Manche Kritiker werfen den Gedichten der Gegenwart sogar vor, sie seien eigentlich keine Poesie mehr, sondern von dilettantischer, unkontrollierbarer Beliebigkeit, oft »bloß steckengebliebene Prosa«.

Die hier vorgestellte ingeniöse Aneignung des Sonetts, einer schwierigen, artifiziellen lyrischen Form, ist für mich ein besonders überzeugender Gegenbeweis. Ulla Hahn unterlegt dem Adjektiv »anständig«, das sich auf die gewählte Form bezieht, noch eine zweite Bedeutung, die gewissermaßen augenzwinkernd auf den Inhalt anspielt. Es handelt sich nämlich nicht nur um ein »richtiges Sonett«, sondern auch um ein anständiges über ein heikles Thema.

In diesem Gedicht scheint alles gewagt: der amouröse Inhalt, die spröde, stark reflektierte Form und die gleichsam gemeißelte Sprache. Doch das Kunststück gelingt: Kalkulierte Gestalt und erotischer Gehalt gehen eine vollkommene Verbindung ein.

Die beiden Quartette sind sowohl thematisch als auch formal durch Zeilensprung miteinander verklammert. Sie bestehen aus sechs Liebesanweisungen in fünf Sätzen und einem Empfindungsstenogramm (»Ich schreie ich bin stumm«). Die Liebesanweisungen des lyrischen Ichs weisen gezielt auf den ersten Höhepunkt hin – die sexuelle Vereinigung. Sind bei der ersten Strophe die Pausen deutlich dem Zeileninnern eingeschrieben, so hält der vierte, längste Satz, der drei Zeilen weit ins zweite Quartett hinübergreift, die rhythmische Bewegung ein paar Zeilen durch, bis dann mit der siebten Anweisung (»Zeig mir wie's drunter/geht und drüber«) der Gipfel der erotischen Aufforderungen erreicht ist. Den eigentlichen Höhepunkt der beiden Quartette freilich liefert das Empfindungsstenogramm, das zwei körperliche Reaktionen auf die ausgeführten Liebesanweisungen nennt und das Ende der ersten Phase des Liebesspiels auch deutlich mit der Zäsur am Zeilenende markiert.

In dem ersten Terzett dramatisieren zwei kurze Aufforderungen und eine längere Anweisung Wiederholung (»wie ein Kehrreim schöner alter Lieder«) und Fortsetzung des erotischen Vorgangs. Das zweite Terzett malt eine äußere und innere Situation aus: Es ist Tag (»Sonnenkringel«), die Leidenschaft klingt jetzt verhalten, sublimiert, der Wunsch nach Dauer (»ein und allemal«) verstärkt sich noch in den beiden letzten kurzen Sätzen, dem zweiten und endgültigen Höhepunkt des ganzen Sonetts. Sie unterscheiden sich von den zum Teil ebenso kessen wie herausfordernden Liebesanweisungen am Anfang durch einen anderen Ton. Er ist fast volksliedhaft in seiner Schlichtheit (»Die Lider/halt mir offen. Die Lippen auch«).

Zwar weist dieser Schluß thematisch auf den zweiten, dritten und vierten Satz der Quartette zurück, aber die Empfindungsqualität hat sich verändert, sie ist gefühlsintensiver; aus der gezielten erotischen Herausforderung ist ein allgemeiner Wunsch nach einem andauernden Zustand geworden. Deutlich wechselt auch die rhythmische Bewegung vom ersten Kulminationspunkt (»Ich schreie ich bin stumm«), dem Schlußpfeiler der Quartette, zum zweiten, dem betonten Ausklang der Terzette und des gesamten Sonetts. Danach ist kein Wort mehr denkbar.

Ulla Hahn hat mit diesem Gedicht nicht bloß mottogetreu ein »anständiges Sonett« geschrieben, das nach August Wilhelm Schlegels kundiger Bestimmung »im Gehalt wie in der Form Symmetrie und Antithese in der höchsten Fülle und Gedrängtheit« vereinigt, sondern ein gewagtes Thema und eine spröde Form in Poesie verwandelt. Ich halte dieses »Anständige Sonett« für eines der kunstvollsten erotischen Gedichte nach 1945.

Walter Hinderer, 1983

Stechäpfel

Gedichte von Frauen aus drei Jahrtausenden

Alt wie die Dichtung selbst sind die Themen der Gedichte: Liebe und Tod, Ich- und Welterfahrung, die Bemühung um die Sprache, das Wort. Welch ein Weg von Sappho bis Adrienne Rich, von Louise Labé bis Alta, von Li Tsching-dschau bis Ingeborg Bachmann. Es gibt einen tiefgreifenden Wandel in den Lebensumständen ihrer Produzentinnen, einen Wandel, den man gottlob als Fortschritt bezeichnen darf, als Fortschritt der Frau auf ihrem Weg zu Menschenrecht und Menschenwürde. Veränderte Lebenspraxis aber wirkt zurück auf die Mentalität, der spezifische Erfahrungsbereich ist immer auch mitbestimmend für die Textproduktion. Unleugbar also, daß sich weniger die Themen, wohl aber deren Behandlung gewandelt haben. Demzufolge wurden Texte bevorzugt, in denen Frauen die ihnen traditionell zugestandenen Themenkreise überschreiten, wobei es nicht selten zu Dissonanzen zwischen der Radikalität von Erfahrungen und der des Schreibens kommt, vergleichbar etwa der Freiheitslyrik aus der Restaurationszeit, die mit traditionellen Strophen so radikal zum Umsturz aufrief.

Wenn Schreiben auch heißt, sich zu entdecken, sich selbst sichtbar zu machen, dann kann eine Sammlung von Gedichten von Frauen auch gelesen werden als ein zunehmendes Infragestellen von Frauenbildern und Verhaltensweisen, die Männern genehm sind; als Befreiung von jahrtausendealten männlichen Wunsch-, Wahn- und Angstprojektionen, als ein Abstreifen von Kostümen und Masken, als ein immer mutigeres Öffnen des Blicks auf sich selbst, auf Merkmale, Eigenschaften und Verhaltensweisen des eigenen Geschlechts. Wenn Frauen schreiben, ist das auch eine Suche nach Identität, einem Platz in der Welt, nicht nach einem neuen, diesmal weiblichen Ich-Ideal in Utopia.

Betrachtet man eine Literaturgeschichte, so sind Werke von Frauen am häufigsten im zwanzigsten Jahrhundert zu finden;

meist Gedichte, wie überhaupt Gedichte von Frauen aus den letzten hundert Jahren ein entscheidendes Übergewicht haben. Mag sein, weil die Aussonderung aus dem ästhetischen Kanon noch nicht gegriffen hat. Doch daß eine solche Fülle entstehen konnte, ist in jedem Falle eine Folge der Frauenbewegung, die für das Schreiben von Frauen, den Beruf der Autorin, die entscheidenden sozialen Voraussetzungen schuf.

Für das Schreiben von Gedichten scheint mir ein zweiter Umstand bedenkenswert: der Wandel der lyrischen Sprechweise, der sich Mitte des neunzehnten Jahrhunderts vollzog und von Frankreich mit Rimbaud, Baudelaire, Mallarmé seinen Ausgang nahm. (Hugo Friedrich hat diesen Vorgang in seinem nach wie vor gültigen Buch »Die Struktur der modernen Lyrik« umfassend abgehandelt.) Worin bestand nun dieser Wandel, und worin liegt möglicherweise seine Bedeutung für das Schreiben von Frauen? Sicherlich nicht im Bruch mit der poetischen Tradition.

Zerstören kann man nur, was man besitzt, und Frauen war jahrhundertelang der breite Zugang zur Bildung versperrt. Wichtiger war da schon, daß die starren Auflagen von Inhalt und Form ihre begrenzende Macht überhaupt einbüßten; im Gegensatz zum traditionellen, dem sogenannten organischen Gedicht, in dem sich alle Teile aufs Ganze beziehen mußten, war das Gegenteil davon geradezu Kennzeichen des avantgardistischen Textes. »Im avantgardistischen Werk«, so Peter Bürger, »verweist das Einzelzeichen nicht primär auf das Werkganze, sondern auf die Wirklichkeit.« Von diesem neuen Verhältnis der Dichtung zur Wirklichkeit ging, scheint mir, ein befreiender Impuls aus. Nicht länger gefiltert durch den Regelkanon der Tradition, traten Dichtung und Wirklichkeit in eine unmittelbare Beziehung. Obwohl die Avantgardebewegung heute längst selbst Tradition geworden ist, weisen gerade viele Gedichte von Frauen dieses Wirklichkeitsverhältnis auf. Die Autorinnen nehmen ihre Wirklichkeit ins Gedicht. Die Welt jenseits der Texte kann und soll nicht vergessen werden. Ein l'art pour l'art, die Kunst als Selbstzweck, ist in der Lyrik von Frauen kaum auszumachen; hermetische Gedichte sind Ausnahmen. Meist durchdringen sich die kommunikativen und poetischen Möglichkeiten der Sprache, die lyrische Wirklichkeit bleibt der erlebten verbunden.

Wie sieht nun diese lyrische Wirklichkeit aus, und wie werden die poetischen Möglichkeiten der Sprache genutzt? Oder: noch ein Versuch einer Antwort auf die Frage: Gibt es eine weibliche Ästhetik? Bei Virginia Woolf lesen wir: »Und wenn man eine Frau ist, wird man oft von einer plötzlichen Bewußtseinsspaltung überrascht, zum Beispiel wenn, während sie die Whitehall hinabgeht, sie aus einer natürlichen Erbin dieser Zivilisation plötzlich im Gegenteil zur Außenseiterin wird, fremd und kritisch.« Diese Feststellung vom gleichzeitigen Ausgegrenzt- und Einbezogensein der Frauen in die herrschende Kultur wird in der feministischen Literatur in der Regel als Mangel empfunden. Etwa von der amerikanischen Lyrikerin Adrienne Rich in Überlegungen zum eigenen Werdegang: »Im männlichen Universum nahm ich natürlich Vorstellungen über Frauen, Sexualität, Macht aus der subjektiven Sicht männlicher Dichter auf. … Der Widerspruch zwischen diesen Vorstellungen und den Alltagsereignissen meines eigenen Lebens erforderte eine anpassungsfähige Phantasie, eine Art andauernder Übersetzung und eine unbewußte Zerstückelung der Identität in Frau und Dichterin. Jede Gruppe, die unter dem Diktat der Namen und Bilder einer herrschenden Kultur lebt, ist der Gefahr der geistigen Zerstückelung ausgesetzt und bedarf einer Kunst, die dem widerstehen kann.«

Doch kann diese »anpassungsfähige« (was ja nicht heißt: angepaßte!) Phantasie, diese durch die Notwendigkeit der ständigen Übersetzung geschmeidige, gut trainierte Phantasie nicht auch positiv gesehen werden? Als Möglichkeit jeder Autorin, die Perspektive wählen und wechseln zu können? Frei und von Fall zu Fall entscheiden zu können zwischen dem »einbezogenen« und dem »ausgegrenzten« Blick? Und wäre das dann nicht eher eine Bereicherung denn eine »Zerstückelung«? Was auch immer theoretisch und programmatisch von feministischer Seite eingeklagt werden mag: Das Einzelwerk fast jeder Autorin weist die Bewegung zwischen beiden Blickrichtungen auf.

Ebensowenig wie es eine Definition von Lyrik gibt, die alle Epochen und Kulturen umspannt, gibt es eine »weibliche Lyrik«, eine »andere Sprache«. Das »Körperschreiben«, das Helene Cixous als »weibliches Schreiben« entdeckt hat (im Gegenentwurf zu Luce Irigaray, die es für nötig ansieht, die männlichen Diskurse zunächst zu »durchqueren«, das heißt ironisch in Frage oder auf den Kopf zu stellen, bevor sie zum »Eigenen« kommt, möchte Cixous ihren Anhängerinnen diesen mühsamen Durchmarsch ersparen), dieses »Körperschreiben« fordert, Anfang und Ende, Grenzen und Definitionen, Grammatik und Syntax, kurz, alles Festgefügte verschwimmen zu lassen, aufzulösen, zum Verschwinden zu bringen. Doch warum sollte dieses ästhetische Verfahren nicht ebensogut von männlichen Autoren genutzt werden? Behauptungen, ein Text lasse auf den ersten Blick erkennen, wes Geschlechts sein Verfasser sei, sind barer Unsinn. Der Raum der Kunst ist ein universeller Raum, wobei hier nicht diskutiert werden soll, welche Folgen es für das Schreiben von Frauen hat, daß die bestehende Kunst in erster Linie von Männern geschaffen wurde. Aber ist sie deswegen »Männerkunst«, die Frauen bestenfalls als Untersuchungsmaterial zum Nachweis von Unterdrückungsideologien etwas wert sein darf? Ganz zu schweigen von den beliebten Kurzschlüssen zwischen schäbigem Leben und schlechtem Schreiben. Taugen Brechts Gedichte und Dramen weniger, weil er seine Geliebten als penetrierbare Schreibmaschinen benutzte? Und selbst wo Spuren eines solchen Verhaltens ein Werk durchziehen – und sie müssen gerade bei Brecht nicht mit der Lupe gesucht werden –, geht dieses doch nie in ihnen auf. Nein, wir verzichten auf zu vieles, wenn wir den Freiraum der Kunst – frei von Geschlechtsbezogenheit, frei für das Menschliche in allen phantasierbaren Spielarten – als männlich besetzt abtun und damit akzeptieren und respektieren.

Andersherum wird ein Schuh, will sagen, ein Kunstwerk daraus: Der Raum der Kunst ist universell. Das Geschlecht spielt dort eine Rolle unter vielen anderen soziokulturellen Merkmalen, etwa der Kultur-, Rassen-, Religionszugehörigkeit. Wenn

Frauen diesen Raum erobern, ist ihre biologische Bestimmtheit nur noch ein Merkmal unter vielen. Frauen dürfen ihr Geschlecht in diesem Freiraum ungestraft vergessen, müssen es aber nicht; können es vielmehr so selbstverständlich oder problematisch nehmen wie alle anderen Zuschreibungen auch. Den Stoff, das Thema sucht sich jede(r) Autor(in) nur bis zu einem bestimmten Punkt aus, das Thema sucht aber immer auch ihn/sie. Was Wunder, wenn Frauen im ersten Ansturm auf eine Männerbastion zunächst einmal auch im Freiraum der Kunst ihr Frausein, die Diskriminierungen ihrer Weiblichkeit zur Sprache brachten und bringen. Das Schaffen und Aufnehmen von Kunst ist immer auch ein Akt der Befreiung. Daß Frauen den Freiraum der Kunst auch zur Befreiung von tradierten Bildern, Mustern, Zuschreibungen des Weiblichen aus männlicher Sicht nutzten, scheint mir historisch folgerichtig und notwendig, um »in einer Kultur, die nur männlichen Erfahrungen Wert beimißt, die eigenen weiblichen Erfahrungen wertvoll zu machen« und »über persönliche Belange hinaus … uns gegenseitig unsere Wirklichkeit so aufrichtig und genau darzustellen wie nur möglich.« (Adrienne Rich)

Es ist aber weder ein Vorzug noch ein Makel, dies zu tun, und hat auch nicht im mindesten mit »weiblicher Ästhetik« zu tun; es spielt sich vielmehr auf stofflicher Ebene beziehungsweise in der Wahl der Perspektive ab. Über die Ästhetik, geschweige denn die Qualität eines Textes sagen – das ist eine Binsenweisheit – weder Stoffwahl noch Sichtweise etwas aus. Mit der gleichen Berechtigung, wie James Baldwin seine Rassenzugehörigkeit zum Thema machte, Bernanos oder Claudel ihre religiöse Bindung, kann das Geschlecht Quell und Stachel zur Produktion sein.

Aus dieser Quelle kann eine Autorin schöpfen; sie muß es nicht. Eben darum schafft sich Kunst den »freien Raum«, wo dem Spiel der Verwandlungen von Wirklichkeit keine Grenzen gesetzt sind. Entscheidend ist letztlich nie der außerästhetische Zweck, sondern das, was in Sprache aufgeht. Daß dabei neue Stoffe, neue Gegenstände, neue Sichtweisen auch neue ästhetische Merkmale produzieren, ist anzunehmen. Diese als

»weiblich« zu bezeichnen, wäre aber genauso unsinnig, wie die bisherigen »männlich« zu nennen. Solche von Autorinnen herausgebildeten Merkmale sind universell und stehen dem Autor ebenso zur Verfügung wie der Autorin die seinigen.

So wäre also die von Virginia Woolf konstatierte Ausgrenzung heute im Literaturbetrieb noch wirksam, im freien Raum der Kunst jedoch auf dem besten Weg, sich in eine Chance zu verwandeln – für beide Geschlechter. Übrigens auch auf inhaltlicher Ebene.

Ebenso wie heute keine Form mehr mit dem Anspruch allgemeiner Gültigkeit auftreten kann, kommt dies einem bestimmten Welt-Bild zu. Dem Nebeneinander der Formen und Sprechweisen entspricht ein Nebeneinander der Perspektiven und Sichtweisen. Eine Differenzierung, die sich immer weiter auffächern wird, in dem Maße, wie der Mensch sich und die Wirklichkeit genauer erkennt.

Nirgends läßt sich die veränderte Rolle der Frau so anschaulich ablesen wie in Texten zur Beziehung zwischen den Geschlechtern. Zwar werden Frauen noch immer als Sonderbegabungen für Liebeslyrik angesehen, doch längst nicht mehr mit dem obligatorischen Leid im Gefolge, wie in den Gedichten von Dsi-Yä oder Nukada Hime, von Louise Labé, Marceline Desbordes-Valmore, Christine de Pisan oder Elizabeth Barrett Browning. In diesen Gedichten erfährt das lyrische Ich seine Existenz allein in Annahme oder Verweigerung des Gefühls durch den geliebten Mann. Er allein eröffnet die Möglichkeit eines »Ausbruchs aus mir selbst«, des »doppelt sein«. Der Verlust des Geliebten muß als Selbstverlust empfunden werden: »Bin ich denn selber nicht zu finden?« (Komachi) Es verwundert nicht, wenn das traditionelle Liebesgedicht aller Völker und Zeiten fast ausnahmslos das Warten und den Abschied thematisiert, und das längst nicht erst seit der europäischen Romantik, die das geliebte Wesen stets in die Ferne entrückte, um es desto rückhaltloser idealisieren zu können. Der reale Mangel drängt zur ästhetischen Kompensation, zur Selbstvergewisserung in der Fiktion.

Es ist ein erstaunliches Phänomen, daß sich die Tonart der Liebesgedichte von Frauen seit der Jahrhundertwende weltweit grundlegend geändert und nach dem Aufbruch der Frauenbewegung Mitte der sechziger Jahre noch einmal modifiziert hat.

Gemeinhin wird die Emanzipation der Erotik, der Sexualität von den Zwängen der Konvention und der Religion als wichtigster Grund für diesen Wandel angesehen. Wichtiger scheint mir jedoch die Tatsache, daß Frauen ihr Selbstwertgefühl nicht mehr und vor allem anderen aus der Anerkennung eines Mannes, durch ihr Auserwähltsein für die Rolle als Gattin und Mutter beziehen mußten. Wie tief dieser Zwang wirkt, sich als Frau über einen Mann zu definieren, macht die Lektüre von Autorinnenbiographien der Anthologie *Irdene Schale* deutlich, in der jeder Ehegatte verzeichnet ist und, fehlte dieser, so doch wenigstens ein Vater oder ein Bruder Ersatz leisten muß. Erst infolge der Eroberung von beruflichen, politischen und künstlerischen Räumen und Positionen, die eine ökonomische und gesellschaftliche Unabhängigkeit vom Mann mit sich brachte, konnte sich auch das Verhältnis der Frauen zur Erotik ändern, erst seither konnten diese ihre sexuellen und emotionalen Ansprüche offen aussprechen. Soziale Unabhängigkeit ist die Voraussetzung für einen emanzipierten erotischen Umgang der Geschlechter miteinander. Dies klingt einfach und folgerichtig, ist aber wie jede Veränderung, die nicht am Reißbrett durchgeführt werden kann, ein komplizierter und schmerzhafter Vorgang. Nichts zeigt das deutlicher als diejenigen Liebesgedichte von Frauen, die klangen (und auch noch klingen) wie Kampfansagen. Selbständige Lebensformen, neue Erkenntnisse einerseits und alte Gefühlsstrukturen, alte Lebensmuster andererseits klafften weit auseinander, rieben sich heftig und ergaben Dissonanzen im Leben wie im Gedicht, hier in einer oftmals schrillen Sprache und Bildlichkeit. Alle Formen der Demontage sind zu finden, von der Ironie über Sarkasmus, Zynismus, Verwerfung bis hin zur radikalen Absage an den Mann schlechthin, wie etwa in dem Gedicht der amerikanischen Lyrikerin Alta:

Ich hab kein Hasenschwänzchen hinten
...
...
meine Zähne zerreißen dein Herz, wissend, deine Liebe
ist vergiftet,
du kannst sie nicht sauber waschen,
ich kenne die Erde und werde dich überleben.
du bist eine sterbende Art, du und deine
Penis-Gewehre,
deine freudlosen Ficks, du stirbst
du stirbst
der Fluch der gottlosen Hexe sei auf deinem Herzen.
ich könnte dich nicht ärger hassen, wären meine
Knochen aus Haß.

Frauen bekennen sich heute zu ihrer Destruktivität, zu negativen Gefühlen, akzeptieren auch ihre dunklen Seiten; akzeptieren, daß sie nicht der edlere, der moralisch höherstehende Teil der Menschheit sind. Frauen dürfen endlich ihre wahren Gesichter zeigen, alle, auch die unannehmbaren. Sie müssen sich nicht länger in den Himmel heben lassen, um den Männern auf der Erde nicht im Weg zu stehen. Und was ist der Haß in den erschreckenden Gedichten von Alta oder Amelia Rosselli letztlich anderes als enttäuschte, getretene Liebe?

Zurückerobert haben sich die Frauen in dieser Auseinandersetzung, das zeigt eine Vielzahl von Gedichten, die Lust am eigenen Körper. Es ist eine selbstbewußte Lust, eine Lust an sich selbst in stolzer Bejahung der eigenen Körperlichkeit. Und so gehen aus dem Prozeß der Entzauberung fragwürdig gewordener, aber eben doch auch fragwürdig gebliebener Beziehungen neue Einladungen zu neuen Versuchen des Miteinander hervor. Das Unterwerfungsverhältnis ist aufgekündigt, die flehenden Gebärden und Demutsgesten vergangener Zeiten sind weitgehend verschwunden, geblieben ist – die Sehnsucht. »Dieser sagt von Reitern und der vom Fußvolk,/mancher auch von Schiffen: auf schwarzer Erde/seien sie das Schönste; doch ich nenn so wo–/nach einer sehnt sich« – schrieb Sappho ca. 600 v. Chr. So wären wir also keinen Schritt weitergekommen? Weiter wohin? Fort von dem, was uns zu Menschen macht? Von der Liebe und dem Hunger nach Liebe? Wer liebt, ist verletzbar; wer liebt, begehrt – und kann zurückgewiesen werden: »Das Lieben ist schön/Schöner als das Singen/Zum Lieben gehören zwei/Das ist beim Lieben der Kummer« (Heinar Kipphardt).

Sehnsucht spricht also weiterhin aus den Gedichten von Frauen (wie von Männern), allerdings nicht aus dem Gefühl, ohne Mann nichts zu sein; der Mann wird nicht länger in die Rolle des alleinigen Sinnstifters gedrängt. Es ist eine Sehnsucht nach Mit-Teilen, nicht nach vampirischer Teil-Habe am Leben des anderen; ein Mitteilen aus dem Bewußtsein, selbst alles und ganz zu sein, sich selbst zu besitzen in Schönheit und Lust. Die neue Sehnsucht, etwa in den Gedichten von Gioconda Belli, Patrizia Imperiali oder Conny Rojas Sanín, kommt nicht aus einem Gefühl der Ohnmacht, sondern aus dem der Macht, die niemanden, weder sich noch den anderen, unterwerfen will; kommt aus dem Fühlen der eigenen Fülle, ist nicht passives Schmachten, sondern aktives Begehren.

Conny Rojas Sanín

Im Galopp dem Mond entgegen

1
Die Magie des Weins
und du
mein Fohlen!
mein Einhorn
nächtlicherweile …

2
Bringen wir dar
unsere Kelche, im Galopp
exportieren wir, im Galopp,
die Magie des Weins.
Im Galopp …

3
Nur zu! Nur zu!
im Galopp!
dem Mond entgegen!
mein Fohlen
mein Einhorn,
nächtlicherweile!

Männern, wie sie Rita Higgins beschreibt, kann diese Aktivität, die sie in die ungewohnte Rolle des Begehrten statt des Begehrenden, des Objekts statt des Subjekts versetzt, Angst machen. Denn befreien kann sie – und das ist ein neues, spannendes Paradox – aus dieser Angst nur, was ihnen Angst macht: die Liebe.

Rita Ann Higgins

Die Bist-du-schon-gekommen-Sager der westlichen Welt

Wenn er zu dir sagt:
Du siehst so schön aus,
du riechst so gut,
wie hab ich dich vermißt –
und bist-du-schon-gekommen?

Dann bedeutet das nichts,
und er ist kleiner
als ein Mäusefurz.

Hör nicht auf ihn …
Geh an den Pier von Annaghadown
mit der Angel deines Vaters.

Warte nicht unbedingt
auf den größten;
oft sind die größten
am Ende die kleinsten.

Bring sie alle nach Haus,
aber nicht zusammen.
Einen nach dem anderen ist der Trick;
vermeide Bücklinge und Skandal.

Vielleicht könntest du zwei nehmen
am kürzesten Tag des Jahres.
Zeit ist hier die Betrügerin,
nicht du; also keine Furcht.

Viele werden nach dem üblichen Köder schnappen;
Sie werden ihren schlüpfrigen Weg reden
durch feine Kleider und teure Parfums
und nach deiner Freiheit fischen.

Das sind
die Bist-du-schon-gekommen-Sager der westlichen Welt,
die Federn- und Flossensträuber.
Schade um sie, sie haben keine Weisheit.

Andere beißen in jeden Köder.
Made, Strumpfhalter oder toter Wurm.
Wirf sie den Haien vor.

Mit der Zeit wird einer herauskriechen
von unter dem Schenkelland.
Obwohl er ertrinkt, wird er sagen:

»Frau, ich habe Angst, warum zittert das Haus?«

Und du wirst wissen, er ist es.

Der tatsächlichen erotischen Emanzipation entspricht die der erotischen Sprache, die von kühnen poetischen Erfindungen für die Darstellung des Liebesaktes – auch zwischen Frauen – bis zu bewußten Provokationen reicht, Verstößen gegen einen moralischen Gesellschaftskodex, etwa in dem Gedicht von Alta, wo der Brutalität der dargestellten Beziehung die einer geradezu »sadistischen« Sprachbehandlung (Wörter werden verstümmelt) entspricht.

In Europa noch vorsichtig, stürmisch hingegen in Lateinamerika werden neue Formen eines liebevollen Umgangs erprobt und beschrieben. Versucht wird ein Miteinander, das den anderen in seiner Andersartigkeit akzeptiert, respektiert, ihn nicht als Bedrohung empfindet, sondern als Bereicherung. In den jüngsten Gedichten zeichnen sich dabei erste Umrisse eines neuen Frauenbildes ab. Die Phase der Emanzipation, der »Befreiung von«, des »Kampfes gegen« ist für viele Frauen abgeschlossen; es geht nicht länger nur mehr um Abgrenzung und Selbsterhaltung, sondern um Entgrenzung und Selbstverschwendung. Subjekt dieser Gedichte ist nicht länger die emanzipierte, die befreite Frau, sondern die souveräne, die freie Frau.

Jahrtausende mußten vergehen, bis ein Gedicht die »Frauenfrage« mit solcher Wucht stellen konnte wie das von Margaret Atwood.

Margaret Atwood

EINE FRAUENFRAGE

Die Frau mit dem Dornenverschluß
um die Taille und zwischen
den Beinen, mit Löchern darin wie ein Teesieb,
ist Exponat A.

Die Frau in Schwarz mit einem Schleierfenster
für die Augen und mit einem vier Zoll langen
Pflock – zwischen ihre Beine gerammt,
damit niemand sie vergewaltigt –
ist Exponat B.

Exponat C ist das junge Mädchen,
das von weisen Frauen ins Gebüsch gezerrt wurde
und singen muß, während sie ihr das Fleisch zwischen
den Beinen ausschaben, dann ihre Schenkel verschnüren,
bis sie völlig verschorft ist und als geheilt gilt.
Jetzt kann sie geheiratet werden.
Bei jeder Entbindung wird sie auf-
geschnitten und wieder zugenäht.
Männer mögen enggebaute Frauen.
Die sterben, werden sorgfältig bestattet.

Das nächste Exponat liegt flach auf dem Rücken,
während jede Nacht achtzig Männer
in sie einfahren, zehn in der Stunde.
Sie starrt an die Decke, hört,
wie die Tür aufgeht und zugeht.
Eine Glocke läutet ununterbrochen.
Niemand weiß, wie sie hierhergekommen ist.

Sie werden bemerken: was allen gemeinsam ist,
befindet sich zwischen den Beinen.
Werden darum Kriege geführt?
Feindliches Territorium, Niemands-
land, das man heimlich besetzt,
umzäunt, aber nie sicherer Besitz,
Schauplatz der verzweifelten Raubzüge
um Mitternacht, der Eroberungen
und klebrigen Morde; Ärzte mit blutverschmierten
Gummihandschuhen, fühllos gemachtes Fleisch,
der Stromstoß eurer verunsicherten Macht.

Dies ist kein Museum.
Wer hat das Wort *Liebe* erfunden?

Frauen ertasteten sich ihren Weg als Subjekt über die Erfahrung des Mangels, in Zusammenstößen mit Begrenzungen; sie erlebten ihre Kräfte nicht in der Entfaltung, sondern im Schmerz der Unterdrückung; ihre Freiheit nicht in der Erprobung, sondern in der Verzweiflung über ihre äußerste Beschränkung. Die eingebundenen Füße der Chinesin, die immer an beides erinnern, die angeborene Möglichkeit freier Bewegung und deren Verhinderung, waren dafür ein grausames Symbol. Ob in Europa, Asien, Amerika oder der arabischen Welt: der gesellschaftliche Status der Frau bewegte sich bis ins zwanzigsten Jahrhundert zwischen unmündigem Kind und gehorsamer Sklavin; der Zugang zur Öffentlichkeit führte in allen Bereichen über den Mann. Ausnahmen überlebten die Jahrhunderte, ja Jahrtausende. Allen voran Sappho aus dem antiken Griechenland, die auf Lesbos junge Frauen bis zu deren Verheiratung in Musik, Dichtung und Tanz unterrichtete; hervorragende Dichterinnen aus Japan und China, denen als Töchtern, Gattinnen, Kammerfrauen hochgestellter Persönlichkeiten Zugang zur Bildung gewährt wurde, soviel und solange dies dem Prestige des Mannes zugute kam. Daß dabei im Japan der Heian-Zeit, im zehnten Jahrhundert, Weltliteratur von Frauen geschrieben wurde – wie von Murasaki Shikibu »Die Geschichten des Prinzen Genji« und von Sei Shonagon »Das Kopfkissenbuch« –, ist kurioserweise dem Umstand zu verdanken, daß Frauen von höherer Bildung ausgeschlossen waren. Die Männer mühten sich mit Chinesisch ab, das sie über die eigene Sprache stellten, und überließen den Frauen das Kana, eine Lautschrift für die lebendige, gesprochene Sprache. Hochkulturen konnten es sich leisten, Frauen Reservate einzuräumen, beziehungsweise einzelne als Ausnahmen zu fördern; allerdings »nur dort, wo die literarisch gebildete und begabte Frau bedingungslos nachbetete, was ihr die feudale Männerwelt als Ideale der Tugendhaftigkeit vorschrieb, konnte sie auf Verständnis hoffen«, schreibt Ernst Schwarz in seinem ausgezeichneten

Nachwort zur Edition der Gedichte von Li Tsching-dschau und Dschun Schu-dschen. Wenig ist von diesen Autorinnen, die keine Nachbeterinnen waren, die anschrieben gegen Mißachtung und Unterdrückung der Frau, gegen das Alleinvertretungsrecht des Mannes, gegen die von der Familie beherrschte Partnerwahl, wenig ist von diesen Rebellinnen überliefert. Besonders sorgfältig wurden Gedichte und biographische Daten der aufsässigen Dschun Schu-dschen getilgt, die damit das Schicksal von Sappho teilt. Sappho wurde um das Jahr 400 von Kirchenmännern verdammt, ihre Dichtung verbrannt.

Seit Frauen schreiben, haben sie es leichter, akzeptiert zu werden, wenn sie sich bescheiden, nicht aus der Rolle fallen, die Männer ihnen vorschreiben; sie dürfen preisen: die Natur, die Götter, den Gatten; sie dürfen klagen, flehen und beten, solange sie die Grenzen der Schicklichkeit nicht überschreiten. Zeilen wie die von Dschun Schu-dschen: »Und so verrückt hat mich die Zärtlichkeit gemacht/daß mich auch nicht mehr schreckt, was andere denken./Ich werf mich an die Brust dir unbedacht,/ und alles, was ich hab, möcht ich dir schenken«, überschreiten diese Grenzen deutlich; sie sind Ausdruck eines Begehrens, so selbstbewußt, freimütig und sinnlich, daß es den Tugendwächtern in den Gelehrtenstuben schon angst und bange werden konnte.

So wundert es nicht, wenn Frauen, die die Sinnlichkeit aus ihrem Leben verbannten und sich so selbst begrenzten, im Gegenzug einige Freiheiten eingeräumt wurden, vor allem der Zugang zur Bildung. In Europa waren es die Klosterfrauen, die sich als erste in der Literatur einen Namen machten, Roswitha von Gandersheim mit Theaterstücken – die übrigens mit unverkennbarer Wollust ausführlich, derb und phantasievoll alle möglichen Verstöße gegen das sechste Gebot beschreiben und verteufeln –, Hildegard von Bingen mit naturwissenschaftlichen und geistlichen Schriften. Mechthild von Magdeburg und Hadewych von Brabant gingen aus der Beginenbewegung hervor, wo Frauen ohne Klostergelübde unter frei gewählter Leitung zusammenlebten, jederzeit austreten und heiraten konnten.

Doch erst die Renaissance, die Jakob Burkhardt als »Epoche der Frau« bezeichnet, brachte den Durchbruch für die Diskussion der geistigen, moralischen und künstlerischen Fähigkeiten der Frau und machte sie im wahrsten Sinne des Wortes hoffähig, denn von den Höfen Europas, den damaligen kulturellen Zentren, ging diese Bewegung aus. Von der Erschütterung der klerikal feudalen Machtverflechtungen profitierten nun auch die, denen man in kirchlichen Kreisen sogar die Seele abgesprochen hatte. Und wenn diese seelenlosen Wesen nun zum Lesen und Schreiben ermutigt wurden, so geschah dies weniger um ihrer selbst willen, als um der Verfeinerung männlicher Bedürfnisse Rechnung zu tragen. »Ein junges Mädchen«, so Pietro Bembo, »soll Latein lernen, das steigert seinen Reiz aufs Höchste.«

Die ersten Protagonistinnen weiblicher Bildung in Europa, selbstverständlich alle aus Adel und Patriziat, kamen aus Italien: Gaspara Stampa, Vittoria Colonna, Veronica Gambara, Olympia Morata. Es folgten Spanien, England; Frankreich mit Louise Labé und Christine de Pisan (1364–1429), die als erste Frau vom Schreiben leben konnte, mit Liedern vornehmlich vom Glück in der Ehe und der Einsamkeit des Witwenstandes. In Deutschland blieben zu dieser Zeit die Frauen namenlos. Hier schlugen die Ideen der Renaissance erst mit dem Aufblühen der Reichsstädte, also mit etlicher Verspätung, Wurzeln. Als dann die Reformation sogenannte Mägdleinschulen einrichtete, damit die Bibel gelesen werden konnte, wurde »die geistliche Lieddichtung zu einer Domäne weiblicher Kreativität, wozu später die religiöse Strömung des Pietismus noch wesentlich beitrug. … Die Zahl der geistlichen Liederdichterinnen, die seit dem sechzehnten Jahrhundert hervortraten, ist heute kaum noch zu übersehen. … Anerkennung fanden Frauen immer auf den Gebieten, wo spezifische Hemmungen und Widerstände nicht in Betracht kamen; daraus schloß man dann auf eine besondere weibliche Begabung und Vorliebe.« (Gisela Brinker-Gabler)

Hatte sich die offizielle, die Hoch-Dichtung bislang der lateinischen Sprache bedient, so begann nun eine kleine Gruppe Gelehrter und Dichter in deutscher Sprache zu schreiben: Es entstanden die Schriften des Barock. Doch die strengen rhetorischen und metrischen Regeln, die von Opitz und anderen aufgestellt wurden, grenzten die Frauen wiederum aus, da diese Vorschriften nur an Universitäten und in sogenannten Sprachgesellschaften, deren Besuch Frauen in der Regel verwehrt war, vermittelt wurden. Eine, die glänzendste, Ausnahme war Catharina von Greiffenberg, die sowohl mit rhetorisch mitreißenden Strophen als auch in schlichten empfindungsstarken Versen überlebte, wobei sie letztere, dem Zeitgeschmack folgend, in der Pose der verliebten Schäferin vortrug.

Neben der Kunstdichtung blühte im Barock die Gelegenheitsdichtung auf, Gedichte zu Hochzeiten, Geburtstagen, Leichenfeiern, die häufig von Frauen verfaßt wurden, da hierzu keine besonderen Regeln eingehalten werden mußten. Sybilla Schwarz ist eine der bekanntesten Autorinnen in diesem Genre; ihr »Gesang wider den Neidt« reißt zwei wichtige Problemkreise an: das Erlebnis des Andersseins, der Anfeindung wegen des Schreibens, das andererseits aber auch als Mittel gesehen wird, sich aus den Niederungen des Frauendaseins in die »Höhen« des männlichen Dichterolymps zu schwingen.

Zudem wollte man nun endlich auch in Deutschland den Beweis antreten, daß »Vorzüge ohne Ansehen des Geschlechts erkannt und belohnt wurden« und daß die deutsche Literatur so gut wie die italienische und französische ihre »gelehrten Frauenzimmer« habe. Natürlich sind es ausschließlich Männer, die über Zu- und Abgänge im Literaturbetrieb verfügen und das literarische Selbstverständnis der Autorinnen prägen. So ist die Krönung Christiana Mariana von Zieglers zur ersten Poetin der Universität Wittenberg eine höchst zweifelhafte Ehre für die Autorin, wenn man dazu das Preisgedicht Gottscheds, das er eigens zu diesem Anlaß verfaßte, liest: »Was prahlt, ihr Welschen, doch so viel/Mit euren stolzen Dichterinnen?/Kan der von Ziegler Seytenspiel/Nicht auch in Deutschland Lob gewinnen?/Man siehts! Sie hat sich mehr errungen/Als keine noch vor Ihr erlangt;/Indem ihr Haupt mit Zweigen prangt,/Die keiner Deutschen noch gelungen;/So manche sich auch vor der Zeit/Dem deutschen Helicon geweiht./… Was euer (Celtes' und Opitz', U. H.) Kranz bei Männern that,/Thut dieser bei dem Frauenzimmer;/Wie mancher eure Spur betrat,/So fehlts auch bei der von Ziegler nimmer.«

Und wenn zweihundert Jahre später zum erstenmal einer Autorin, der chilenischen Dichterin Gabriela Mistral, der Nobelpreis zuerkannt wird – »als der großen Sängerin von Barmherzigkeit und Mutterschaft«, wie es in der Begründung heißt –, wurde da wirklich die Dichterin Gabriela Mistral geehrt, oder krönten hier nicht vielmehr Männer ihr Frauen-Bild: konventionell und repräsentabel? (Was die Mistral ihnen übrigens nicht erschwerte, betonte sie doch selbst immer wieder, daß der »einzige Sinn ihres [der Frau] Daseins auf Erden ihre Mutterschaft« sei.)

Die Bereitschaft, Frauen zu fördern, ist noch immer weitgehend mit deren Ausrichtung auf geltende kulturelle Normen und ihrer Anpassungswilligkeit an das literatur-politische Konzept ihrer Förderer gekoppelt, deren Förderung so lange funktioniert, wie sich die Frauen dem Anspruch der Männer auf Überlegenheit unterordnen. Nicht die Lehrerin, sondern die Schülerin ihres Mannes sollte die Frau sein, faßte Rousseau, der in seinem »Emile« einen besonders pointierten Katalog weiblicher Eigenschaften aufstellte, die Männerwünsche am Ende des achtzehnten Jahrhunderts zusammen. Damit bildete er eine Geschlechterphilosophie heraus, die der fortschreitenden Trennung von Familiensphäre und Erwerbsleben Rechnung trug und die erst heute, da die Grenzen dieser Bereiche zunehmend durchlässiger werden, immer nachhaltiger in Frage gestellt wird.

Im neunzehnten Jahrhundert wurde diese Grenze zunächst noch einmal schärfer, indem man den Frauen, Repräsentantinnen des Unmittelbaren und Konkreten, den Bereich des Häuslichen und des Naturschönen, des Emotionalen zuordnete. In der Literatur flossen Poesie und Weiblichkeit nun in eins, eine Auffassung, die das konventionelle Bild der Lyrikerin bis in die heutige Zeit bestimmt. »Poesie spricht, wo die Vernunft versagt.« Diesem Gegensatz: emotionale Weiblichkeit contra rationale

Männlichkeit wird heute nicht nur von konservativer Seite, die an einer Änderung der Geschlechterbeziehungen kein Interesse hat, Beifall gezollt, sondern auch von einem Teil der Frauenbewegung, die »das Weibliche« als »das andere« sucht und dabei außer acht läßt, daß der Katalog geschlechtsspezifischer Fähigkeiten von Männern kreiert wurde.

In der Romantik galt jedoch die Betonung des Gefühls für Poeten allgemein, nicht nur für weibliche. Als Gegenbewegung zu Klassik und Aufklärung entdeckte die Romantik die weibliche Seite des Poeten, die Lust am Dunkeln, am Unbewußten, am Chaos; Elemente, die im Surrealismus fortgeführt und kanonisiert wurden. Die Fähigkeit, Gefühle unmittelbar ausdrücken zu können, sah man als Naturtalent der Frauen an; zumeist für den häuslichen Kreis und zu »naturgemäß weiblichen« Themen wie Liebe, Kindheit, Heim, Mutterschaft schrieben sie damals unzählige Gedichte. Wie viele mögen damals, ähnlich wie Emily Dickinson, heimlich oder so nebenher ihre Texte auf Packpapier, Zeitungsränder, Schulhefte gekritzelt haben; und welch ein Glück, daß wenigstens die 1775 Gedichte dieser großen Dichterin nach ihrem Tod nicht einfach als Plunder weggeworfen wurden.

Auf dem Hintergrund dieser kurzen Skizze der marginalen Existenz der Frau in der europäischen Literaturgeschichte wird der tiefgreifende Wandel, den ihre Stellung im zwanzigsten Jahrhundert erfuhr, um so deutlicher.

Diese Veränderungen, die hier im einzelnen nicht aufgeführt werden müssen, ermöglichten der Frau erstmals eine Teilnahme an, ein Eindringen in sogenannte männliche Bereiche; enorme künstlerische Kräfte wurden freigesetzt. Selbst der Nationalsozialismus mit seiner biologistischen Feier von Mutterschaft und männlich-soldatischem Heldentum konnte sie nicht mehr zuschütten.

Leben wir also, vergleichbar vielleicht mit dem Zeitalter der Renaissance, in einem neuen Jahrhundert der Frau? Es sieht ganz so aus. Je sichtbarer die Frau ihre Rolle in der Realität einnimmt und ihren Platz am Rande der wirklichen und sozialen

Geschichte verläßt, desto deutlicher stellt sie sich auch in ihren Geschichten und Gedichten in den Mittelpunkt, alte Bilder verzweifelt oder wütend beschwörend und verwerfend, neue vorsichtig oder kühn erprobend. Auf eine große Anzahl Gedichte trifft die Feststellung Adrienne Richs zu: »Heute ist die Poesie von Frauen oftmals beladen mit Ärger. Ich denke, wir müssen durch diesen Ärger gehen, denn wir werden unsere eigene Objektivität betrügen, wenn wir versuchen, wie es Virginia Woolf getan hat, eine Objektivität zu erreichen, eine Distanz, die uns eher klingen lassen würde wie Jane Austen oder Shakespeare. Beide, die Schikanierungen, die Frauen ausdrücken, und der Ärger, sind real. Es sind unsere Geburtsschmerzen, und wir selbst müssen sie ertragen.«

Seither sind zwanzig Jahre vergangen. Manche Autorin, manche Leserin mag ihre »Geburtsschmerzen« vergessen, manche sie nie verspürt, manche sie noch vor sich haben. Doch wenn Schreiben heißt, sich selbst sichtbar zu machen, so ist der Prozeß der Sichtbarwerdung der Frau in vollem Gange. Nicht nur in der Literatur und Kunst, sondern in allen Bereichen des gesellschaftlichen Lebens. Doch »männliche« Kultur durch »weibliche« zu ersetzen, scheint mir dabei ebensowenig verlockend wie eine Utopie, die alle geschlechtsspezifischen Unterschiede einebnet, eine Kultur der Androgynität. Ist es nicht vielmehr ungleich spannender, Unterschiede auszuloten und zu leben, auszubalancieren, auch auszuspielen, friedvoll und genußvoll, selbstbewußt und souverän?

.Daß dies nur möglich ist, wenn beide Geschlechter aller Lebensbereiche gleichermaßen und mit gleicher Selbstverständlichkeit teilhaftig sein können, muß kaum noch betont werden. Doch alltäglich ist es noch lange nicht.

Was auch an den Frauen liegt. Nicht wenige erinnern mitunter an den Mann aus dem Gleichnis Jesu, der sein Talent, das der Herr ihm anvertraut hat, vergrub, um es unversehrt zu halten, anstatt mit seinem Pfunde zu wuchern. Genau das – wuchern mit ihrem Pfunde – aber müssen Frauen tun. Damit wir uns alle daran gewöhnen: an ihre selbstverständliche Anwesenheit in allen Bereichen des Lebens: in Wirtschaft, Politik, Kultur – und in der Literatur.

Schließen möchte ich mit dem Gedicht »Dennoch schauen« der ungarischen Dichterin Ágnes Nagy.

Ágnes Nemes Nagy

DENNOCH SCHAUEN

Und dennoch schauen, schauen, sagte wer, sobald
der Rauchvorhang es zuläßt, in der spaltgroßen Pause
In diesem Augenblick zwischen dem Rauch, der Säure,
dem Ammoniak, den Angriffen,
schauen, weißt du, wie einen Tisch die Form auflösend
gleichzeitig schaun als Platte und Profil

Und tun, weißt du, tun, tun, ich tue unablässig
mein Körper macht Geschichte, macht Biologie
und reflektieren, weißt du, mir ist mein Kopf so merkwürdig,
so unvollendbar
die Kugelform, ich weiß gar nicht, warum ich sie so mag,
Augapfel, Schädel, Erdkugel, derlei begrenzt Unendliches
doch diese sind zerrissene Kugeln, Kokosnüsse,
mit dem zerschlagnen Faserhaar der Sterblichkeit rings
eingefaßt

Und schaun, von oben, unten, aus allerlei Winkeln
umtasten das Objekt mit etlichen Augen
mit ihnen die Kontur heraushaun, schlämmen, niederreißen
dieweil sie öffnen schließen öffnen sich in ungleichmäßigen
Wellenschlägen

und auch heraus aus den Objekten selbst die langsam vielen
Blicke
der Höhlungen gewaltige Blicke unwahrnehmbar

in reglosen Seen und Steinen
herauspfeilend als splittrige Lichtzeichen

Wiewohl nichts, sagte wer, helfen diese verstreuten
                                        hunderttausend Augen
wiewohl nichts hilft der Biosphäre mich umrauschendes
                                            Palmwimpern-Aug,
spröde Äste der Zedern, Fächer Laubs
einiger Jahreszeiten Kratzer
   Himmel Sonne um mich
                    ab und auf
schauen obwohls nicht hilft und dennoch schauen

Schaun, weißt du, schaun
wie eine, sagte wer, Narbe am Baum schaut

Warum habe ich dieses Gedicht gewählt? Weil dieses »Dennoch« die Basis eines jeden Kunstwerks ist, selbst desjenigen, das nichts als Verzweiflung, Haß, Schmerz ausdrückt. Denn »jedes angefertigte Werk ist eine Absage gegen Zerfall und Untergang«. (Gottfried Benn)

1992

»In hundert Jahren möchte ich gelesen werden«

Zum 200. Geburtstag von Annette von Droste-Hülshoff

»Wenn ich sehe, wie so alles durcheinander krabbelt, um berühmt zu werden, dann kömmt mich ein leiser Kitzel an, meine Finger auch zu bewegen. Geduld! Geduld! Aber wenn ich dann wieder sehe, wie einer kaum den Kopf über dem Wasser hat, daß schon ein andere hinter ihm einen Zoll höher aufduckt und ihn niederdrückt … kurz die Zelebritäten sich einander auffressen und neu generieren wie Blattläuse, dann scheint mir's besser, die Beine auf den Sofa zu strecken und mit halbgeschlossenen Augen von Ewigkeiten zu träumen … ich mag und will jetzt nicht berühmt werden, aber nach hundert Jahren möchte ich gelesen werden …«

»Die Judenbuche« ist Schulbuchlektüre seit Generationen. Neuerdings auf CD-ROM zu haben, »durch Volltextsuche jede Textstelle blitzschnell auffindbar«. Dazu das spöttische Lächeln der Dichterin, die schmalen Lippen zwischen blonden Biedermeierlocken. Und ihre Augen, groß und ein wenig vorstehend, zwei Fotolinsen, mit denen sie die Wirklichkeit abtastete.

Geboren wurde Anna Elisabeth von Droste zu Hülshoff am 10. Januar 1797, in eine westfälische Landadelsfamilie; Zeitzeugen schildern sie als ungemein lebhaftes Kind, mit rascher Auffassungsgabe, voller Phantasie und Wissensdrang, mit raschen ungestümen Bewegungen, denen der zarte Körper oft kaum standzuhalten vermag. Allem, was über das gewöhnliche Maß hinausgeht – und das ist in einem streng katholischen adligen Hause schnell überschritten –, weiß die Mutter früh Einhalt zu gebieten. Wozu diese Sehnsucht nach fernen Ländern und Zeiten, nach bedeutenden Menschen und Gesprächen, die die Heranwachsende in Briefen immer wieder gesteht; einem Edelfräulein, das doch einmal als Mutter vieler Kinder einer großen Familie vorstehen wird, konnte das nur den Kopf verdrehen. Es genügte vollauf, wenn man alle Sommer in Bökendorf im

Kreis einer zahlreichen Verwandtschaft Abwechslung fand, und Annette, sittsam zu Füßen der Großmutter ihren frommen Geschichten lauschend, gut aufgehoben wußte.

Doch das kühne trotzige Temperament der Heranwachsenden bezeugen bereits einige Jugendgedichte; vor allem das Dramenfragment »Bertha«, das in rührend ungeschicktem Pathos ein ungelenkes Selbstportrait der Verfasserin entwirft.

Da heißt es:

Fesseln will man uns am eigenen Herde
Unsere Sehnsucht nennt man Wahn und Traum
Und das Herz dies kleine Klümpchen Erde
Hat doch für die ganze Schöpfung Raum.

Doch auch die Zerrissenheit, der Zwiespalt zwischen Konvention und innerer Auflehnung, bestimmend für das Leben der Droste, drückt sich hier schon aus, wenn die Schwester, Cordelia, wohl ein Abbild Jennys, der wirklichen Schwester Annettes, den Part übernimmt, den diese auch im Leben gespielt haben mag:

Wenn Weiber wollen sich mit Männern messen,
So sind sie Zwitter und nicht Weiber mehr,
Zwar bist du, Berta, klüger viel wie ich,
Denkst tiefer viel bist älter auch an Jahren.
Doch glaube dieses Mal nur meinen Worten
Das gute Weib ist weiblich allerorten.

Die Mutter Annettes sieht in dieser schriftstellerischen Betätigung zunächst nichts als die Überspanntheit eines jungen Mädchens; dann aber fürchtet sie für die psychische Gesundheit ihrer Tochter. Es nützt Annette wenig, daß sie, um den pietistischen Ansprüchen der Familie gleichermaßen zu genügen wie ihrer Freude am Schreiben, der Großmutter einen Zyklus »Geistlicher Lieder« verspricht, ein Gedicht für jeden Sonntag und katholischen Feiertag. Als sie der Mutter die ersten Verse zeigt, sieht diese darin nichts als die Äußerungen »eines vielfach gepreßten oder geteilten Gemütes«.

Ein wenig Reimen, ein wenig Malen, ein wenig Musizieren, ein wenig von allem, aber nur nicht eines ernsthaft. Das schickt sich nicht für ein adliges Fräulein, das doch ein so hübsches Talent in der Vortragskunst besitzt. »Unseren Hofspaßmacher« nennt die Mutter sie, und zitiert sie gern herbei, wenn es darum geht, die Verwandtschaft bei ihren Besuchen zu unterhalten. Noch Jahrzehnte später klagt die Dichterin: »Ich mußte immer in Gesellschaft auftreten. In der Tat, ich war dieses so gewohnt, daß ich nicht muckste, in der Hälfte eines Verses abzubrechen, was mich manchen guten Gedanken und manchen eben gefundenen Reim gekostet haben mag.«

Daß die Enge ihrer Lebensumstände, vor allem aber ihr Geschlecht die Tragik ihres Lebens ausgemacht habe, wird in feministischer Literatur, noch bevor es diesen Begriff gab, seit jeher betont. Doch kann man die vielfachen Beteuerungen, die Liebe ihrer Angehörigen sei ihr »höchstes Gut«, so einfach beiseite schieben? Weit eher war das, was ihr Halt gab: Familie, Glaube, Heimat, auch ihre Grenze, Begrenzung.

Nichts deutet im Jugendwerk der Droste auf ihre spätere Größe. Ganz im Stile der jambenverliebten Zeit läßt sie die Silben rattern, werden in hochtönender Klassizistik Verkühlungstropfen verordnet und Strickbeutel verlegt, und die Reime müssen manches fressen von Brille bis Hauspostille.

Wahrscheinlich wäre die verseschmiedende Tochter am Ende doch dem liebevollen Druck der Mutterhand in die Arme eines passenden Gatten gefolgt und hätte über Hausfrauen- und Mutterpflichten die Dichtkunst nur noch zur Gestaltung von Familienfesten bemüht. Hätte es nicht diesen Sommer 1820 gegeben. Annette ist 23 Jahre alt und verbringt wie jedes Jahr den Sommer bei ihren Verwandten auf dem Bökenhof. Hier lernt sie zwei junge Männer kennen, erst Straube, dann Arnswaldt. Straube wird sie geschätzt haben wie einen Bruder, Arnswaldt weckt in ihr sinnliche Liebe, ohne daß sie sich dessen bewußt ist.

Was geschah? Arnswaldt wird der unerfahrenen jungen Frau ein Geständnis ihrer Liebe zu ihm entlockt und ihr anschließend Untreue gegen Straube vorgeworfen haben. Um das dann Straube unverzüglich und haarklein zu hintertragen, ganz uneigennützig, aus guter Freundschaft, versteht sich. Und das ist alles? Mehr weiß man jedenfalls nicht. Warum hat es nie eine Aussprache zwischen Annette und Straube gegeben? Warum reisten beide Hals über Kopf aus Bökendorf ab? Warum durfte Annette ihm niemals schreiben, hat er ihr nie geschrieben?

Seither ist die Droste wie besessen von ihrer »Schuld«, die worin bestanden haben mag? Daß sie als junger Mensch zeitweilig von ihren Gefühlen verwirrt wurde? Reicht dies, damit sie noch Jahrzehnte später, als sie »Das geistliche Jahr« für den Druck vorbereitet, den Herausgeber bittet, doch das Wort »Gesunkene« in »Arme« zu ändern, die Verwandten hätte daran Anstoß genommen, da es unliebsame Erinnerungen hervorrufe.

Nach diesem »Skandal« war an standesgemäße Heirat nicht mehr zu denken. Fünf Jahre vergehen, von denen bis auf zwei nichtssagende Briefe an Verwandte kein Wort von der Droste überliefert ist. Sie ist 28, als die Familie glaubt, es sei genügend Gras über die Sache gewachsen, um der »Gesunkenen« die Welt zurückzugeben. Man schickt sie zu Verwandten am Rhein, nach Köln, nach Bonn. Hier finden wir sie mit allerlei Schnickschnack beschäftigt, wie es sich für eine Dame aus adligen Kreisen gehört: Sie sammelt Münzen, Muscheln, studiert ein wenig Kompositionslehre, übt sich im Scherenschnitt, brav und bieder immer von allem ein wenig. In diesen Jahren nach dem verhängnisvollen Sommer wird sie ihre Tarnung aufgebaut haben: die eines harmlosen Edelfräuleins, das sein inneres Erleben unter der Maske der äußeren alltäglichen Ereignisse perfekt verbirgt. Dichterin und adliges Fräulein leben sozusagen nebeneinanderher, schlimmstenfalls wird erstere verleugnet; die poetisierende Verwandte duldet es stillschweigend, wenn man sie mit ihrem »Pegasus« neckt.

Nein, die Droste ist keine Kämpferin, ihre Welt wird nun straffer noch als zuvor von der Mutter regiert, die sich unfrei und ängstlich ausschließlich nach der Meinung der Gesellschaft richtet. Nicht das Geringste wird die »gehorsamste Tochter« in Zukunft unternehmen ohne ihr placet. Monatelang muß sie der Mutter die Erlaubnis für die Veröffentlichung ihres ersten Gedichtbandes abschmeicheln, der dann nur unter Annette v. d. H. erscheinen darf. Wollte die junge Frau nicht an Geist und Seele verkümmern, blieb ihr nur der Weg nach innen. Gar kein Gedanke, sie könne »sich mit sich selbst vertragen«, wie Goethe den Zustand innerer Harmonie so treffend formuliert hat. Ihr lebenssprühender Geist, ihre organisatorische Umsicht, ihr kräftiger Humor, Züge ihres Wesens, den Verwandte und Bekannte immer wieder hervorheben, kurz, die hellere Seite ihres Wesens, kann sie ihrer Dichtung nicht mitteilen. Sie werden für die Panzerung, die Haltung lückenloser Schicklichkeit und gesellschaftlicher Liebenswürdigkeit verbraucht.

Der Aufenthalt am Rhein und ein Besuch bei der Schwester, die einen Schweizer Adligen geheiratet hat, lindern die Erstarrung so weit, daß die Droste Anfang der dreißiger Jahre wieder zu schreiben beginnt. Im Geschmack der Zeit verfaßt sie zwei Versepen »Das Hospiz auf dem großen St. Bernhard« und »Das Vermächtnis des Arztes«, und sie nimmt die Arbeit am »Geistlichen Jahr« wieder auf, das sie 1820 abgebrochen hatte.

Ihr Leben lang hat »Das geistliche Jahr« die Droste begleitet, wohl auch gequält. Es ist ein großer Versuch, den tiefen Zwiespalt zwischen dem Verlangen nach ewiger Geborgenheit in Gott und einer, wenngleich nur instinktiv empfundenen, naturwissenschaftlich begründeten Sicht auf die Wirklichkeit zu überwinden. Ein Verlangen, das sie mit vielen Menschen des neunzehnten Jahrhunderts teilte. Doch so sehr sich die Droste auch bemüht, ihre wankende Frömmigkeit zu stützen, ihre Ketzerei zu besänftigen, viel mehr als eine eifernde Rhetorik gegen den Zeitgeist kommt nicht heraus. Wohl ringt hier eine Seele mit Gott, aber weit heftiger noch ringt die Konvention mit der Inspiration, die Dichterin mit dem Edelfräulein, als fiele dieses jedesmal, wenn die Dichtung existentiellen Untiefen nahekommt, der Dichterin ins Wort. Noch ist die Zeit nicht reif, Religiosität und Naturwissenschaften als zwei verschiedene und gleichberechtigte Möglichkeiten der Deutung menschlicher Existenz anzuerkennen oder gar, wie es heute in Ansätzen geschieht, miteinander zu versöhnen. Emil Staiger hat recht, wenn er von einer »schrillen Kapitulation des Verstandes«, von »Totgeburten christlicher Lyrik« spricht und beklagt, daß soviel Energie in das »tote Meer einer Dichtung« geflossen sei.

> ...
> Ausfechten wollen wir den Kampf
> Und bleiben dem Geschick die Macht
> Ich fühl es wohl, der Seele Krampf
> Zerrinnen müßte mit der Nacht,
> Ja mit dem letzten Nebeltraum
> Zerfließen muß des Bösen Schaum.
> Drum bleibt die Wahrheit nur ein Schimmer.
> ...

In der Schweiz entdeckte die Dichterin die Heimat, ihr Westfalen. Sie ist 44 Jahre alt, als sie »Die Judenbuche« abschließt und »die Droste« geboren wird. Muß man diese knapp hundert Seiten starke Erzählung, die zur Droste gehört wie zu Goethe der »Faust«, noch rühmen? Welch ein Segen, daß die Dichterin nun, anders als in den vorangegangenen Epen, endlich auf den Reim verzichtet hat! Das Korsett ist fort und damit der Leerlauf der Silben um des Reimes willen. Verschwunden auch endlich der Skrupel zu streichen: die gehäuften Details, die behaglichen Ausmalungen, das Räsonieren und Moralisieren. Die Entstehungsgeschichte der »Judenbuche« ist eine Lektion in der Kunst des Streichens. Scharfe Konturen im Vordergrund in greller schlaglichtartiger Beleuchtung, ein meisterhaftes Spiel mit Verzögerung und Beschleunigung der Handlung lassen an Inszenierungen von Bob Wilson denken. Der Durchbruch zum Gegenständlichen, zur schnörkellosen Naturschilderung in einer Sprache, in der jedes Wort das andere mit vegetativer Sicherheit hervortreibt, ist einzigartig in dieser Epoche.

Die Dichterin hat aus ihrer Versponnenheit in sich selbst herausgefunden, und ein Mensch hat ihr dabei geholfen: Lewin Schücking. Der Sohn ihrer verstorbenen Freundin, Katharina Schücking, möchte selbst gern seinen Lebensunterhalt als Schriftsteller verdienen. Er ist von der achtzehn Jahre älteren Droste fasziniert, stellt ihr Werk über das von Lenau und Freiligrath und hält sie zu ernster Arbeit an. Ob die Droste ihn liebte? Gewiß. Als Mutter? Als Freundin? Als Frau? Zum ersten Mal in ihrem Leben fühlt sich die Droste als Dichterin erkannt, mag sein nur unvollkommen, dazu war Schücking selbst wohl zu gefällig, sein Talent zu oberflächlich. Aber der Literaturkritiker in ihm ahnt ihre Größe, und er sieht auch ihre Schwächen, wenn er rügt, allzu leicht fließe ihr Reim und Vers in die Feder.

Mit allen Listen, die jahrelanges Versteckspiel sie gelehrt hat, verhilft sie ihm zu einer Stellung als Bibliothekar bei ihrem Schwager, der inzwischen aus der Schweiz auf die Meersburg am Bodensee umgesiedelt ist. In einem Jahr, so wettet sie nun mit Lewin Schücking, wolle sie einen Band »mit an die hundert Gedichte« zustande bringen. Was sie dann schreibt, ist großen Teils noch immer die alte Reimerei; jeder beliebige Einfall wird in Verse gebracht, blasse Bilder illustrieren konventionelle Gefühle, oft bleibt wenig mehr als der beschränkte Kunstverstand einer Provinzlerin. Und vollends siegt das Edelfräulein über die Dichterin in den »Zeitbildern«, die jedoch von der Verfasserin so hoch geschätzt werden, daß sie 1844 mit ihnen den Band eröffnete. Die Haltung dieser Verse ist konservativ, ja reaktionär, die Polemik oft unfreiwillig komisch, etwa in »Alte und neue Kinderzucht«, der Ton von Freiligrath entlehnt, den sie mit ihrem Gedicht »An die Weltverbesserer« wohl auch zu treffen suchte. Gerade diese Gedichte aber werden vom Publikum begeistert aufgenommmen und in vielen Zeitschriften gegen das Junge Deutschland gedruckt. Gedichte wie »Des alten Pfarrers Woche«, »Die beschränkte Frau«, »Die junge Mutter« sind vom Willen geleitet, das Gute und Bescheidene zu fördern, der Mitwelt, vor allem aber wohl ihren lieben Verwandten zu beweisen, daß sie denkt und fühlt wie jedermann. Die Poetin als Undine.

Was sie sich an epischem Können erarbeitet hat, sucht sie nun in die Lyrik zu übertragen. Balladen entstehen, an Bürger, Goethe, Schiller, die schottischen Volksballaden angelehnt, die Spuk und Gruselgeschichten aus den Münsterländer Spinnstuben dichten mit, deutlich ist alles auf Vortrag ausgerichtet, den Vortrag des begabten Edelfräuleins. Das in einigen wenigen Gedichten dann endlich schweigt.

Jetzt auf der Meersburg im Frieden der schönen Landschaft und in der schützenden Nähe des Geliebten, schreibt sie die meisten ihrer großen Gedichte. Nie wieder gelingt es ihr, so ohne Angst sich selbst zu begegnen, so tief und gründlich in sich zu sehen, Gefühle so unmittelbar wahrzunehmen und auszusprechen. Wie gelöst, wie glücklich – aber auch wie besorgt um ihr Glück – muß sie sich gefühlt haben, als sie »An Lewin Schücking« schrieb: »… Das Leben ist so kurz das Glück so selten,/So großes Kleinod einmal sein statt gelten!«

Alte Sehnsüchte, längst abgekapselt und verdorrt geglaubt, brechen wieder auf und finden endlich die ihnen gemäße Sprache, etwa in dem Gedicht:

Am Turme

Ich steh' auf hohem Balkone am Turm,
Umstrichen vom schreienden Stare,
Und laß' gleich einer Mänade den Sturm
Mir wühlen im flatternden Haare;
O wilder Geselle, o toller Fant,
Ich möchte dich kräftig umschlingen,
Und, Sehne an Sehne, zwei Schritte vom Rand
Auf Tod und Leben dann ringen!

Und drunten seh' ich am Strand, so frisch
Wie spielende Doggen, die Wellen
Sich tummeln rings mit Geklaff und Gezisch,
Und glänzende Flocken schnellen.
O, springen möchte ich hin alsbald,

Recht in die tobende Meute,
Und jagen durch den korallenen Wald
Das Walroß, die lustige Beute!

Und drüben seh' ich ein Wimpel wehn
So keck wie eine Standarte,
Seh' auf und nieder den Kiel sich drehn
Von meiner luftigen Warte;
O, sitzen möcht' ich im kämpfenden Schiff,
Das Steuerruder ergreifen,
Und zischend über das brandende Riff
Wie eine Seemöve streifen.

Wär' ich ein Jäger auf freier Flur,
Ein Stück nur von einem Soldaten,
Wär' ich ein Mann doch mindestens nur,
So würde der Himmel mir raten;
Nun muß ich sitzen so fein und klar,
Gleich einem artigen Kinde,
Und darf nur heimlich lösen mein Haar,
Und lassen es flattern im Winde!

Kaum zu glauben, daß die Verfasserin dieses rebellischen Aufschreis keine andere ist als die der bigotten Ermahnungen »An die Schriftstellerinnen in Deutschland und Frankreich«:

… Vor allem aber pflegt das anvertraute,
Das heilige Gut gelegt in eure Hände,
Weckt der Natur geheimnisreichste Laute,
Kniet vor den Blutes gnadenvoller Spende;
Daß dort aus dieser Wirren Staub und Mühen,
Die Gattin mag, das Kind die Mutter knien …

Ihr jugendliches Verlangen nach fernen Ländern und dem Meer, das die Droste nie gesehen hat, versöhnt sich mit der Liebe zur westfälischen Landschaft, wenn im Gedicht »Die Steppe« Bilder des Meeres mit denen der Heide in einer Collage kunstvoll verschränkt werden.

Alte Wunden, nie vernarbt, werden endlich geheilt. Noch als sie ihre erste große Reise in die Schweiz unternimmt, fürchtet sie sich vor dem Aufenthalt in Hannover: Sie hätte dort Straube begegnen können. Nach fünfzehn Jahren! Nun kann sie das Gedicht »Die Taxuswand« schreiben, wo ihr mit einmaliger Leichtigkeit gelingt, Gefühle unmittelbar in Bildern aufgehen zu lassen. Sicher treibt sie im »Spiegelbild« die Selbsterforschung noch weiter voran, doch die restlose Übersetzung der Empfindung ins Bild hat sie nirgends so vollendet wie in diesem Gedicht.

Doch selbst in dieser Phase bleiben direkte Äußerungen des Gefühls, Liebesgedichte zumal, die Ausnahme. Ihren Platz in der deutschen Literaturgeschichte hat sich die Droste mit ihrer Naturlyrik erobert. Zwar gibt es auch hier neckische Bilder für konventionelle Gefühle, etwa in »Der Weiher«, wo ein Sonnenaufgang wie das Levee einer vornehmen Dame bedichtet wird. Aber dies bleibt ein Rückfall in die Stimme des Edelfräuleins.

Was ist das Unerhörte der Drosteschen Naturlyrik? Ihre Gedichte sind nicht Träger eines individuellen Gefühls wie bei Goethe, der in der Natur seine jeweilige Stimmung widergespiegelt fand. Auch benutzt sie Naturbilder nicht wie Eichendorff als Stereotypen zur Erzeugung immergleicher Stimmungen. Anders als die Romantiker, die vom Unwert der sinnlichen Welt überzeugt sind, klammert sich die Droste geradezu an alles Konkrete, alles Sichtbare und Hörbare. Sie benennt die Naturerscheinungen aus nächster Nähe mit einer Besessenheit, als gelte es, sich selbst ich-fest zu machen durch das Dingfest-Machen der Dinge. Sie, die jedem Materialismus so abhold war, hier ist sie als Jägerin und Sammlerin von Materie ganz auf der Höhe ihrer Zeit. Rosen und Lilien, Löwen und Adler mit ihrer standardisierten Symbolik sucht man in ihren Gedichten vergebens. Nicht dem Schönen, dem Charakteristischen spürt sie nach mit der besessenen Objektivität eines Naturforschers. Käfer, Larven, Würmer, Grillen und andere niedere Tiere und Pflanzen macht sie sichtbar, erhebt sie gleichsam aus dem vierten Stand in den

Adelsrang der Poesie. Damit nicht genug. Auch im Gedicht ist der Käfer nichts als der Käfer, der Wurm bleibt ein Wurm. Die Dinge sind, sie bedeuten nicht. Indirekt gibt die Droste damit auch Rosen, Löwen, Lilien und anderen in der traditionellen Dichtung zum Symbol mutierten Sachen ihre Eigenart, ihre sinnliche Existenz zurück. Mehr noch: Sie setzt den Prozeß in Gang, der es ein Jahrhundert später Gertrude Stein zu schreiben ermöglicht: a rose is a rose is a rose. Wieder einmal bewahrheitet sich, daß nicht gute Gesinnung gute Dichtung hervorbringt, daß nicht auch auf der Höhe der Dichtung sein muß, wer auf der Höhe der Zeit ist; daß allein zählt, was die Grenzen des poetischen Sprechens erweitert. Die Beobachtungen der Droste sind von naturwissenschaftlicher Exaktheit und zugleich von einer sprachlichen Eindringlichkeit, die scheinbar unverbundene Einzelheiten zu übergreifenden Bildern verschmilzt.

So ist es nichts als ein unauffälliges Stück Natur, das die Droste in der »Mergelgrube« fixiert; aber sie tut es so, daß die ganze gesellschaftliche Verkrustung des Vormärz und die Gefahr einer Versteinerung der Menschheit schlechthin zur Sprache gebracht werden.

…
Tief ins Gebröckel, in die Mergelgrube
War ich gestiegen, denn der Wind zog scharf;
Dort saß ich seitwärts in der Höhlenstube
Und horchte träumend auf der Luft Geharf.
…
Findlinge zog ich Stück auf Stück hervor
Und lauschte, lauschte mit berauschtem Ohr.

Vor mir um mich der graue Mergel nur;
Was drüber, sah ich nicht; doch die Natur
Schien mir verödet, und ein Bild entstand
Von einer Erde, mürbe ausgebrannt;
Ich selber schien ein Funken mir, der doch
Erzittert in der toten Asche noch,

Ein Findling im zerfallnen Weltenbau.
Die Wolke teilte sich, der Wind ward lau;
Mein Haupt nicht wagt' ich aus der Höhl zu strecken,
Um nicht zu schauen der Verödung Schrecken,
Wie Neues quoll und Altes sich zersetzte –
War ich der erste Mensch oder der letzte?
...

Bergende Zuflucht ist die Natur der Droste kaum. Die Natur ist grausam, steht dem Menschen fremd, feindlich und unbegreiflich gegenüber.

Nur selten finden wir Zeilen wie in ihrem berühmten Gedicht »Mondesaufgang«:

...
O, Mond, du bist mir wie ein später Freund,
der seine Jugend dem Verarmten eint,
Um seine sterbenden Erinnerungen
Des Lebens zarten Widerschein geschlungen,
Bist keine Sonne, die entzückt und blendet,
In Feuerströmen lebt, in Blute endet –
Bist, was dem kranken Sänger sein Gedicht,
Ein fremdes, aber o! ein mildes Licht.
...

Im Sommer 1842 verläßt Schücking die Meersburg; die Gründe liegen im Dunkeln. »Weiß der Henker«, schreibt die Droste ihm hinterher, »was du für eine inspirierende Macht über mich hast ... schreib mir nur oft, mein Talent steigt und stirbt mit deiner Liebe; was ich werde, werde ich durch dich und um deinetwillen ... du bist ein Schlingel und hast mir meine Seele gestohlen.«

Doch zunächst kann sie im Rüschhaus noch von ihren Illusionen zehren, denn man hat sich ein Wiedersehen versprochen, auf der Meersburg in zwei Jahren. Was auch geschieht. Doch Schücking ist inzwischen verheiratet und hat nur noch seine Frau, Luise von Gall, im Sinn, eine modisch-mondäne Schriftstellerin, die es zudem versteht, mit der Raffinesse einer Dame der Gesellschaft die Ältere und Bedeutendere mit ausgesuchter Höflichkeit zu demütigen. Annette von Droste-Hülshoff muß erleichtert gewesen sein, als die beiden endlich abreisen. Wieder ist sie »Verlassen, aber einsam nicht/Erschüttert, aber nicht zerdrückt/… allein mit meinem Zauberwort«.

Das nun nicht mehr vom Panzer des Edelfräuleins beengt ist, sondern von großer innerer Einsamkeit: »zum Dichten habe ich erst die halbe Stimmung wiedergewonnen«, schreibt sie an Lewin. »Ich finde keine Teilnahme, weiß nicht, wem ich Freude damit machen könnte, und so möchte ich lieber bloß denken.« Immerhin korrespondiert man noch, wenn auch Luise mitliest und mitschreibt.

Schücking hat ihr gerade vorgeschlagen, man solle sich doch zu dritt irgendwo zwischen Köln und Bonn niederlassen, da erscheint sein Roman: »Die Ritterbürtigen – ein Sittenbild aus dem westfälischen Adel«, heute würde man sagen, ein Schlüsselroman. Mit Details, die Schücking nur von der Droste haben konnte. »Sie wissen nicht was ich in den letzten Tagen gelitten habe«, schreibt sie an ihren alten Freund Schlüter. »Ich habe Schückings scheußliches Buch gelesen, ich habe es von wahrhaft wohlmeinender Hand erhalten, mit dem Zusatz, ich müsse es leider lesen, da ich in dem allgemeinen Verdacht stehe, ihm das Material für diese Giftmischereien geliefert zu haben. Schükking hat an mir gehandelt wie mein grausamster Todfeind …« In ihrer gelösten Stimmung auf der Meersburg hatte sie dem Freund wohl manches Mal von all den Personen erzählt, ihr Nachahmungstalent ausgespielt, ihren Humor. Nun waren aus den Familienanekdoten ironische Karikaturen geworden, die so indiskret Gezeichneten für jedermann erkennbar.

Mit Schücking, hatte die Droste geglaubt, dürfe auch sie einmal »sein« statt »gelten«. Nun trifft sie sein Buch wie ein Anschlag aus dem Hinterhalt. »Nur die Spannung der letzten Tage hat mich aufrechterhalten«, schreibt sie an eine Freundin, »nun fiel ich zusammen wie ein Taschenmesser. Miserabel. 6–7 mal am Tag Erbrechen, ein erstickender Husten, immer Fieber, kein Schlaf.« Als die Einsamkeit im Rüschhaus selbst für sie, die Abgeschiedenheit so liebt, unerträglich wird, begibt sich die Schwerkranke auf die Reise zur Meersburg.

Jede Korrespondenz mit Schücking, der sich seinerseits in Schweigen hüllt, hat sie abgebrochen. Auch als ihr Weg über Bonn führt und ihr Aufenthalt, einer inzwischen berühmten Frau, in Lewins »Cölnischer Zeitung« bekanntgegeben wird, meidet er sie. Hält sein schlechtes Gewissen ihn fern?

Noch einmal hofft sie auf ein Wort von ihm, als sie erfährt, daß er im »Rheinischen Jahrbuch« ihr Portrait schreiben soll. Doch der Artikel, von dem sie Wiedergutmachung für die »Ritterbürtigen« erwartet, fällt kühl und kritisch aus: »Sie bemüht sich in ihren Dichtungen mit äußeren Konturen, sie geht immer auf eine unkünstlerische Wahrheit und arithmetische Genauigkeit hin ... Erhabene Schönheit, große Gedanken, geniale Fehler, kühne Häßlichkeiten, eine Welt für sich sind ihre Werke ... Lieber will sie eigenes Unkraut als zivilisierte Pflanzen aus fremden Samen.«

Mit dieser Enttäuschung hat die Droste die bitterste aller Erfahrungen machen müssen: Nicht einmal das Vergangene ist unvergänglich, nicht einmal ihre Erinnerungen sind unantastbar, die Gegenwart hat auch diese zur Lüge gestempelt. Nun erst ist sie wirklich allein.

Immer seltener macht sie sich auf den Weg zum Fürstenhäusle, ein Landhaus unweit der Meersburg, das sie sich vom Honorar ihres Gedichtbandes gekauft hat. Ruhm, der ihr jetzt von allen Seiten reichlich zufließt, interessiert sie nicht mehr: »Vor zwanzig Jahren würde er (der Ruhm) mir den Kopf verdreht haben, jetzt sehe ich schon en perspective den Augenblick, wo man sich meine Beiträge verbitten oder auf den geringsten Preis reduzieren würde. So steht mein Entschluß fester als jemals, nie auf Effect zu arbeiten, keiner beliebten Manier, keinem anderen Führer als der ewigen Natur durch die Windungen des Menschenherzens zu folgen und unserer blasierten Zeit den Rücken zu kehren.«

Zuletzt verstummen beide, das Edelfräulein und die Dichterin. In ihrem Gedicht »Letzte Worte« spricht nur noch die fromme sterbenskranke Frau:

Geliebte, wenn mein Geist geschieden
So weint mir keine Träne nach;
Denn, wo ich weile, dort ist Frieden
Dort leuchtet mir ein ew'ger Tag! …

Ihr berühmtestes Gedicht hat sie vier Jahre zuvor geschrieben: »Im Grase«.

»… Wer liest denn noch Gedichte?« läßt die Droste vor 170 Jahren einen Buchhändler in ihrem Lustspiel »Perdu« fragen. Ich hoffe: Sie. Jetzt! Nicht nur an den runden Geburtstagen der Dichter.

Im Grase

Süße Ruh', süßer Taumel im Gras,
Von des Krautes Arome umhaucht,
Tiefe Flut, tief tief trunkene Flut,
Wenn die Wolk' am Azure verraucht,
Wenn aufs müde schwimmende Haupt
Süßes Lachen gaukelt herab,
Liebe Stimme säuselt und träuft
Wie die Lindblüt' auf ein Grab.

Wenn im Busen die Toten dann
Jede Leiche sich streckt und regt,
Leise, leise den Odem zieht,
Die geschloßne Wimper bewegt,
Tote Lieb, tote Lust, tote Zeit,
All die Schätze, im Schutt verwühlt,
Sich berühren mit schüchternem Klang
Gleich den Glöckchen, vom Winde umspielt.

Stunden, flüchtger ihr als der Kuß
Eines Strahls auf den trauernden See,
Als des zieh'nden Vogels Lied,
Das mir niederperlt aus der Höh',
Als des schillernden Käfers Blitz,
Wenn den Sonnenpfad er durcheilt,
Als der heiße Druck einer Hand,
Die zum letzten Male verweilt.

Dennoch, Himmel, immer mir nur
Dieses Eine mir: für das Lied
Jedes freien Vogels im Blau
Eine Seele, die mit ihm zieht,
Nur für jeden kärglichen Strahl
Meinen farbig schillernden Saum,
Jeder warmen Hand meinen Druck,
Und für jedes Glück meinen Traum.

1997

Nur eine Rose als Stütze
Oder: Die Kraft des Dennoch
Leben und Werk Hilde Domins

Es ist nun fünf Jahre her, daß ich Ihnen zu Ehren, liebe verehrte Hilde Domin, schon einmal reden durfte. Es war in Köln zu Ihrem 75. Geburtstag. Vorher hatte ich Sie immer alleine gesehen. Doch in Köln kamen Sie mit Erwin Palm, Ihrem Mann. Damals sagte ich Ihnen – daran erkennt man uns Kinder des Rheinlands – spontan und unverblümt, wie sehr ich Sie um einen solchen Mann beneide. Obwohl ich nach dieser kurzen Begegnung nur ein flüchtiges Bild von ihm haben konnte, das ich aber sogleich mit meinen Wünschen füllte, ein Wunschbild also. Doch das Bild, das zu diesem Wunschbild führte, war wirklich da, und ich werde es niemals vergessen.

Ich sah Sie beide, und ich dachte: ein Paar. Ihr hieltet euch an den Händen, und ihr stiegt in einem unerschütterlichen Gleichmaß der Schritte die Treppe zum Festsaal hinauf, und ich dachte: So müssen sie durch Länder und Jahre gegangen sein, so einander haltend, so aneinander haltend. Und ich dachte: Da gehen zwei Kinder, oder besser, zwei w i e die Kinder in einem Paradies für Erwachsene, einem zweiten Paradies, aber ein Paradies doch. Trotz allem. Und später dachte ich: Wie lange muß man probieren, wie oft stolpern, fallen und sich wieder aufraffen, wieviel Ausdauer, Geduld und Zuversicht braucht es, um so im Gleichklang gehen zu können, als hätte es anderes nie gegeben. Als sei vierfüßiges Gehen die natürlichste Sache der Welt.

Dabei weiß jeder, der Hilde Domin kennt, daß Anpassung nicht ihre Sache ist. Weiß, daß wir es mit einer souveränen Frau zu tun haben. (Was übrigens um Nuancen anderes meint, als das vielstrapazierte »emanzipiert«. Emanzipiert meint ja »befreit« und erinnert immer noch an Kampf und Unterdrückung, während die souveräne Frau frei ist, frei auch für ein »Gleichmaß der Schritte«.)

Woher erwuchs Hilde Domin diese Souveränität?

Hören wir, was sie in ihren autobiographischen Aufzeichnungen selbst dazu sagt: »Irgendwann war ich zuhause und auch gut zuhause. Das war in Köln, in der Riehler Straße. Dort haben mich meine Eltern mit dem Vertrauen versorgt, dem Urvertrauen, das unzerstörbar scheint und aus dem ich die Kraft des Dennoch nehme.«

1912 wurde Hilde Domin hier in eine bürgerliche Familie geboren, der Vater ist Rechtsanwalt, mit einem unbeugsamen Willen zur Gerechtigkeit. Die Mutter, als Sängerin ausgebildet, »hatte«, so die Autorin, »ein Temperament, das war des Bombenwerfens fähig«. Daß sich das väterliche Erbteil bei der Autorin wiederfindet, ist bekannt, die Veranlagung mütterlicherseits ihr zuzutrauen. Beides weiß, wer sie einmal erlebt hat, bei einem ihrer spontanen Auftritte, sei es in der Akademie oder im PEN, wenn es um die Rechte von Verfolgten geht, ganz gleich, woher diese Unglücklichen kommen und weshalb sie fliehen mußten.

Nach dem Abitur 1929 studiert Hilde Domin zunächst Jura, dann Nationalökonomie, Soziologie und Philosophie. Ihre wichtigsten Lehrer waren Karl Jaspers und Karl Mannheim. Studienorte sind Köln-Bonn, Berlin und Heidelberg, wo sie ihren Mann, Erwin Walter Palm, Student der klassischen Archäologie, kennenlernt. Mit ihm geht sie 1932 in sein Arbeitsgebiet Rom. Ein Jahr später, nach der NS-Machtergreifung, wird für die junge Frau aus einer jüdischen Familie, die bis dahin kaum einmal eine Synagoge besucht hatte, Italien zum Exil. 1935 promoviert sie in Florenz in Politikwissenschaften über einen Vorläufer Macchiavellis, verzichtet jedoch auf eine wissenschaftliche Laufbahn, um als Mitarbeiterin ihres Mannes dessen Studien zu unterstützen. Die immer schwierigeren Umstände des Exils machen diese Tätigkeit bis zur Berufung Palms an die Universität Heidelberg im Jahre 1960 notwendig. Daneben gibt Hilde Domin Sprachunterricht und verdient Geld als Übersetzerin.

1939 wird der Aufenthalt im faschistischen Italien unmöglich, ein Jahr schlägt man sich, auch mit Hilfe der Eltern, die ebenfalls geflohen sind, in England durch; ab 1940 wird die Dominikanische Republik zum dritten Asylland, vierzehn lange Jahre.

Hier, 39 Jahre nach ihrer Geburt, kommt Hilde Domin 1951 als Dichterin zur Welt.

Es war nicht, oder doch nicht nur und wohl nicht einmal vor allem das Exil, das diese Metamorphose, diesen Beginn einer neuen Existenz, dieses »zweite Leben«, wie Hilde Domin es nennt, initiierte. Mehr noch war es wohl der Verlust des ersten Paradieses, waren es schmerzliche persönliche Erlebnisse. Als dann noch die Nachricht vom Tod der Mutter eintrifft, erwächst der Verlassenen, der doppelt Heimatlosen, die Kraft »zu sagen, was ich leide«. »Schreiben war Rettung«, lesen wir. »Plötzlich hatte ich die Sprache, der ich so lange gedient hatte. Ich hatte Sprachen gewendet wie andere Kleider. Ich wußte, was ein Wort ist. Ich befreite mich durch Sprache. Hätte ich mich nicht befreit, ich lebte nicht mehr.«

Seither ist für Hilde Domin die Sprache das »Unverlierbare, nachdem alles andere sich als verlierbar erwiesen hatte … Die Sprache ist die äußerste Zuflucht.« Hilde Domin hatte eine zweite Heimat gefunden: den Halt im Wort. »Nur eine Rose als Stütze« lautet der Titel ihres ersten Gedichtbandes, der nach ihrer Rückkehr 1959 in Deutschland erschien. Wußten Sie, liebe verehrte Hilde Domin, als Sie diesen Titel wählten, daß die Wörter »Rose«, »Wort« und »Knospe« (als das Werdende) derselben indischen Wurzel »v-r-t« entstammen? Wie auch immer, poetisch präziser hätten Sie Ihren ersten Titel nicht formulieren können.

Heute sind Ihre Gedichte in über fünfzehn Sprachen übersetzt worden. Es ist immer etwas Aufregendes, sein eigenes, vertrautes Gebilde in derart neuem Gewand zu sehen. »Besonders jedoch«, schreiben Sie in »Leben als Sprachodyssee«, »regte es und regt es mich auf, den rheinischen Tonfall zu hören, als täten die Leute es mir zu liebe.« Nun, liebe verehrte Hilde Domin, ich möchte Ihnen gerne ein sehr privates Geschenk machen. Und so habe ich mir erlaubt, den zahlreichen Übersetzungen eine hinzuzufügen und das erste Gedicht ihres ersten Gedichtbandes ins Kölsche zu übertragen, was übrigens meine wirkliche Muttersprache ist. Für die Ausländer unter uns lese ich es zunächst auf deutsch:

Ziehende Landschaft

Man muß weggehen können
und doch sein wie ein Baum:
als bliebe die Wurzel im Boden,
als zöge die Landschaft und wir ständen fest.
Man muß den Atem anhalten,
bis der Wind nachläßt
und die fremde Luft um uns zu kreisen beginnt,
bis das Spiel von Licht und Schatten,
von Grün und Blau,
die alten Muster zeigt
und wir zuhause sind,
wo es auch sei,
und niedersitzen können und uns anlehnen,
als sei es das Grab
unserer Mutter.

Treckende Landschaaf

Mo muß wekjonn künne
un doch sin wie ene Boom:
als blewwe de Woozele em Bodde,
als tröök de Landschaaf un mer stünge faas.
Mo muß dä Odem aanhaale,
bes d'r Wenk nolöß
un de fremde Loff öm us eröm ze kringele anfänk,
bes et Spell vun Leet und Schatte,
von Jrön un Blau,
de aale Muster zeesch
un mer daheeim send,
ejal wo,
un us säzze künne un aanlääne,
als wör et dat Jraaf
userer Mamm.

Bereits in der ersten Gedichtsammlung von Hilde Domin begegnen wir einem starken, seiner selbst bewußtem Ich. Einem Ich, das sich seiner selbst annehmen kann. Nie werde ich vergessen, wie Sie, liebe Hilde Domin, mir einmal sagten: »Wenn Sie so allein leben, müssen Sie besonders gut zu sich sein. Schauen Sie, wenn ich einmal allein sein muß, stelle ich mir jeden Morgen eine Rose auf den Frühstückstisch.«

Dieses liebevolle, selbstgewisse Ich kann nun auch wieder Du und sogar Wir sagen, ohne sich selbst aufzugeben. Ein Ich, das den Mut hat zu einem zweiten Paradies. Den Mut zu einem sehr kostbar gewordenen Wir. »Zu zweit ist man beschützter«, lesen wir in ihren Aufzeichnungen über das Exil. Doch gilt dies für das Leben schlechthin. Als Hilde Domin mit Erwin Palm nach Deutschland zurückkommt und der Bruder sie am Bahnhof abholt, notiert sie: »Was ich nie vergessen werde: wie ich im Auto plötzlich zwischen zwei Männern saß, die beide zu mir gehörten, die offene Flanke gegen die Welt geschützt.«

Der Rückgewinn des Paradieses verleitet Hilde Domin aber keineswegs zum Rückzug in die Idylle zu zweit. Vielmehr macht es sie stark für das Leid anderer, für den Blick auf weniger Beschützte. Aus dem Du, das in den ersten Gedichten den geliebten Mann meinte, wird ein Du, das sich an den Menschen richtet, aus dem Wir, das alle anderen ausschloß, wird eines, das alle umfaßt.

»Meine einfachen Worte riechen nach Mensch«, schreibt Hilde Domin in einem Brief an Pablo Neruda. »Ich kam als Rufer zurück«, und »Ich bin ein politischer Mensch vom Scheitel bis zur Sohle«, lesen wir in ihren autobiographischen Aufzeichnungen.

Seither ist ihre leise, aber unüberhörbare Stimme nicht müde geworden. Ist ihr der Mut, die Dinge beim Namen zu nennen und nichts umzulügen, weil's gerade opportun wäre, nie ausgegangen. Ebensowenig wie die Kraft, Widersprüche, die sich nicht auflösen lassen, auszuhalten. Hilde Domins Gedichte wissen und geben Bescheid, ja, mitunter stoßen sie ihn auch, ihre Gedichte nehmen Stellung, engagieren sich, suchen, sich Gehör zu verschaffen, kurz, sie tun alles, was Gedichte gemeinhin nicht tun dürfen und bleiben doch – Gedichte.

In fünf Zeilen, meinem liebsten Gedicht von Ihnen, liebe Hilde Domin, hört sich das so an:

Nicht müde werden
sondern dem Wunder
leise
wie einem Vogel
die Hand hinhalten.

Nicht müde werden … Woher nimmt Hilde Domin die Kraft dazu? Ich denke, diese Kraft, der Frau und der Dichterin, wurzelt in der Liebe. »Ich trau mich zu lieben« ist eines der Motti zu dem Roman »Das Zweite Paradies«, ein Satz einer Schneiderin aus Madrid. Ein Satz, einfach und klar wie die Gedichte der Autorin, ein Satz, der es, wie die Gedichte, in sich hat.

Zunächst: Was heißt das: lieben. Ich folge der Autorin und versage mir eine Aufzählung von Negativdefinitionen, die einem wahrlich leicht in den Sinn kommen. Nein, die Liebe der Hilde Domin ist keine Schwärmerei und Sentimentalität, sondern das Praktischste von der Welt, etwa dem »anderen die Füße kühlen«, wie es im »Zweiten Paradies« so unvergeßlich beschrieben wird. Liebe bei Hilde Domin ist der Ort, wo beides gewährt wird: Freiheit und Geborgenheit. Beides hat Hilde Domin in der Kindheit empfangen. Und sie gibt es weiter ein Leben lang.

Was nicht selbstverständlich ist. Denn der Satz beginnt ja mit: »Ich trau mich«. Also wäre das Lieben keine selbstverständliche Tätigkeit, also gehört Mut dazu. Wer liebt, ist verletzbar. Trotz aller Angst vor Verletzungen – und wie sehr können gerade Worte verletzen – den Menschen zugetan bleiben: Das ist die Haltung Hilde Domins, eben ihr Mut zum Dennoch. Dennoch lieben.

Nicht nur das Leben, auch das Schreiben Hilde Domins hat hier seine Wurzel: »Es ist das gleiche Wasser, das den Menschen und der Kunst am Halse steht«, schreibt sie in »Wozu Lyrik heute«, ein Buch, dem, stammte es aus der Feder eines männlichen Theoretikers, sicher heute längst die Beachtung gezollt würde, die der Theoretikerin leider erst mit der zeitlichen Verzögerung zukommen wird, mit der die Öffentlichkeit in Deutschland noch immer auf Frauen reagiert, die beides vereinen: Gefühl und analytischen Verstand. Seit Benns Marburger Vortrag über »Probleme der Lyrik« (1951) ist dies wohl die bedeutendste Analyse eines Lyrikers über Lyrik, wobei Hilde Domin insofern über Benn hinausgeht, als sie weit in den gesellschaftlichen Raum hineindenkt, ihre Poetik auf ein gesellschaftliches Fundament stellt. Es ist auch daran zu erinnern, daß Hilde Domin dieses mächtige Plädoyer für das Gedicht 1967 hielt, ein Jahr, bevor Enzensberger dessen Tod verkündete. Dialektisch geschult wertet sie den Flucht- und Refugiumscharakter, der jeglicher Beschäftigung mit Literatur damals vorgeworfen wurde, einfach um. »Rückzug« wird ihr zur Voraussetzung für bewußtes Handeln, Dichtung Ort und Modus der »bewußten Pause«, ein Regenerationszentrum, wo der Einzelne wieder auftauchen kann aus der »einsamen Masse«, um sich selbst erneut als freies Individuum zu erleben. Im Gedicht »Salva nos« klingt das so:

> … Dies ist unsere Freiheit
> die richtigen Namen nennen
> furchtlos
> mit der kleinen Stimme
>
> einander rufend
> mit der kleinen Stimme
> das Verschlingende beim Namen nennen
> …

Der feste, federnde Stil ihrer Gedichte kennzeichnet auch ihre Prosa, ob wir nun den Roman »Das Zweite Paradies«, die autobiographischen Aufzeichnungen oder ihre theoretischen Überlegungen lesen. Besonders für letztere jedoch ist ihre Fähigkeit, zwischen Abstraktion und Anschaulichkeit die Balance zu halten, von größtem Wert. Das Gedicht als »Ort der Freiheit«, als »magischer Gebrauchsgegenstand«, das Poetische als »unspezifische Genauigkeit«, dies sind nur einige der geglückten Begriffsbildungen, die der Kanonisierung wert wären.

Ich weiß, verehrte Hilde Domin, daß Sie, wenn es um den Text geht, nichts von der Unterscheidung zwischen männlich und weiblich halten, und gewiß haben Sie, sofern es nur den Text betrifft, recht. Und doch denke ich, daß wir auch hier noch »nicht müde werden« dürfen, darauf hinzuweisen, daß es zwar eine stattliche Reihe von Lyrikerinnen gibt, die nicht nur im Bewußtsein von Fachleuten existiert, ich denke an Sappho, Louise Labé, Gaspara Stampa, Annette von Droste-Hülshoff, Else Lasker-Schüler, Nelly Sachs, Ingeborg Bachmann. Doch gerade weil Sie sich so vorbildlich auf die Kunst der Reflektion des eigenen Handwerks – oder wie Sie es bescheidener ausdrücken, »sich selbst über die Schulter zu schauen« – verstehen, möchte ich Sie auch an die Seite stellen von Ricarda Huch, Virginia Woolf und Hannah Arendt.

Aber lassen Sie mich, verehrte Hilde Domin, meine Damen und Herren, noch einmal zurückkommen auf das, was ich die Wurzel Ihres Schreibens nannte: dennoch lieben. Denn ein Schreiben aus dieser Wurzel hat Konsequenzen: Hilde Domin gehörte zu keiner Zeit zu den Autoren, die bei einem guten Gläschen Wein den Untergang der Menschheit zu Papier bringen, ihre schwarze Galle vermarkten, ihren Ekel an der Welt mit einem Zweisternemenü besänftigen. Und sie s c h r e i b t auch nicht nur vom Leben, das tun ja offener oder verdeckter alle Autoren, sie geht den dornigeren Weg: Sie l e b t, was sie schreibt. Wenn sie, ob im Gedicht, im Essay, und, wenn es nötig ist, sogar in Leserbriefen Partei ergreift für das, was sich nicht wehren kann, dann ist dies immer auch ein Entwurf für menschlicheres Handeln, friedfertiges Miteinanderumgehen. Und sie ist immer die Erste im Bemühen, ihren Worten die Tat an die Seite zu stellen. Daher haben ihre scheinbar so leichten Worte immer Gewicht. Das Gewicht gelebten Lebens. Daher ist auch gerade das Gedicht als Essenz gelebten Lebens ihre Domäne. Das Gedicht, das persönliche Erfahrungen exemplarisch und damit nachvollziehbar macht, damit ein jeder es in sein eigenes Leben integrieren kann. Schreiben ist daher für Hilde Domin auch immer »Fremd-Worte/heimisch zu machen im Tun«. Fremdworte wie »Zivilcourage« oder »Solidarität«. Ihre Gedichte, hat Karl Krolow einmal gesagt, wollen »dabei« sein.

Zwei Gebote sind es, die ihr Schreiben und Handeln miteinander verbinden, zwei Hauptgebote, wie Hilde Domin sie nennt, weil sie alle anderen einschließen: »Das eine (ist) das Gebot des Konfuzius, die Dinge der Welt beim richtigen Namen zu nennen … Beim kleinsten Umlügen der Wirklichkeit fängt menschliches Zusammenleben schon an aufzuhören …«

Das zweite ist dies Gebot: »daß ihr euch untereinander liebet und ableget die Werke der Finsternis«. Und: »Du sollst deinen Nächsten lieben als dich selbst.«

Dem möchte ich nichts mehr hinzufügen als ein Gedicht, das die Dichterin selbst als die Summe ihres gesamten Schaffens bezeichnet. Es ist ein Gedicht, für das Sie, liebe Hilde Domin, allein schon den Hölderlin-Preis verdient hätten, zu dem ich Ihnen sehr herzlich gratuliere. Es ist ein Gedicht, das wie kaum ein anderes »dabeisein« möchte, ein Gedicht, das bei uns allen sein sollte, das Gedicht:

Abel steh auf

Abel steh auf
es muß neu gespielt werden
täglich muß es neu gespielt werden
täglich muß die Antwort noch vor uns sein
die Antwort muß ja sein können
wenn du nicht aufstehst Abel
wie soll die Antwort
diese einzig wichtige Antwort sich je verändern
wir können alle Kirchen schließen
und alle Gesetzbücher abschaffen
in allen Sprachen der Erde
wenn du nur aufstehst
und es rückgängig machst

die erste falsche Antwort
auf die einzige Frage
auf die es ankommt
steh auf
damit Kain sagt
damit er es sagen kann
Ich bin dein Hüter
Bruder
wie sollte ich nicht dein Hüter sein
Täglich steh auf
damit wir es vor uns haben
dies Ja ich bin hier
ich
dein Bruder
Damit die Kinder Abels
sich nicht mehr fürchten
weil Kain nicht Kain wird
Ich schreibe dies
ich ein Kind Abels
und fürchte mich täglich
vor der Antwort
die Luft in meiner Lunge wird weniger
wie ich auf Antwort warte

Abel steh auf
damit es anders anfängt
zwischen uns allen

Die Feuer die brennen
das Feuer das brennt auf der Erde
soll das Feuer von Abel sein

Und am Schwanz der Raketen
sollen die Feuer von Abel sein

1992

»Wenn mir beim Schreiben die Luft wegbleibt«
Leben und Werk Christa Reinigs

Verehrte Christa Reinig, verehrte Anwesende.
Dies ist ein Überfall! Gedicht!

Die Prüfung des Lächlers
(für meine mutter, die dem lächler das haupt gehalten hat)

als ihm die luft wegblieb hat er gelächelt
da hat sein feind ihm kühlung zugefächelt
er lächelte, als er zu eis gefror
der feind rückt ihm die bank ans ofenrohr

er lächelte auch, als man ihn bespuckte
und als er brei aus kuhmist schluckte
er lächelte, als man ihn fester schnürte
und er am hals die klinge spürte

doch als man ihm nach einem wuchtigen tritt
die lippen rundum von den zähnen schnitt
sah man ihn an, erst ratlos, dann erstarrt
wie er im lächeln unentwegt verharrt

Ihnen bleibt die Luft weg? Sie spüren Ihren Magen? Das Herz? Die Leber? Ha fegato, schreiben Sie, liebe Christa Reinig, sagen die Italiener, wenn sie meinen: Jemand hat Mut. Haben Sie Mut, meine Damen und Herren? Mir jagte dieses Gedicht, als ich es vor etwa zwanzig Jahren zum ersten Mal las, einen Schrecken ein, wie ich ihn als Kind aus den Märchen der Brüder Grimm geholt habe, wo der Vater mit Behagen seinen Sohn als Delikatesse verspeist. Bösewichter in Öl gesotten, zerhackt und zermahlen werden. Später spürte ich dieses Grauen, diese Kälte im Rücken auch bei Edgar Allan Poe, übrigens einem Vorbild

Christa Reinigs, wenn das verräterische Herz unter den Dielen klopft oder das Pendel die Haut über dem Herzen ritzt.

Christa Reinig hat vieles geschrieben, was uns den Atem stocken läßt, aber kein Gedicht, das uns den Atem verschlägt wie »Die Prüfung des Lächlers«. Auch nicht »Die Ballade vom blutigen Bomme«, mit der sie seinerzeit in Ost und West berühmt wurde.

Warum? Das Gedicht geht uns an. Nicht mit dieser behaglichen Betroffenheitsgeste, nein, es geht uns an, wie eine von der Straße ihren Freier angeht, aggressiv, fast gewaltsam, vergewaltigend. Der Leser selbst wird zum Gefolterten. Wir können uns, anders als in jener Ballade, ihm nicht entziehen, obwohl oder gerade weil es ein offenes Gedicht ist; sein philosophischer Gedanke, die theosophische Idee sind auf vielerlei Weise interpretierbar. Und doch bliebe alles nur tönernes Erz und eherne Schelle, gelänge diesem Gedicht nicht, was ein Merkmal fast aller Gedichte und Prosa Christa Reinigs ist: über das Literarische hinauszugehen und den Leser zu berühren, wo es wehtut, ihm etwas von sich selbst erfahrbar zu machen, was er längst abgestorben und von sich getan glaubte.

»Das Schlimmste und das Schrecklichste sagen zu können und trotzdem trefflich zu bleiben, das ist für mich ein Vorbild geblieben.« sagt Christa Reinig. Und »Wenn mir beim Schreiben die Luft wegbleibt, wenn ich denke, ich kann nicht mehr weiter, dann weiß ich auch: das ist der Weg, den muß ich gehn.« Und genau dieses Gefühl spürt auch der Leser. Auch Befreiung kann schmerzhaft sein, wenn abgeschnürte Gefühlsbereiche sich wieder zu regen beginnen; wie die verkrüppelten Füße der Chinesin, wenn sie aufgebunden werden, große Schmerzen bereiten.

Kein Gedicht für Feierstunden, meine Damen und Herren? Nein, das sind Christa Reinigs Gedichte kaum.

Ebensowenig wie die Dichterin Christa Reinig eine Person ist für Feierstunden. Vielleicht macht die sich gerade über die Frau, die Sie hier als Christa Reinig glauben vor sich sitzen zu sehen, lustig, denn »wo meine Bürgerlichkeit endet, da beginnt meine dichterische Arbeit als Autor« hat Christa Reinig in einem Interview einmal gesagt, und ich denke, damit spricht sie für alle die Autoren, die nur das schreiben können, was sie schreiben müssen, ohne Rücksicht auf Leser, Kritiker, Bestsellerlisten. Denn könnten wir in den Bahnen unserer bürgerlichen Möglichkeiten mit dem Leben fertig werden, wozu sollten wir dann versuchen, auf dem Umweg des Schreibens und (nur) symbolisch unseren Problemen beizukommen?

»Ich unterscheide«, so Christa Reinig, »zwischen Dingen, die in der Welt nicht stimmen und die man ändern kann, und Dingen, die man nicht ändern kann, obwohl sie nicht stimmen. Angenommen, ich würde auf irgend etwas stoßen, was ich ändern kann, dann würde ich nicht literarisch herangehen, dann schriebe ich einen Brief an den Verantwortlichen und versuchte, mich mit ihm auseinanderzusetzen; das hat mit Literatur, wie ich sie verstehe, nichts zu tun. Wenn ich literarisch arbeite, dann arbeite ich meistens über die Dinge, die in der Welt nicht stimmen, die ich aber auch nicht ändern will, weil ich sie nicht ändern kann. Das ist vielleicht mein literarisches Engagement.«

Aus dieser Haltung erwächst manches Ungemach. Wir, die Dichter, die Gewissenserforscher vom Dienst, neigen dazu, unseren Schreibtischrigorismus auf alle Bereiche des Lebens zu übertragen. Und nicht selten verlangen unsere Leser eben dies. Aber das muß zu Anmaßungen und Enttäuschungen führen, wenn der Autor, der ja auf dem Papier allmächtig ist, den dort nur sein Talent in die Schranken weist, auch im bürgerlichen Alltag alles besser zu wissen glaubt; und wenn der Leser begreifen muß, daß hinter der schönsten Moralepistel nicht unbedingt ein Moralapostel steckt, ohne daß die Epistel dadurch schlechter würde. Oder, daß ein zutiefst verzweifeltes Gedicht von einem Menschen geschrieben wird, der dennoch – oder gerade deswegen? – ganz gut mit dem Leben zurechtkommt. Dies führt übrigens nicht selten zu Unmut. Dem Deutschen ist's nun mal lieb, wenn alles seine Ordnung hat: Zum traurigen Gedicht gehört der traurige Verfasser. Wer aggressiv schreibt, der ist auch so. »Literatur«, so Christa Reinig, »ist aber etwas anderes als Wirklichkeit. Wer Phantasie nicht von Menschenmöglichkeiten unterscheiden kann, gehört sowieso in Therapie. Ich bin intellektuell ein böser Mensch und mache schwarze Literatur. Aber ich bin auch Frau Nachbarin und Freundin und Helferin« … Und, an anderer Stelle, klipp und klar: »Als Bürgerin bin ich für Ruhe und Ordnung.«

Der Zwang, die Besessenheit, nur das schreiben zu können, was man schreiben muß, schreiben ohne Rücksicht auf bürgerliche Empfindlichkeiten, ist gefährlich. Wem sollte das besser bekannt sein, als Ihnen, verehrte Christa Reinig. In Ihrer Kindheit, als die Mutter mit Putzen das Geld für Sie beide verdiente, oder in Ihrer Blumenbinder- und Bürolehre haben Sie es sich gewiß nicht träumen lassen, einmal Gedichte zu schreiben. Das heißt, geschrieben haben Sie ja schon, zu Betriebsfesten etwa oder Scherzgedichte auf die Kollegen, was Ihnen so »gut gelang, daß ich buchstäblich angestellt wurde, zu irgendwelchen Festivitäten Reimereien zu machen. Doch bald kam ich dahinter, daß es eigentlich Stümperei, daß es Kinderei ist, und daß ich etwas erarbeiten muß.« Da hatte Christa Reinig bereits an der Arbeiter- und Bauernfakultät ihr Abitur nachgemacht, Kunstgeschichte studiert und arbeitete im Märkischen Museum. Ihre erste Erzählung konnte zunächst auch im Osten veröffentlicht werden. Doch da sich Christa Reinig weigerte, für eine zweite Auflage etwas zu ändern, fiel sie, schon 1947, in Ungnade. »Von da an«, so Christa Reinig, »habe ich mich verstellt, als hätte ich mit Literatur nichts mehr zu tun. Ich wußte: Geh in Deckung, bleib in deinem Schützengraben, und was du dann veröffentlichen kannst, das kannst du im Westen veröffentlichen; hier nicht mehr.«

Als Christa Reinig dann 1964 den Bremer Literaturpreis erhielt, war sie in Ost- und Westdeutschland gleichermaßen bekannt und anerkannt. Wir wissen alle, daß Sie diese Gelegenheit nutzten, um in der Bundesrepublik zu bleiben. Daß Sie diese Freiheit hätten einfacher und früher haben können, habe ich bei meiner Vorbereitung auf diesen Tag noch einmal in Ihrem autobiographischen Roman »Die himmlische und die irdische Geometrie« nachgelesen, und mir stockte wieder der Atem: »Meine Mutter hatte mir, bevor sie starb, ihre Katze vermacht. An einem schönen Sonnabend war ich zu Freunden nach Westberlin gefahren und hatte bei ihnen übernachtet. Am anderen Morgen erfuhren wir, daß Ostberlin von der Außenwelt hermetisch abgeschlossen war. Niemand durfte mehr heraus. Ich schlug alle Bitten, Mahnungen, Warnungen, alle Einladungen und Hilfeangebote in den Wind und sagte: Ich muß Kolumbus füttern. Ging in den Osten zurück und ließ mich einmauern … Ich ging das letzte Stück zu Fuß. Ich ging die Brunnenstraße entlang und kam an die Bernauer Straße. Dort hatten sich viele Leute versammelt und standen starr und schweigend. Ihnen gegenüber eine uniformierte Postenkette. Ich ging durch die Menschenmenge hindurch und näherte mich der Kette. Die Uniformierten riefen mir entgegen: Zurück! Kehren Sie um! Wenn Sie hier durch sind, können Sie nicht mehr raus! Ich zog meinen Ostberliner Personalausweis. Die Kette öffnete sich. Nach zwanzig Schritt stieß ich auf eine zweite Postenkette, ebenso grimmig und bewaffnet. Einer sprang aus dem Glied und baute sich vor mir auf. Er streckte beide Hände gegen mich aus: Kehren Sie um, sagte er, noch können Sie umkehren! Ich zeigte ihm meinen Ausweis. Sprachlos trat er beiseite und ließ mich durch.« Ein halbes Jahr später war die Katze tot.

Christa Reinig mußte wohl noch einmal »ganz tief drin sein«, um »das haus« verlassen zu können. Sie schrieb hervorragende Gedichte in dieser Zeit, Gedichte waren ihr Werkzeug, um ein Loch in die Mauer zu polken, wie sie in der Dankrede zum Bremer Literaturpreis sagte. Eines der beeindruckendsten ist:

Ausweg

Das was zu schreiben ist
mit klarer schrift zu schreiben
dann löcher hauchen
in gefrorne fensterscheiben

dann bücher und papiere
in ein schubfach schließen
dann eine katze füttern
eine blume gießen

und ganz tief drin sein
– und zum türgriff fassen
zieh deinen Mantel an
du sollst das haus verlasssen

Leichtgefallen ist Christa Reinig, die als erste Autorin die DDR verließ, das Weggehen trotz allem nicht. Es bedurfte eines Befehls an sich selbst, um aus dem Gewohnten, dem Alltäglichen aufzubrechen. Wohin? In die Freiheit ist man versucht, zu sagen. Doch für Christa Reinig hat auch dieses mächtige Abstraktum wieder einen ganz konkreten, praktischen Inhalt: »Ich dachte nicht: Freiheit. Ich dachte: Badewanne. Ich würde im Westen sein. Dort würde ich in einem Hotel wohnen. In dem Hotel würde eine Badewanne stehen. In dieser Badewanne würde ich von meinem Körper den Dreck von zweieinhalb Jahren abschrubben. So geschahs.«

Im westdeutschen Literaturbetrieb war Christa Reinig bereits anerkannt, sie erhielt zahlreiche Literaturpreise, darunter das Villa-Massimo-Stipendium, den Hörspielpreis der Kriegsblinden, den Kritikerpreis für Literatur. Auch gesellschaftliche Ehrung blieb nicht aus. 1976 wurde Christa Reinig mit dem Bundesverdienstskreuz ausgezeichnet.

Da hatte sie den fürchterlichen Unfall schon überstanden. In der Zeit danach schreibt sie den bereits erwähnten autobiographischen Roman; auch den Unfall und die Folgen beschreibt sie dort auf diese beiläufige, scheinbar unbeteiligte Art, als habe sie nun mal zufällig dabeigestanden. »Ich kann meine Geschichten nur erzählen, indem ich sie objektiviere«, sagt sie dazu. Je tiefer die Verletzungen, desto größer die Distanz, die mit Worten geschaffen werden muß, je näher aber rückt damit das Geschehen dem Leser, der hinter der Maske der Schnoddrigkeit immer den Aufschrei hört.

Ein Jahr später erschien dann, liebe Christa Reinig, Ihr Roman »Entmannung«, der der Literaturkritik in die falsche Kehle geriet, weil die Herren wieder mal nicht unterscheiden konnten zwischen Fiktion und Wirklichkeit und sich von der Axt im

Buch nicht nur buchstäblich bedroht fühlten. Für Sie selbst war dieses Buch wohl ein ähnlich wichtiger Einschnitt wie die »Ballade vom blutigen Bomme«, wo »diese plötzliche Parteilichkeit für ›die andere‹ Seite, die Außenseiter, die Un-Bürgerlichen, ihr Leben verändert hat«, wie Sie sagten. Und: »In meinem Wesen bin ich nicht radikal, sondern versöhnlich. Die Radikalität, die in meiner Literatur zum Ausdruck kommt, muß ich mir Satz für Satz abkämpfen. Vielleicht habe ich mich aus der Literatur herausgekämpft. Dann habe ich eben Pech gehabt.«

Nein, verehrte Christa Reinig, das haben Sie nicht. Obwohl eine Äußerung, wie Sie sie 1986 in einem Interview machten, nicht ungefährlich ist. Sie sagten damals: »Ich gebe mir Mühe, meine Kunst dem Feminismus unterzuordnen. Denn Feminismus ist mein politisches Selbstverständnis.« Eine ähnliche, wenn auch noch umgreifendere weltanschauliche Funktion hatte zeitweilig der Buddhismus für Sie. Sie vertieften sich in seine Lehre, bis Sie den Satz »Töte den Buddha« erleben – und vollziehen konnten, das heißt sozusagen über Nacht die Beschäftigung mit dem Buddhismus aufgeben konnten. Im gleichen Interview heißt es: »Ich glaube ich kann sehr fanatisch sein, kann mich in etwas hineinsteigern. Mein Leben ist gepflastert mit Ideologien, durch die ich hindurchmuß, wie durch Masern.« Ihre Texte sind der beste Spiegel dieser Kämpfe zwischen der Ideologin und der Literatin, und ich bin froh, daß die »Literatur allseits unter diesem Deckel (dem Feminismus) hervorguckt«, wie Sie es formulieren. Aber ich frage mich doch, ob Sie denn diesen Deckel brauchen, ob überhaupt ein Deckel, egal welcher, ob Buddhismus, Katholizismus, Sozialismus oder eben Feminismus, dem Schreiben zuträglich sein kann.

Wichtiger als die Orientierung an der feministischen Ideologie scheint mir sowohl für Ihre literarische wie auch für Ihre persönliche Biographie zu sein, was die kurzen, am Haiku orientierten Gedichte in »Müßiggang ist aller Liebe Anfang« offenbaren: daß Sie, verehrte Christa Reinig, den Mut gefunden haben, zu lieben. Wie oft mag eingetreten sein, »weshalb man«, wie Sie schreiben, »niemals sein Herz aufreißen soll. Jemand schmiert Senf drauf.« Diesmal geschah das Gegenteil. Die Gedichte in »Müßiggang ist aller Liebe Anfang«, an der Zahl so viele wie Tage im Jahr, dokumentieren die geglückte Liebesbeziehung zweier Frauen. Für Christa Reinigs Literatur bedeutet dies, daß sie eine wichtige Dimension hinzugewinnt: das unverstellte Sprechen, das auf den satirischen Angriff, auf die groteske Verzerrung, auf alle Sprachformen, die Leid und Schmerz kaschieren sollen, verzichten kann; bedeutet, daß sie dem bösen Blick den liebevollen zugesellt.

Die genaue Beobachtung ist geblieben, die schonungslose Selbstanalyse ist geblieben, der unbestechliche Blick, aber der Fokus hat sich weit aufgetan, und die Welt ist nicht länger in gut und böse geteilt. Sie ist, wie sie ist und manchmal schön oder zum Veralbern lustig. »Ich genieße es, wenn die Denkmaschine Kurzschluß hat und alle Logik in einem Knall auseinanderkracht«, gesteht die Autorin, und dabei kommen dann die »Schwabinger Marterln« oder »Paparantscha Vielerlei« heraus.

Christa Reinig, die vitale Fatalistin, ist eine Dichterin des Aufbruchs geblieben. Eine Sache zu Ende denken, zu Ende erleben, einen Weg gehen, bis man woanders ist, bis man wer anders ist. »Wenn ich zu schreiben beginne, kenne ich die Schlußfolgerungen aus meinem Thema nicht … Wohin mein Weg führt, weiß ich nicht«, heißt das bei Christa Reinig. Und: »Ich glaube an den Weg, nicht an das Ende.«

Ich denke, daß es diese Aufbruchstimmung ist, diese Neugier auf sich selbst und auf andere, anderes, die die Neugier auch beim Publikum wachhält: Wie geht denn das nun weiter mit der Reinig? Was hat sie denn nun diesmal ausgeheckt? Mitunter muten Sie sich und dem Leser einiges zu, und diese Zumutung zwingt dazu, nicht nur von der Herausforderung der Literatur zu schwadronieren, sondern sich ihr zu stellen. Daß die Jury dieses Preises sich der Herausforderung dieser Literatur gestellt und sie anerkannt hat, ist ihr ganz besonders zu danken. Denn ist nicht die Zumutung das einzig mögliche Kompliment des Autors an sein Publikum? Sie allein nimmt ihn wirklich ernst und redet ihm nicht nach dem Mund.

Nach dem Mund reden auch die neuen Erzählungen in »Nobody« und »Glück und Glas« oder die jüngste Veröffentlichung »Simsalabim« nicht. Hier wie in den Gedichten kein Wort zuviel, keines, das nicht sitzt, aber, anders als das zu Beginn zitierte Gedicht, fallen die Erzählungen nicht über den Leser her, lauern ihm vielmehr auf und treffen ihn mit einen scheinbar harmlosen Nebensatz aus dem Hinterhalt.

Christa Reinigs Blick ist ungetrübt geblieben, scharf, aber die Blicke müssen nicht mehr töten. Nicht in diesen Texten. Und im nächsten? Wie es weitergeht mit der Schriftstellerin Christa Reinig, kann nicht vorhersagbar sein. Aber ist das nicht das Beste, was sich nach einem über vierzigjährigen Schreiben von einer Autorin sagen lassen kann? Erinnern wir uns: »Ich glaube an den Weg, nicht an das Ende.« Daß Sie, verehrte Christa Reinig, den Mut und die Kraft zu immer neuen Aus-, Ab- und Aufbrüchen bewahren, das wünsche ich Ihnen und uns. Und noch einmal: Danke für das, was Sie geschrieben haben.

1993

»Denn sieh, du blätterst einen Menschen um«
Die Dichterin Gertrud Kolmar

In der Bibliothek Suhrkamp habe ich 1983 eine Auswahl von Gedichten Gertrud Kolmars herausgegeben. Damals schrieb ich folgendes Gedicht:

GERTRUD KOLMAR

Auf meinen Knien das Häufchen
Fotokopien wird leichter

Langsamer lesen
Mit jedem Blatt lege ich Lebenszeit ab
von einer, die schrieb im vorletzten Brief:
Ganz ohne Freude bin ich freilich nicht
Sie meinte ihre Erinnerungen
Weinte mit keinem Wort
Lebte vom Leben schon sehr weit entfernt
Legte an alles Geschehen längst
den Maßstab der Ewigkeit
Trat freiwillig unter ihr Schicksal
Hatte es schon im »voraus bejaht, sich ihm
im voraus gestellt« schrieb sie

Langsamer lesen

Wir wissen nicht wo sie starb
Wir wissen nicht wann sie starb
Ihre Mörder sind bekannt

Im letzten Brief fiel ihr »eben etwas
Ulkiges ein«. Versprechen und Pläne. Herzliche Grüße

Langsamer lesen

Immer wieder von vorn.

Ulla Hahn, 1982

Daß wir heute, Mitte der neunziger Jahre, sehr viel mehr von Gertrud Kolmar wissen, ist in erster Linie einer hervorragenden Ausstellung des Marbacher Schiller Archivs zu verdanken, die Johanna Woltmann, eine der sachkundigsten Kenner und Anwälte des Werks der Dichterin – Herausgeberin der Bände »Das Wort der Stummen«, »Frühe Gedichte« und »Briefwechsel mit der Schwester« –, zum fünfzigsten Todestag der Dichterin erarbeitet hat. Auch wenn das Werk der Kolmar für sich stehen kann, ist ihr Lebensweg erhellend für ihre Dichtung.

Leicht sind wir Deutschen geneigt, im Falle einer jüdischen Autorin, deren existentielle Gefühle des Andersseins und der Fremdheit, vor allem im Dritten Reich, der gesellschaftlichen Ächtung und Verfolgung zuzuschreiben. Doch ist wohl immer auch Privateres, Persönlicheres im Spiel.

Gertrud Kolmar wurde 1894, noch zu Lebzeiten Theodor Fontanes, in eine ganz und gar bürgerliche Welt geboren. Ihr Familienname ist Chodziesner, nach einer kleinen Kreisstadt in der Provinz Posen, dem Geburtsort des Vaters. Den deutschen Namen dieser Stadt, »Kolmar«, wählte die Dichterin später als Pseudonym.

Wie für viele Juden aus dem Osten war auch für den Vater Gertrud Kolmars der soziale Aufstieg mit dem geographischen und kulturellen Wechsel nach Westen und von der Kleinstadt in die Metropole verbunden. Hier studierte er Jura, ließ sich als Rechtsanwalt in Berlin nieder und heiratete die Tochter eines Berliner Stadtverordneten. Zwei Jahre später wird Gertrud geboren. Man war kaisertreu und liebte sein Vaterland – Vater Kolmar trug einen Backenbart à la Wilhelm II. und war stolz auf seine Ähnlichkeit mit dem Herrscher – man war klassisch gebildet, kulturell interessiert, gesellschaftlich assimiliert.

Und doch ist anzunehmen, daß trotz des wohlhabenden kultivierten Milieus Gertrud Kolmar ihre Kindheit wenig glücklich erlebte. In den Briefen an die jüngere Schwester Hilde kommt dies immer wieder zur Sprache.

Dieser Briefwechsel zwischen den Schwestern begann 1938, nachdem Hilde mit ihrem Kind in die Schweiz emigriert war, und endete kurz vor dem Tod der Dichterin. Nirgends sonst begegnet sie uns so unverstellt und unverkrampft wie in ihren Briefen, erlaubt uns die so scheu Zurückgezogene, in sich Gekehrte so tiefe Einblicke in ihre Gedanken- und Gefühlswelt.

In einer Fragment gebliebenen Biographie der Schwester sucht Hilde für diese so wenig freundlichen Erinnerungen der Schwester eine Erklärung zu finden. Sie schreibt: »Dieses Mädchen ist in die falsche Zeit hineingeboren, in die satte, zufriedene Epoche des ausgehenden Jahrhunderts, und diese gutbürgerliche Lebensform entsprach kaum ihren eigenen ganz anders gearteten Gegebenheiten. Dazu kam, daß sie sehr allein war. Der ihr sehr wesensverwandte Vater ist zu dieser Zeit noch völlig von seinem Beruf in Anspruch genommen. Bei Tisch dürfen die Kinder nicht sprechen, alle Unruhe, aller Lärm muß von ihm ferngehalten werden. An Abenden jedoch gab es viele gesellschaftliche Verpflichtungen inner- und außerhalb des Hauses, an denen die Kinder naturgemäß nicht teilhatten. Die Mutter, eine lebenslustige, gastfreundliche Frau, mag dies mehr genossen haben als der Vater. In der übrigen Zeit widmete sie sich dem Haushalt, und an den Sonntagnachmittagen füllten sich Haus und Garten mit der zahlreichen Verwandtschaft. Blieb da wohl Zeit für das kleine Mädchen, das sich wohl manchmal vereinsamt gefühlt haben mag? Fotografien aus jener Zeit zeigen ein beinahe unkindlich ernstes Gesicht, interessant, aber nicht schön, in dem besonders die dunklen Augen auffallen. Es ist kaum vorstellbar, daß dieses Kind wie andere gespielt haben soll.«

Einsam fühlte sich Gertrud Kolmar nicht zuletzt, weil ihr die Mutter fremd blieb. Im Gegensatz zu dieser legte die Tochter auf Kleidung wenig Wert, zog sich »zum Kummer der Mutter« (Hilde) sogar betont unvorteilhaft an. Sie verabscheute alles Äußerliche, jedes Geplauder, oder den »Charme«, wie ihn die Mutter versprühte, kurz, sie verschmähte alles gesellschaftlich Leichte, die Welt der lebenslustigen Bourgoisie, die sie als Welt der Mutter ansah. Zugehörig fühlte sie sich zum Vater, den sie zum Symbol für einsame Größe und Heldentum verklärte. Schon hier zeichnet sich ein Muster ab, das sich später in ihren Liebesbeziehungen wiederholen sollte: Je stärker der Vater von seinem Beruf absorbiert wird, je weniger Zeit er für sie hat, desto blendender erschien er in ihrer Phantasie. Ihre Erinnerungen an die Kindheit, die – wohl auch als Antidot gegen die nun unerträgliche Gegenwart – in den späteren Briefen an die Schwester immer intensiver und plastischer werden, sind voller Anspielungen auf abenteuerliche Kinderspiele; heldenhaft wollte sie sein, wie der Vater ihrer Phantasie. So aß sie am liebsten Linsensuppe, die sie für die »Blutsuppe der Spartaner« hielt, und wie Mucius Scävola soll sie einmal ihre Hand in eine Kerzenflamme gehalten haben. Das kleine Mädchen wollte, so in einem Brief an die Schwester, »eine Heldin sein«.

Das Alltagsleben dieser Zeit ließ allerdings wenig Spielraum für »männliche« Muster, etwa einem Streben nach Autorität und beruflichem Ernst, wie sie es beim Vater fand. So blieb ihr nur, das Männliche abzudrängen in die Phantasie und selbst eine Haltung der Demut und Opferbereitschaft zu entwickeln. Man muß nur die Kinderbilder der Kolmar betrachten, um diesen Rückzug auf die eigene, die innere Welt zu begreifen. Bilder eines Kindes, das sich in seiner Seele schon früh und fast immer »sehr allein« gefühlt haben muß.

Erstaunt es da, daß die Kolmar mit vierzehn, fünfzehn Jahren ihre ersten Gedichte schreibt? Schreiben gab ihr nicht nur die Möglichkeit, ihre Isolation zu durchbrechen. Dichtung ermöglichte ihr zudem einen weiteren Zugang in die Welt des Vaters, der über eine breite klassische Bildung verfügte und auch selber schrieb.

Es würde im Rahmen dieses Vortrags zu weit führen, auf ihre ersten Schreibversuche einzugehen. Festgehalten sei nur, daß schon hier viele Motive ihrer späteren Dichtung erkennbar werden, etwa das Motiv des Schleiers, der Kleides, der Verwandlung, der Nacht, des Engels; vor allem aber eine Stimmung des Heldenhaften, des Großen, des Erhabenen, eine Vorliebe für das Gewaltige.

Gertrud Kolmar ist nicht älter als sechzehn oder siebzehn, als sie ihren ersten Gedichtzyklus »Napoleon und Marie« schreibt.

Sie stellt die Liebesbeziehung zwischen dem Kaiser und Maria Walewska in einen magischen Raum, die Walewska erliegt dem Werben des Helden wie in Hypnose. Ihr Selbst ist ausgelöscht, aufgegangen in einem Größeren. Liebe als vollständige Unterwerfung unter den Willen des Geliebten. Geschrieben wurden diese Gedichte 1915, während die Bürgerstochter die hauswirtschaftliche Frauenschule Arvedshof bei Leipzig besuchte und dort in einem Kinderhort tätig war. 1916 machte sie in Berlin ihre Diplome als Sprachlehrerin für Englisch und Französisch.

Wo begegnete sie dem Mann, durch den sie eine Wirklichkeit erlebte, die schrecklicher war als alles, was sich ihre Phantasie damals hatte ausmalen können? Der Mann, von dem nur bekannt ist, daß er ein »Soldat« war, Offizier, und Karl Jodel hieß – dieser Mann konnte oder wollte sie nicht heiraten. Sie aber war schwanger.

Die gerade Zwanzigjährige, von den Eltern abhängige Gertrud Kolmar war kaum reif genug, um selbst eine Entscheidung zu treffen. Die Mutter, der soviel an gesellschaftlichem Ansehen lag, drängte sie offenbar zur Abtreibung. Sie folgte.

Kurz darauf vermittelte der Vater ihren ersten Gedichtband an den Egon Fleischel Verlag. 1917 erschienen dort »Gedichte«, ein Abgesang auf die Liebe zum »Soldaten«, auf das Ende einer Beziehung und den Verlust eines Kindes. Brutaler kann man es nicht erfinden: Ihre erste Veröffentlichung, ihre Geburt als Dichterin scheint wie ein Judaslohn für die Verweigerung der Geburt des Kindes.

Die Aufnahme der Kritik ist zurückhaltend, man spricht von einem »Frauenbuch für den Mann«, von einem »sympathischen Buch wie so viele«.

Es ist Krieg. Gertrud Kolmar arbeitet als Briefzensorin im Gefangenenlager Döberitz bei Potsdam, ab August 1919 dann in verschiedenen Familien als Erzieherin. Doch ist ihr die Arbeit nur »ein Notbehelf«; sie war immer bereit, »alles stehen und liegen zu lassen, wenn …« Ja, wenn sie nicht immer die »Andere«, nie die »Eine« gewesen wäre, wie sie später an die Schwester schreibt.

1923 ziehen die Eltern nach Finkenkrug am Rande Berlins. Jahre vergehen; die Kolmar ist 32 Jahre alt, als sie Ende 1928 ihre Stellung aufgibt, um die Pflege der kranken Mutter zu übernehmen, den Haushalt zu führen und ihren Vater im Büro zu unterstützen. Jetzt findet sie endlich Ruhe und schreibt hier ihre großen Gedichte.

Zwar klagt sie mitunter über ihr »Einsiedlerleben«, aber wichtiger ist doch, daß ihr in dieser Stille und Abgeschiedenheit die Konzentration auf sich und ihre Dichtung gelingt. Und sie findet hier, was sie später, nach dem von den Nationalsozialisten erzwungenen Umzug in die Stadt, so schmerzlich vermissen sollte: »das Bleibende: Tier und Pflanze, das immer Wiederkehrende, im Werden und Vergehen Beständige«.

Wie sehr sich Gertrud Kolmar als Dichterin entwickelt hat, aber auch wie unwandelbar sie mit der ersten Veröffentlichung schon eines ihrer Themen gefunden hatte – das der unerfüllten, sehnsüchtigen Liebe –, zeigt der Vergleich zweier Gedichte, die beide den Titel tragen: »Die Verlassene«.

1917 umfaßt der Titel drei Gedichte, konventionell in Form und Inhalt: Etwa »Sehnen: … Nicht mein Aug nur wird heimlich blaß/Komm, Liebster, komm!/Die Lampe schimmert gar so blaß/Komm, Liebster, komm! …« Das geht so über einige Strophen.

Und sechzehn Jahre später (übrigens immer noch mit einer Widmung: K. J.):

Die Verlassene

Du irrst dich. Glaubst du, daß du fern bist
Und daß ich dürste und dich nicht mehr finden kann?
Ich fasse dich mit meinen Augen an,
Mit diesen Augen, deren jedes finster und ein Stern ist.

Ich zieh dich unter dieses Lid
Und schließ es zu und du bist ganz darinnen,

Wie willst du gehn aus meinen Sinnen,
Dem Jägergarn, dem nie ein Wild entflieht?

Du läßt mich nicht aus deiner Hand mehr fallen
wie einen welken Strauß
…

Fast aggressiv trumpfen die drei ersten Strophen auf mit nahezu gewalttätigen Bildern. Nicht als Bettlerin, die sich erbärmlich macht, um Erbarmen zu erzwingen, tritt die Verlassene auf; sie ist die Jägerin, der Geliebte die Beute. Sprachmächtig gibt die Verlassene den Abschied.

Aus den wenigen Äußerungen in den Briefen an die Schwester glauben wir zu wissen, daß nicht nur ihre erste, sondern alle Liebesbeziehungen der Dichterin scheiterten. In ihren Briefen beteuerte sie immer wieder ihre Sehnsucht, in der Rolle als Ehefrau und Mutter aufgehen zu dürfen. Im Leben hat sie diese Möglichkeit nie gefunden. Hat sie sie wirklich gesucht? Ist sie als Frau »gescheitert«?

»Ich habe die Vokabeln ewig, beständig, treu (soweit sie auf meinen Partner Anwendung finden sollten) von vornherein aus meinem Wörterbuch gestrichen. Wozu wohl auch schon der Umstand mich führte, daß ich niemals die ›Eine‹ immer die ›Andere‹ war.«

Empfand sie selbst ihre Beziehungen als enttäuschend? An die Schwester: »Wirst du mir glauben, wenn ich hierhersetze: ich habe niemals eine Enttäuschung erlebt? Und: Die Wirklichkeit war stets unausdenkbar schöner als alle Illusionen? Glaubst du mir das? Es war so für mich … Ich kannte den hohen Preis, den ich zahlen würde, da gab es keine Enttäuschung.« Und sie gesteht freimütig, daß das erzeugte Gefühl schließlich wichtiger war als der Erzeuger dieser Gefühle selbst: »Ich hatte eine geringe Entzündbarkeit und fing nicht leicht Feuer, … – brannte es aber (wie selten!) einmal, dann auch mit starker und dauernder Glut. Mein Gefühl besaß dann die Eigenschaft König Midas', dem alles, was er berührte, in den Händen zu Gold ward; es ging auf gleich einer großen Sonne und vergoldete noch jeden Fleck, jeden Tümpel, jede Pfütze. Und schließlich war es gar nicht so wichtig mehr, was der tat, wie der sich verhielt, dem es seinen Aufgang, seine Wärme, sein Strahlen verdankte. Die Sonne scheint über Gerechten und Ungerechten ... Begreifst du, daß ich da niemals enttäuscht ward, nie enttäuscht werden konnte?«

Diese Fähigkeit der »Vergoldung«, das heißt aus scheinbar unpoetischem Material dichterische Funken zu schlagen, erprobte die Kolmar besonders eindrucksvoll in dem Zyklus »Das Preußische Wappenbuch«, das sie im Winter 1927/1928 schrieb. Werbebildchen von Kaffee Haag, die der Bruder der Dichterin sammelte, gaben den Anstoß. Auf Empfehlung Ina Seidels konnte noch 1934 ein Teil der Gedichte unter dem Titel »Preußische Wappen« in Victor Otto Stomps Verlag Die Rabenpresse erscheinen.

Gertrud Kolmar geht nur vom Eindruck eines Wappenbildes aus, in dem die reale Welt zu mythischen Zeichen, Emblemen geronnen ist, und löst diese Fixierungen wieder auf in Handlungen, Geschichten, Träume. Tote Dinge, erstarrte Zeichen werden durch Dichtung ins Leben zurückverwandelt.

Wappen von Berlin

In Silber, aufgerichtet, ein schwarzer Bär

Die Bärin spricht: Ich habe sie getragen,
Die Stadt in meinem Schoße, Höhlenbrut.
Uns kam der Jäger, und ich mußt ihn schlagen.
Ihr Schlaf in dickverschneiten Wäldertagen
War gut.

Ich wiegte sie mit diesem tiefen Brummen;
Mein Tatzenschlag hieß sanft, doch ernst sie stehn.
Ich lehrte Honigwachs, wo Bienen summen,
Und süßes Kraut in erdgeformten Kummen
Sie sehn.

…
Ich schreite aufrecht. Meine Branten wälzen
den Wolkenblock, der überm Haupt ihr kracht.
Und silbern eisige Gestirne schmelzen
Als große Flocken mir auf schwarzen Pelzen
In Winternacht.

Gertrud Kolmar nötigte ihre Sprache nie zur Dichtung. »Auch mein Flußbett trocknet nicht selten aus; aber dann quäl ich mich nicht damit ab, ihm künstlich Kanalwasser anzuleiten, sondern warte still, bis der Regen des Himmels die versiegte Flut erneut.« Was dann wie in Ekstase, wie im Rausch geschrieben erscheint, nimmt seinen Anfang aus »einem Ohnmachts-, einem Verzweiflungszustande … ich muß mir sagen: ich werde nichts mehr vollbringen. Dann ist die rechte Stunde da. Und es beginnt der ›Rausch‹, die ›Ausschweifung‹«.

Wie um einen Geliebten rang die Kolmar mit der Sprache, um die Sprache. Nur durch die Sprache konnte sie sich wieder mit der Welt vereinigen. So entstand ein neuer Kosmos, das Gedicht. Nur in diesem Kosmos konnte sie leben und erleben nach eigenen Maßstäben. Denn diese waren nicht von dieser Welt, einer Welt, die sich aus ihren eigenen Grenzen definierte. Grenzenlosigkeit ist der Zustand, den die Dichterin sucht, grenzenlos wie das Gefühl der Liebe, wo auch die Grenzen des Ich aufgehoben werden. Nicht zum heimeligen Genuß wird verlockt: Das Verlangen der Frau ist dämonisch, durchdrungen von Lust und Schmerz: »… Mann ich träumte dein Blut, ich beiße dich wund/ Kralle mich in dein Haar und sauge an deinem Mund. …«

Die Beziehung zum Mann erfährt die Kolmar nie als Ergänzung, sondern immer als einen Antagonismus der Geschlechter und als Gegensatz von Ich und Welt, Natur und Gesellschaft. Die Welt der Männer, das ist für sie die Welt mit »versiegelten Ohren« und »starken Taggedanken«: »Zahl und Nam will seine Träume haben.« So deutlich war das vor ihr schon eineinhalb Jahrhunderte früher nur bei Karoline von Günderode zu lesen, wo es im Gedicht »Vorzeit und neue Zeit« heißt: »… Der Himmel ist gestürzt, der Abgrund ausgefüllt!/Und mit Vernunft bedeckt, und sehr bequem zu gehen./Des Glaubens Höhen sind nun demolieret,/Und auf der flachen Erde schreitet der Verstand,/Und misset alles aus, nach Klafter und nach Schuhen.«

Die gesellschaftliche Welt ist die des Mannes, unzugänglich, fremd und der Frau verschlossen. Und weil diese Welt sich abwendet von der Frau, wendet diese ihre Liebe, ihre Verehrung Tieren und Pflanzen zu, die, wie die Liebenden, ohne Berechnung und Entfremdung leben und von der Welt der Vernunft ausgeschlossen sind. Auch in den Liebesgedichten wird das erotisch-sexuelle Erlebnis immer wieder ins Naturhaft-Kosmische gesteigert.

> ...
> Oh du! Nur du! ... Ich spülte deine Glieder
> Und warb und klang und schäumte über dir.
> Und alle Winde küßten meine Lider
> Und alle Wälder stürzten in mich nieder
> Und alle Ströme mündeten in mir.
> ...

In den Zyklen »Die Frau und die Tiere« und »Tierträume«, die wie die Zyklen »Weibliches Bildnis« und »Kind« in den besonders schöpferischen fünf Jahren von 1928 bis 1933 entstanden, erobert sich Gertrud Kolmar nun ein neues Thema, einen neuen Zugang zur Welt. Ihre eigene Existenz dehnt sie ins Kosmische, Naturhafte aus: »Ich bin ein Weltteil«. »Ich bin nur ein Ackerstrauß«. »Ich bin der Ostwind«. »Ich bin das Finstre«. »Ich bin der Himmel«. »Ich bin die Kröte«. »Ich bin der Aal«.

Ausgangspunkt der Visionen sind häufig – und hierin ist die Kolmar der Droste verwandt – detaillierte Naturbeobachtungen, sinnliche Eindrücke. Oft unscheinbare Tiere, die gemeinhin Ekel hervorrufen. Etwa die »Kröte« (»Tierträume«): »Mag ich nur ekles Geziefer dir sein/Ich bin die Kröte/Und Trage den Edelstein/...« Im dichterischen Bild jedoch werden diese Sinneseindrücke von ihren konventionellen Benennungen befreit und dadurch von ihrer Erscheinungswelt abgelöst. Ein Gefühl der Einheit zwischen Mensch und Natur entsteht, wenn das Ich sich in die Außenwelt verströmt, die ihrerseits das Ich durchdringt. Jeder sichtbare Umriß wird innerer Eindruck, jeder Eindruck prägt sich der Außenwelt auf, der Körper selbst verwandelt sich, erstreckt sich als Landschaft.

> … Und das Kleid schwillt nun
> Und ich muß wachsen, daß es mir noch ziemt,
> Drin Fische, wie sie niemals wirklich tun
> Um meine Brüste schweben, purpurblau gekeimt
> Der Erde Körner sind hineingesät
> Aus meiner Schulter bricht ein Felsengold …

Besonders nachts wird ihr die Sprache der Pflanzen und Tiere verständlich, verschwimmen die Grenzen der Dinge in der Realität wie die Wörter im poetischen Bild. Eine neue magische Realität entsteht, die dem Menschen solange freundlich entgegenkommt, bis dieser sich der Erde bemächtigt: »Nur Tier und Pflanze/… Stille/Sein noch ohne Tun.«

Sprachlich glückt dieser Sprung aus der Welt der Augenblicke vor allem mit Hilfe der Metapher. In der Metapher rebellieren die Wörter gegen die Ordnung der Logik, wird die Sprache aus dem Korsett der Begrifflichkeit befreit, werden Grenzen aufgehoben, Gegensätze verschmolzen. Im Bild holt die Dichterin die versunkene Welt, die unmittelbare Einheit von Mensch, Natur und Kosmos zurück, verbindet sie äußere Anschauung und innere Vision zu einer nie geschauten Synthese.

Lange bevor die Bewahrung der Schöpfung zum weltweit diskutierten Problem wird, kritisiert Gertrud Kolmar die Folgen der Ausbeutung der Natur. Im Gedicht »Der Tag der großen Klage« steigert sich diese Sicht zu einer der mächtigsten apokalyptischen Visionen des zwanzigsten Jahrhunderts. »Und die Tiere werden dich schrecken um des Menschenblutes willen«, heißt es im Alten Testament beim Propheten Habakuk. In Kolmars Gedicht entsteigen Leichname aller Gattungen der Erde als einem Riesengrab; Tiere, die der Mensch abgerichtet, gejagt, geschunden, verstümmelt hat.

So brach der Tag der großen Klage an.

Sie stiegen aus den Wassern, Meere voll,
Sie sprangen von dem blauen Bett der Himmel
Und füllten so die Erde mit Gewimmel
Daß wie ein Brodeltopf sie überquoll
...
Und Karpfen schnellten mit zerfetztem Bauch
Und rote Krebse lebend aus dem Tiegel,
Von Mauern rollte Wunderarztes Igel,
Geschwärzt in einer Zauberesse Rauch.

Doch aus dem weißen Saal der Wissenschaft
Begann ein Strömen wie aus offner Schleuse
Zerschnittner Ratten und entstellter Mäuse
Ein Treiben unergründlich ekelhaft.
...
Sprach der Gerichtstag totgeplagter Tiere
den Menschen nicht von seinem Morden frei
...

Gertrud Kolmar ist nun auf dem Wege, ganz zu sich als Dichterin zu finden – da wird Hitler Reichskanzler. Zwischen August und Oktober 1933 entsteht dennoch wieder ein Zyklus, dessen Überlieferung wir Hilde Benjamin, der Schwägerin Walter Benjamins, einem Vetter der Kolmar, zu verdanken haben. Derselben Hilde Benjamin, die später zunächst als Vizepräsidentin des Obersten Gerichtshofs der DDR, dann unter Ulbricht als Justizministerin berüchtigt wurde. Sie war seit 1926 mit dem jüngeren Bruder Walter Benjamins, Georg Benjamin, einem sozial engagierten Arzt und politisch aktiven Kommunisten, verheiratet. Gertrud Kolmar hatte ihr die Gedichte nach der Deportation des Vaters in die Hand gedrückt. Zusammen mit den Briefen und Papieren ihres Mannes, den die Nazis im KZ Sonnenburg im Dezember 1933 umgebracht hatten, bewahrte Hilde Benjamin diese Gedichte bis zu ihrer Veröffentlichung 1978 auf.

Der Misshandelte

In meiner Zelle brennt die ganze Nacht das Licht.
Ich stehe an der Wand und schlafen darf ich nicht;

Denn alle zehn Minuten kommt ein Wärter, mich zu schaun.
Ich wache an der Wand. Sein Hemd ist braun.

Die andern kehren wieder, unterhalten sich
mit meinem Schrein und Stöhnen, lachen über mich,

Sie recken mir die Arme gewaltsam, nennen's Sport.
Ich breche in die Knie … und endlich gehn sie fort.

Ich seh nicht Bäume, Sonne – ob es sie wirklich gibt?
Ob wo ein armes Kind noch seinen Vater liebt?

Kein Zeichen mehr, kein Brief – und ich habe doch eine Frau! –
Sie sagten: »Du bist rot; wir schlagen dich braun und blau.«

Sie peitschten mit stählernen Ruten und mein Rumpf war bloß …
O Gott! O Gott! Nein, nein! Ich bin ja glaubenslos

Ich habe nicht gebetet im Felde, im Lazarett,
nur abends als kleiner Junge, und die Mutter saß am Bett.

Die Erde ist Kerkergruft, der Himmel ein blaues Loch.
Hörst du, ich leugne dich! Mein Gott … ach, hilf mir doch!

Du bist nicht: wenn du wärst, erbarmtest du dich mein.
Jesus litt für uns alle; ich leide für mich allein.

Ich steh und sinke ein bei Wasser und bei Brot
Stunden und aber Stunden. Wie gut, wie gut ist der Tod!

Hingelegt … und verschlossen in tiefem, dunklem Schacht.
Keine grelle Lampe. Nur Schlaf. Nur Stille. Nacht …

Vermutlich wußte Gertrud Kolmar von ihrem Vetter Walter, der übrigens auch ihr Schreiben kritisch-anerkennend begleitete, um die Haftbedingungen und Folterungen in den Lagern. In einer schlichten, scheinbar kunstlosen Sprache gelingen ihr in der Sammlung »Das Wort der Stummen«, was eigentlich gar nicht gelingen kann: Gedichte über physisches Leiden und Sterben.

Bis 1938 boten Haus und Garten in Finkenkrug noch eine, wenn auch zunehmend gefährdete Rückzugsmöglichkeit aus der Gesellschaft, und Gertrud Kolmar konnte, wenn auch immer mühsamer, persönliche und politische Welt trennen. Sie erlebte sogar noch einmal eine Liebe. Unvollendet, wie auch die anderen Beziehungen der Dichterin. Karl Josef Keller hatte zwei Gedichte von Gertrud Kolmar, die 1930 im »Inselalmanach« erschienen waren, gelesen, und er, der früh die Mutter verloren hatte, fühlte sich offenbar von einem machtvollen mütterlichen Zauber angesprochen und stellte sich ihr als Besonderer dar, als Dichter und Abenteurer, als Seemann und Klabautermann. Gertrud Kolmar war von dieser scheinbar heldenhaft starken Männlichkeit fasziniert, ein Briefwechsel entstand, in dem man die grandiosen Rollen vertiefte und ausspann; 1934 trafen sie sich für wenige Tage in Hamburg, Lübeck und Travemünde. Dann trennte man sich – für immer. Er erleichtert, weil sie seinen Vorstellungen von einer starken, großen, selbstsicheren Person so gar nicht entsprochen hatte; sie voller Glück über eine für sie wiederum als erfüllt erlebte Begegnung. 1937 heiratete Keller, was er ihr verschwieg. Bis 1939 beantwortet er ihre Briefe, dann bricht er den Kontakt aus Angst vor Repressionen ab. Gertrud Kolmar jedoch verklärte die Begegnung nicht nur in ihren Erinnerungen, wie die Briefe an die Schwester zeigen. Sie schrieb zwei Zyklen »Welten« und »German Seas«, die ihre reifsten und schönsten Liebesgedichte enthalten.

Lange hat man angenommen, daß die Kolmar sich stets vom Literaturbetrieb ferngehalten habe. Das ist nur bedingt richtig. Es würde hier zu weit führen, dies im einzelnen darzustellen, nur ein paar Namen seien genannt. Da war vor allem Walter Benjamin, ihr Vetter, der Verbindungen zu Walter Haas, dem

Herausgeber der »Literarischen Welt« und Max Rychner, dem Chefredakteur der »Neuen Schweizer Rundschau« anknüpfte. Auch Ina Seidel und Elisabeth Langgässer setzten sich für sie ein – vor 1933, vor der Zeit, als »aus Nachbarn Juden« wurden, wie die Kolmar, schmerzlich enttäuscht über den Rückzug der Seidel, einmal schreibt. Und Elisabeth Langgässer war ja nach 1933 selbst gefährdet.

Am 19. Mai 1933 erscheinen drei Gedichte der Kolmar in der »Literarischen Welt«, die zu diesem Zeitpunkt schon von Eberhard Meckel kommissarisch geleitet wurde – wenige Tage vor der Bücherverbrennung. Bis 1938 kann Gertrud Kolmar dann noch im »Jüdischen Verlag Löw« veröffentlichen, ihre Gedichte werden auf Veranstaltungen des Jüdischen Kulturbundes vorgetragen.

Auch nach 1933 lag Gertrud Kolmar viel daran, zu veröffentlichen. Sieben der Gedichte aus dem Zyklus »Welten« faßte sie 1939 unter dem Titel »German Seas« in einer englischen Übersetzung unter dem Pseudonym Helen Lodgers zusammen. Offenbar wollte sie diese Gedichte als Übersetzungen ausgeben, um einen Verlag dafür zu finden.

Doch alle Zurückweisungen konnten der Kolmar die Überzeugung einer Berufung nicht nehmen. Das Schreiben selbst war ihr ungleich wichtiger als äußere Anerkennung. »Die Tatsache, daß mein Schaffen anderen Menschen etwas gibt, macht mir, so erfreulich sie ist, doch nicht so viel Freude wie das Schaffen selbst«, schreibt sie, und: »Heute weiß ich auch ohne Kritiker, was ich als Dichterin wert bin, was ich kann und was nicht … Und daß ich für diese Vollendung einen sehr hohen Preis bezahlt habe.«

Die Vertreibung aus dem Haus in Finkenkrug, wenige Tage nach dem Novemberpogrom 1938, zerstört letzte Sicherheiten und Rückzugsmöglichkeiten. Gertrud Kolmar aber nimmt auch dieses Schicksal an, gelenkt vom Glauben, »daß der Mensch, wenn auch nicht immer und nicht überall, ein äußeres widriges Geschick aus seinem eigenen Wesen heraus zu wandeln vermag, mit ihm ringen kann, wie Jakob mit dem Engel kämpfte: Ich lasse dich nicht, du segnest mich denn.« Und sie gesteht ihrer Schwester, in diesen Jahren viel gelernt zu haben, vor allem aber das eine: »Amor fati, Liebe zum Schicksal. Die ist keimhaft wohl immer in mir gewesen, vielleicht auch schon als Grüner Schaft; aber erst jetzt hat sich die Blüte entwickelt.«

Die »verhinderte Asiatin«, die ihr »Gesicht nach Osten gekehrt hat«, identifiziert sich nun ganz mit ihrem Volk, genauer, seiner ostjüdischen Tradition, da sie das Scheitern der westjüdischen Assimilation nur allzu schmerzhaft erfahren mußte. Jeder Vers ihres großen ergreifenden Gedichts »Wir Juden« legt Zeugnis ab von dem Glauben dieses Volkes, von seiner Gewißheit der Erlösung, trotz aller Verachtung in dieser Welt. Diese Annäherung an die Geschichte der Juden ging so tief, daß die Kolmar mit 45 Jahren noch hebräisch zu lernen begann; sie verfaßte sogar einige Gedichte in ihrer »Vätersprache«, wie sie schrieb, die jedoch verloren gegangen sind.

Wieviel Kraft muß es gekostet haben, sich von dem, was wir Alltag nennen und der für jüdische Mitbürger im Dritten Reich eine einzige zunehmende Kette von Demütigungen, Grausamkeiten und Gefahren war, nicht aufreiben zu lassen! Gertrud Kolmar, die sonst nie geklagt hatte, berichtet nun aus dem Leben in einer Berliner Wohnung, in der sie anderthalb Zimmer mit ihrem Vater teilt. Kein Zimmer »für sich allein « ist ihr geblieben, die zwangseingewiesenen Mieter, Juden aus dem bürgerlichen Mittelstand, wechseln ständig und erscheinen ihr oberflächlich und geschwätzig. Auch vom vergreisenden Vater entfremdet sie sich. Auswanderungspläne werden verworfen. Sie, die Sprachgewandte, hätte leicht im Ausland Fuß fassen können, will aber den Vater nicht allein lassen. Die Stille, die sie zeitlebens gesucht hat, und die ihr in den letzten Jahren in Finkenkrug so selbstverständlich geschenkt worden war, kann sie nun nur noch in sich selber schaffen.

Morgens, wenn der Vater, nur durch eine Decke von ihrem »Zimmer« getrennt, noch schläft, schreibt sie an einer Erzählung; 1940 ist »Susanna« fertig. Und sie ist daher »zuweilen ganz glücklich: Denn mich dünkt, es muß schon eine wirkliche echte

Kunst sein, die nicht auf stundenlange Muße, nicht auf Schreibtisch und Sessel, auf den Frieden eines Arbeitszimmers und alle äußere Ruhe und Bequemlichkeit angewiesen ist, sondern imstande ist, jede Ungunst von Zeit und Raum zu besiegen.« Sie ist nun stolz auf ihre Berufung zur Dichterin, das Wort Schriftstellerin lehnte sie stets für sich ab – sie versteht ihre Begabung als tiefer verwurzelt, etwas, das »sich nicht ausreißen« läßt.

Die Dichterin
Du hältst mich in den Händen ganz und gar.
…
                                        Der du dies liest, gib acht;
Denn sieh, du blätterst einen Menschen um.
Doch ist es dir aus Pappe nur gemacht,

Aus Druckpapier und Leim, so bleibt es stumm
Und trifft dich nicht mit seinem großen Blick,
Der aus den schwarzen Zeichen suchend schaut,
Und ist ein Ding und hat ein Dinggeschick.

Und ward verschleiert doch gleich einer Braut
Und ward geschmückt, daß du es lieben magst,
Und bittet schüchtern, daß du deinen Sinn
aus Gleichmut und Gewöhnung jagst.
…

Als sie 1941 zur Zwangsarbeit zunächst in Lichtenberg, später in einer Charlottenburger Munitionsfabrik verpflichtet wird, findet sie auf dem Gesicht einer Zigeunerin, was sie der Schwester als ihr Ideal schildert: »… eine undurchdringliche Abgeschlossenheit, eine Stille, eine Ferne, die durch kein Wort, keinen Blick der Außenwelt mehr zu erreichen war … Und ich erkannte: Dies war's was ich immer besitzen wollte und doch noch nicht ganz besaß; denn wenn ich es hätte, würde nichts und niemand mir von außen etwas anhaben können. Ich bin aber schon auf dem Weg dazu und das freut mich …«

Als Gertrud Kolmar dies schrieb, waren es noch anderthalb Jahre bis zu ihrer Deportation. Im Frühjahr 1941 hatte man ihren achtzigjährigen Vater in die sogenannte Altensiedlung nach Theresienstadt verschleppt. Im gleichen Jahr lernt sie in der Fabrik einen 26 Jahre jüngeren Mann kennen, was sicher dazu beitrug, daß sie sich, wie sie an die Schwester schrieb, nur noch in der Fabrik »Zu hause« fühlte.

Wenige Tage nach ihrem letzten Geburtstag, am 15. Dezember 1942, schreibt sie ihrer Schwester: »So will ich auch unter mein Schicksal treten, mag es hoch wie ein Turm und lastend wie eine Wolke sein. Wenn ich es schon nicht kenne: ich habe es im voraus bejaht, mich ihm im voraus gestellt und damit weiß ich, daß es mich nicht erdrücken wird, mich nicht zu klein befinden …«

Zwei Monate später, am 27. Februar 1943, wird Gertrud Kolmar im Verlauf der sogenannten Fabrikaktion zusammen mit anderen jüdischen Zwangsarbeitern in Berlin verhaftet und einige Tage später nach Auschwitz transportiert.

Am 3. März 1951 reiht man sie auf den Standesamt Berlin Schöneberg in die Liste der sechs Millionen ermordeter Juden ein: »Gertrud Chodziesner, ohne Beruf, ledig, deutscher Staatsangehörigkeit, zuletzt wohnhaft in Berlin Schöneberg Speyrer Str. 10 ist durch Entscheidung des Amtsgerichts Schöneberg in Berlin-Schöneberg vom 2. Mai 1951 für tot erklärt worden … Als Zeitpunkt des Todes ist der 2. März 1943 festgestellt.« Die Todeserklärung von Gertrud Chodziesner trägt die Nummer 52095.

Gertrud Kolmar. Ohne Beruf? Ihr Werk zeigt uns, daß sie mehr hatte als einen Beruf: eine Berufung.

Die Fahrende

Alle Eisenbahnen dampfen in meine Hände,
Alle großen Häfen schaukeln Schiffe für mich,
Alle Wanderstraßen stürzen fort ins Gelände,
Nehmen Abschied hier; denn am andern Ende,
Fröhlich sie zu grüßen, lächelnd stehe ich.

Könnt ich einen Zipfel dieser Welt erst packen
Fänd ich auch die drei andern, knotete das Tuch
Hängt es auf einen Stecken, trügs an meinem Nacken,
Drin die Erdenkugel mit geröteten Backen,
Mit den braunen Kernen und Kalvillgeruch.

Schwere eherne Gitter rasseln fern meinen Namen,
Meine Schritte bespitzelt lauernd ein buckliges Haus,
Weit verirrte Bilder kehren rück in den Rahmen,
Und des Blinden Sehnsucht und die Wünsche des Lahmen
Schöpft mein Reisebecher, trinke ich durstig aus.

Nackte, kämpfende Arme pflüg ich durch tiefe Seen,
In mein leuchtendes Auge zieh ich den Himmel ein.
Irgendwann wird es Zeit, still am Weiser zu stehen,
Schmalen Vorrat zu sichten, zögernd heimzugehen,
Nichts als Sand in den Schuhen Kommender zu sein.

1996

Für kurze Zeit hat Gertrud Kolmar in Hamburg als Erzieherin gearbeitet und direkt in meiner heutigen Nachbarschaft gewohnt. In dem Gedicht »Die Stadt« beschreibt sie den Weg an der Alster entlang in die Innenstadt, so, als könnte ich ihr dort jeden Tag begegnen. Auf meine Weise.

Für Gertrud Kolmar

Kinder geliebt und erzogen zur Welt gebracht
keines. Abgetrieben. Die Mutter hat es gewollt.
Etwas wie Kinderweinen ist seither in deinen Gedichten
und deine Fruchtbarkeit ungebraucht durch die Jahre geschleppt
in kunstreichen Genitiven überbordenden Bildern Metaphern
gegen die Trauer immer die Andere nie die Eine zu sein.

Was blieb dir übrig? Du hülltest dich in Sonnenuntergänge
trugst Grün und Gold in blühendem Geschmeide
Garten im Sommer wo die Zeit sich festzusetzen schien
hast du gelebt *umtönt von Bienenchören*
mit dem *großen plündernden Buntspecht*
mit Reiher Eichhorn Ottern Hummeln dem Specht der Kröte:
Ich bin die Kröte und trage den Edelstein …
Weltversunken im Schneckenhorn. Von draußen kaum
vernehmbar
das Sausen des Fallbeils. Für kurze Zeit

hast du in meiner Nachbarschaft gewohnt. Zu Aal und Sprotten
hätt ich dich geladen zu braunem Brot mit Korinthen gefüllt oder
mit Salz und Kümmel bestreut wie du es gern aßest.
Hier gingst du durch *die Stadt* zum letzten Mal vielleicht
mit einem *Hand in Hand.*
Drunten am Uferwege sitzt noch immer
einer und malt *die blattlos hängende Weide* und der Bootssteg
ist noch immer glitschig und algengrün.
Drei Schwäne über den Wellen ich breche wie du das Brot
werfe es *weit in die Flut.* Auch er ließ dich los.
Zu finster dein Haar zu düster dein Auge. Dein Stern zu nah.
Ein Flicken.

Als es keinen mehr gab der dich liebte lerntest du
dein *Volk im Plunderkleid* zu lieben.
Als es keinen mehr gab der dich hörte schriest du
der Nacht ins Ohr dein Gedicht
Kalamattasprache Jerusalemitisch.

Ulla Hahn, 1995

Der Prinz von Theben

Die Dichterin Else Lasker-Schüler

Sie nannte ihn »Alkibiades du Rouon« und den »Griechen«, seinen wirklichen Namen gab sie nie preis. Sie war Ende zwanzig, als sie ihm auf der Straße begegnete, ihm folgte, ihn begehrte, umwarb. Er wurde ihr Geliebter. Durch ihn kam Else Lasker-Schüler als Dichterin zur Welt.

Geboren wurde sie 1869 in Wuppertal-Elberfeld. Sie verlebte ihre wohlbehütete Kindheit in einer gut situierten jüdischen Familie des deutschen Bürgertums und heiratete mit 25 Jahren, vier Jahre nach dem Tod der angebeteten Mutter, den Berliner Arzt Dr. Bertold Lasker. Da sie gern zeichnete, richtete ihr der Mann ein kleines Atelier ein. Vielleicht war es auf dem Weg aus der repräsentativen Wohnung, in der das Paar eine wenig glückliche Ehe führte, zu diesem Freiraum, wo Else Lasker-Schüler ihren »Griechen« traf. »Ich folge dir ins wilde Land der Sünde/ und pflücke Feuerlilien auf den Wegen/ – Wenn ich die Heimat auch nicht wiederfinde …« Ohne Zögern gab Else Lasker-Schüler den Ehemann und mit ihm ihre bürgerliche Existenz auf. Der Geliebte verließ sie noch vor der Geburt seines Kindes, Paul. Für Else Lasker-Schüler begann nun ein ungebundenes, ungesichertes Leben in Armut. »Wenn ich nicht ein Kind hätte, ich würde herumschlendern oder der Sache ein Ende machen, die Welt kann auch ohne Gedichte von Else Lasker-Schüler auskommen.« Statt »herumzuschlendern« mietete sie jedoch für sich und ihr Kind ein Kellerzimmer, 75 Pfennig im Monat, und die Welt bekam ihre ersten Gedichte in der Zeitschrift »Die Gesellschaft« zu Gesicht.

Erträglich, wenn auch kaum in materieller Hinsicht, wurde das Leben für Else Lasker-Schüler erst wieder, als sie den fünfzehn Jahre älteren Dichter Peter Hille kennenlernte, den »Erzpoeten, Erzwaller, Erzpriester und Erzzecher«. Ihn erkor sie zum Petrus, zu ihrem Felsen, auf den sie ihr poetisches Reich baute. »Ich war aus der Stadt geflohen und sank erschöpft vor einem

Felsen nieder und rastete einen Tropfen Leben lang, der war tiefer als tausend Jahre. Und eine Stimme riß sich vom Gipfel des Felsens los und rief: ›Was geizt du mit dir!‹ Und ich schlug mein Auge empor und blühte auf und mich herzte ein Glück, das mich auserlas. Und vom Gestein zur Erde stieg ein Mann mit hartem Bart und Haupthaar, aber seine Augen waren samtne Hügel … Und wir stiegen ins Tal hinab und der Mann … fragte mich, von wo ich käme – aber ich schwieg; die Nacht hatte meine Wege ausgelöscht, auch konnte ich mich nicht auf meinen Namen besinnen, heulende hungrige Horde hatten ihn zerrissen. Und der mit dem Felsennamen nannte mich Tino. Und ich küßte den Glanz seiner gemeißelten Hand und ging ihm zur Seite.«

Peter Hille half ihr, sich selbst in ihrem Anderssein zu akzeptieren, ihr Anderssein als Auszeichnung zu empfinden. Als Auszeichnung allerdings, die immer auch als Last ertragen werden mußte. Ausgezeichnet – als Gezeichnet-sein. Doch als Else Lasker-Schüler bei Peter Hille den Kunstkritiker und Komponisten Levin kennenlernte, schien es noch einmal, als fände sie gemeinsam mit ihm ihren Platz in der Welt. Sie ließ sich von Lasker scheiden und heiratete Levin, den sie in Herwarth Walden umtaufte und der neun Jahre jünger war als sie. Else Lasker-Schüler änderte ihr Geburtsdatum von 1869 auf 1876: »Sonst habe ich keine Chancen mehr, eine Lyrikerin von hundert Jahren zu sein ist einfach geschmacklos.« Von nun an betrachtete sie es als persönliche Beleidigung, wenn man, sei es auch in bester Absicht, an ihr Alter erinnerte. Als ihr das Zürcher Schauspielhaus 1936 zum angeblichen sechzigsten Geburtstag gratulierte, schrieb sie erbittert: »So eine Gemeinheit ist nie dagewesen! Eine Torte bekam ich von Bern aus Bosheit, in Kiste, 60 Mitte, ringsherum mit Kirschen. Ich aß sie nachts im Dunkeln.«

In der Ehe mit Walden fand Else Lasker-Schüler die Sicherheit einer Komplizenschaft. Unzählig sind in ihren Briefen und Gedichten die Hilfeschreie um Erlösung aus der »Angst«: »Ich habe wieder rasende Angst«, »Ich hab so Angst gekriegt vor der Welt«, »Ich habe Angst vor der Zukunft«, »und dann die Angst«. Allein »Herwarth Walden hatte die Kraft, meine Angst zu erdrosseln«. Aber als Else Lasker-Schüler dies schrieb, konnte sie mit ihm schon nicht mehr reden oder »nur noch von Redaktionssachen«.

Die Beziehung zwischen Else Lasker-Schüler und Herwarth Walden war für die künstlerische Entwicklung beider wichtig. Herwarth Walden gründete die bedeutendste Zeitschrift für Literatur und Kunst des Expressionismus, der wiederum Else Lasker-Schüler den Namen gab: »Der Sturm«. Von Else Lasker-Schüler erschienen die Gedichtbände »Styx« (1902) und »Der siebente Tag« (1905), die Buchausgabe ihres Schauspiels »Die Wupper« und ihr »Peter Hille Buch« (1906).

Als 1911 Else Lasker-Schülers Gedicht »Leise sagen« in einer Hamburger Zeitung mit dem redaktionellen Zusatz »vollständige Gehirnerweichung hören wir den Leser leise sagen« erschien, strengte Herwarth Walden einen Prozeß an. Das Gedicht war ohne Erlaubnis des »Sturm«-Herausgebers gedruckt worden. Der Prozeß ging durch alle Instanzen und brachte der Dichterin schließlich »10,– DM neben 4% Zinsen seit Klagestellung« ein. Das Gericht war der Ansicht: »Der erste und unmittelbare Eindruck ist das Gefühl der absoluten Verständnislosigkeit und so fragt nun sich vergebens nach der Existenzberechtigung eines Geistesprodukts, das, wie das Vorliegende, im wesentlichen nur Worte enthält, Worte, denen wenigstens prima facie irgendwelcher vernünftige Sinn nicht innewohnt.«

LEISE SAGEN –

Du nahmst dir alle Sterne
Über meinem Herzen.

Meine Gedanken kräuseln sich,
Ich muß tanzen.

Immer tust du das, was mich aufschauen läßt,
Mein Leben zu müden.

Ich kann den Abend nicht mehr
Über die Hecken tragen.

Im Spiegel der Bäche
Finde ich mein Bild nicht mehr.

Dem Erzengel hast du
Die schwebenden Augen gestohlen;

Aber ich nasche vom Sein
Ihrer Bläue.

Mein Herz geht langsam unter
Ich weiß nicht wo –

Vielleicht in deiner Hand.
Überall greift sie an mein Gewebe.

»Verwechseln Sie bitte den Dichter nicht mit dem Poeten, dem Mann in dem Papiermonde, mit der trillernden Lerche im vergoldeten Busen. Der Dichter, sage ich Ihnen, ist der Bändiger aller Bändiger, er bändigt das Wort, zähmt es und verleiht ihm Flügel. Er ist der züchtende Aristokrat, Torero der Kunstarena, ihm gehört die Weisung: Es soll der Dichter mit dem König gehen. Natürlich kulturell zu verstehen. Darum fühlen wir Dichter aller Künste uns auch nur unter uns geborgen.«

Es traf Else Lasker-Schüler unverhofft und tief, daß Herwarth Walden von seiner Norwegenreise eine Frau mitbrachte und die Scheidung verlangte. Die Frau war jung, schön, nicht sehr gebildet, in den Augen der Dichterin eine »blöde Köchin«. Die neue Frau Walden jedoch betete den Ehemann als größten deutschen Dichter an; der Angebetete wird kaum widersprochen haben. In seinen eigenen Gedichten, die er übrigens erst nach der Trennung verfaßte, sind die Anleihen bei Else Lasker-Schüler überdeutlich.

Der Schock der Scheidung von Walden ging tief. Bislang hatte Else Lasker-Schüler mit ihren phantastischen Existenzen gespielt wie mit schönen Gewändern, die man nach Belieben an- und ablegen kann. Nun verwuchs sie mit ihren Phantasiegestalten, sie spielte nicht mehr, sie lebte sie, sie lebte nicht mehr, sie spielte nur noch: aber um Kopf und Kragen, immer mit blutigem Ernst. »Spiel ist keine Spielerei.« »Spielsachen sind wohl die Hauptsachen der Welt, die faßbaren und die unberührbaren.« »In der Nacht meiner tiefsten Not«, schrieb Else Lasker-Schüler nach der Trennung von Walden, »erhob ich mich zum Prinzen von Theben.« Aber Theben ist keine Gegenwelt, kein Refugium, das üppige Fürstentum und die karge Wirklichkeit durchdringen einander. Geht es Else Lasker-Schüler schlecht, leidet auch der Prinz von Theben. »Wo der Prinz von Theben seine Lieder hinsendet, sind sie zu dichterisch. Wo der Prinz von Theben vorträgt, kommt kaum die Reise heraus. Wo der Prinz von Theben spielen will, mißlingt es ihm. Kalif, oberster Stadthalter, wie soll ich weiter leben?«

Else Lasker-Schüler wechselte die Rollen, aber nicht die Gefühle, sie verlor nicht den Blick für die Realität, ging nie ganz in ihren Rollen auf. Die Grenzen der Existenz wurden ins Phantastische ausgedehnt, um eben diese reale Existenz lebbar zu machen. Träume und Bilder gaben ihr die Kraft für ein Leben, das sich meist von einer fremden, undurchdringlichen Seite zeigte. Welches Kostüm sie auch trug, es war doch immer Else Lasker-Schüler, die spielte, Leben spielte. Sie war die »Tino von Bagdad« ebenso wie »Prinz Jussuf« und »Prinz von Theben«, der »Malik«, »Euer armer Lederstrumpf« und »Josef von Ägypten« und wußte doch immer: »Ich bin die Else Lasker-Schüler. Leider. Früher war ich ohne leider.«

Je genügsamer die Wirklichkeit mit ihr umging, desto maßloser schwelgte ihre Phantasie, und auch die Frau aus Fleisch und Blut verleugnete mit ihrer Vorliebe für phantasievolle Gewänder aus kostbaren Stoffen – die sie übrigens sorgfältig schonte –, und glitzernden Schmuck nicht ihre Sehnsucht nach Eleganz und Luxus, schönem Überfluß.

Aber das wirkliche Leben war wie die Steine ihrer Ringe aus billigem Glas, erst im Schmelztiegel ihrer Phantasie und ihrer funkelnden Sprache wurden Juwelen daraus. In der Begegnung mit dem schönen Unbekannten hatte Else Lasker-Schüler ihr Stichwort bekommen: die Liebe. Die Liebe, oder wie Else Lasker-Schüler sie unterscheidend nennt, die Verliebtheit, half der Dichterin, die tiefe Fremdheit zwischen sich und der Welt »im Du« für Augenblicke, Stunden, Tage zu vergessen. »Herrlich ist es, verliebt zu sein, so rauschend, so überwältigend, so unzurechnungsfähig, immer taumelt das Herz ... Wie bürgerlich ist gegen die Verliebtheit die Liebe.« Else Lasker-Schüler gab sich hin, aber nie auf. Nie sah sie die Welt nur noch durch die Augen des Mannes. »... ich hab den Menschen nie anders empfunden wie einen Rahmen, in den ich mich stellte.«

Sie blieb sich selbst am nächsten, liebte aber ihren Nächsten wie sich selbst. Weil sie ihn brauchte. Sie brauchte die Verliebtheit als Möglichkeit, außer sich zu geraten, um näher bei sich selbst zu sein. Ob sie das Selbstgefühl des Mannes erhöhte, interessierte sie nicht; sie wollte den Geliebten nie besitzen, um sich an ihm emporzuranken. Sie wollte ihn überhaupt nicht besitzen, sondern sich sehnen dürfen, träumen können. Ihr Herz suchte Nahrung, keine Sättigung. Einen Prinzen, keinen Prinzgemahl. Sie wollte den Geliebten mit Worten verzaubern, bannen, für sich einnehmen und wußte doch immer schon die Enttäuschung voraus: eine traurige Sirene. Schon die Beziehung zu ihrem schönen Unbekannten hatte sie gelehrt, daß die Männer Angst hatten, von ihrem Feuer verzehrt zu werden. Doch Else Lasker-Schüler war nicht bereit, ihre Leidenschaft, die für ein Dutzend wohltemperierter Ehen gereicht hätte, auf mundgerechte Portionen zerkleinert zu verteilen. Sie war nicht die Frau, die allnächtig dem Mann zu seinen kleinen Himmelfahrten verhilft. Sie gab alles, und empfing sie nur wenig, galt ihr das nichts. Lieber litt sie, lieber verbiß sie sich wieder in ihre Einsamkeit, als sich mit einer enttäuschten Liebe zu arrangieren, die zweite Geige zu spielen. Aber die Enttäuschungen machten Else Lasker-Schüler nicht vorsichtiger oder kälter, sie lernte nichts dazu, wurde nicht aus Schaden klug. Wenn es überhaupt ein Schaden war. Else Lasker-Schüler brauchte diese Zustände der Verliebtheit, die sie aus der Einsamkeit, der Angst vor dem Geräusch des eigenen Herzschlags erlösten. Davon war sie abhängig. Nicht von einer bestimmten Person. Jeden Mann, den sie liebte, sah sie mit denselben Augen. Aus den verschiedenen Geliebten entsteht immer die gleiche Figur. Einer verflossenen Liebe trauert sie heftig, aber nicht lange nach. Sie schrieb ihr Leiden ab. Alles war zu fassen, aber auch zu verlassen, wenn es erst auf dem Papier stand. Mit einer Ausnahme: der Mutter.

MUTTER

O Mutter, wenn du leben würdest,
Dann möchte ich spielen in deinem Schoß.

Mir ist bang und mein Herz schmerzt
Von der vielen Pein.
Überall sprießt Blutlaub.

Wo soll mein Kind hin?
Ich baute keinen Pfad froh,
Alle Erde ist aufgewühlt.

Liebe, liebe Mutter.

Die Mutter ist das verlorene Paradies, ist das Sichere, Bergende der Kindheit. Die Mutter ist die Ruhe im Gegensatz zum Rausch. Aber die Mutter war tot, die Sehnsucht unstillbar, das Fieber einer Verliebtheit immer nur von kurzer Dauer.

Wenn ihr ein Traum zerbrach, ersetzte sie ihn so schnell wie möglich durch einen anderen. Else Lasker-Schüler mußte immer etwas anbeten. Weil sie sich selbst nicht genug war. Nachdem Gottfried Benn sie verlassen hatte – »Ein brennendes Rad – es fuhr mal eben über mich. Ich erliege ohne Groll dieser schweren Brandwunde« –, schreibt sie: »Könnte ich mich doch in mich verlieben. Ich liege mir doch so nahe – man weiß dann, was man hat.« Aber ganz angewiesen auf ihre »eigene Seele«, stellt sie fest: »so viel Wildnis.«

Geliebt hat Else Lasker-Schüler nicht nur die Männer, die ihr »Offenbarung Himmelreich« brachten, sondern auch ihre Freunde. »Freundschaft in der Großstadt, des Künstlers Trost.« Diesen Freunden, Karl Kraus, Franz Marc, Paul Leppin, Albert Ehrenstein, Hans Hirt, Paul Zech, Paul Goldschneider, widmete sie Gedichte, die die Grenze zwischen Freundschaft und Liebe oftmals verfließen lassen. Aber Else Lasker-Schüler setzte sich auch für ihre Freunde ein, half selbst, wo sie konnte, auch wenn es um ganz praktische Dinge wie die Suche nach einem Verleger, um ein Engagement oder einen Anzug ging. Ihr Leiden an der Welt war immer auch ein Mitleiden.

Daß sie es wagen durfte, mitunter den Boden unter den Füßen zu verlieren, verdankte sie ihren Freunden. Sie garantierten die Basis, nicht selten auch die materielle, von der sich die Phantasie der Dichterin wieder in die Lüfte der Phantasie abstoßen konnte. Sie sorgten dafür, daß die Landung immer und nie allzu unsanft gelang, daß sich Prinz Jussuf, nicht Else Lasker-Schüler erhängte, weil sie es nicht aufgaben, immer wieder mit dem kommenden Morgen zu locken.

Else Lasker-Schüler war nie verlassen, auch wenn sie immer an dem Gefühl der Verlassenheit, Fremdheit, Einsamkeit litt. Aber sie brauchte dieses Gefühl, sie mußte sich dieses Gefühl erlauben können, um ihren Platz in dieser Welt nicht zu finden, um nicht im Hier und Jetzt aufgehen, die ständige Sehnsucht nach einem »Zuhaus« wachhalten zu können; das, was Else Lasker-Schüler zum Schreiben zwang, ist das, was sie zum Schreiben brauchte. Unvorstellbar: eine wohlsituierte Ehefrau Benn, geborene Lasker-Schüler, umringt von einer Kinderschar, unentbehrlich für den dichtenden Ehemann, der, wie er an Oelze schreibt, seine »blauen Stunden« nicht minder wie seine Ehefrau als »Stab und Stecken« braucht. Das heißt, nicht Else Lasker-Schüler ist in dieser Szene unvorstellbar, sondern die Dichterin Else Lasker-Schüler. Die konnte »nur leben von Wundern«, nicht vom Glück im Winkel.

Allerdings durfte sich das Gefühl der Einsamkeit, der Fremdheit, des Verlassenseins nie in der Realität bestätigen. Als Else Lasker-Schüler in Zürich, später in Jerusalem, im Exil lebte, war dies durchaus nicht, wie häufig geschrieben wird, die Fortsetzung des Berliner Lebens. Äußerlich mochte sich wenig geändert haben; sie lebte weiter in Hotels, saß in Cafés, suchte Verleger für ihre Bücher, schrieb Briefe an alle Welt. Aber: In Deutschland war sie als Fremde zu Haus. Das Exil machte sie zur Fremden in der Fremde. In der Heimat konnte sie gerade aus der Reibung zwischen ihrem Anderssein, ihrer Fremdheit und der bürgerlichen Welt ihre poetischen Funken schlagen. In Jerusalem drohte die Fremdheit sie zu versteinern. Jerusalem, im »Hebräerland« noch als »Gottes verschleierte Braut«, als »das heilende Bad der Seele« gepriesen, als »Vorhimmel des Himmels«, erscheint, als sie für immer dort wohnen muß, als »Mausoleum« mit »starren Gründen« und »starren Nächten«. Erst nachdem sie sich auch im Exil ihrer Freunde versichert hat, kann sie wieder schreiben – und weiterleben. »Ich kann gar nicht schreiben und bitte Sie, nur einmal mit mir zu überlegen – ich habe doch 21 Bücher gedichtet, unzählige Bilder gemalt, mit den Ausstellungen et cetera – wie ich weiter kann ... so ist meine Lebensart. Ich habe niemand von meinen Lieben zuhaus, der mit mir überlegt.« Salman Schocken, der Empfänger dieses Briefes, Werner Kraft, Samuel Wassermann, Fried und Fanny Ollendorf, Leo und Margarete Kestenberg und viele andere haben die Dichterin immer wieder aufgerichtet, ihr Trost und Mut zugesprochen. Als Else Lasker-Schüler dann als über Siebzigjährige einen jungen Mann kennenlernte, wurde ihre ewige Frage noch einmal beantwortet: »Welche Liebe wird über mein Herz scheinen und mir die Blüte des Wortes entlocken: die Dichtung?« Sie konnte noch einmal lieben, noch einmal öffnete sich das Tor zur Welt, zur Sprache. Weniger noch als für die frühen Liebesgedichte, war der Mann aus Fleisch und Blut wichtig, wichtig war, daß sich an ihm Sprache und Phantasie entzünden konnten. Nicht das Erlebnis, der Geliebte wird funkelnd überhöht; an die Stelle des Erlebten ist das Ersehnte getreten, allen Bildern von Erfüllung ist schmerzvoller Verzicht schon beigesellt. Ihre letzten Liebesgedichte ließ die Dichterin 1943 in dem Band »Das blaue Klavier« drucken, die letzte Widmung auch: »Meinen unvergeßlichen Freunden und Freundinnen in den Städten Deutschlands – und denen«, die wie ich, vertrieben und nun zerstreut in der Welt. In Treue!«

Schreiben ist seit ihren ersten Gedichten das einzig Sichere im unsteten, enttäuschenden Leben, ja, die einzige Möglichkeit, das Leben zu bestehen. »Ich sterbe am Leben und atme im Bild wieder auf.« Wenn die magere Wirklichkeit von der gefräßigen Phantasie verschlungen war, stürzte sich Else Lasker-Schüler mit einer Intensität ohnegleichen in ein neues Leben auf dem Papier. Im Schreiben kreuzten sich Erinnerung mit Träumen, verschmolzen Erlebtes und Ersehntes in Bildern voller unkalkulierter Bedeutungen. Ernst Ginsburg erinnert sich an eine Begegnung mit Else Lasker-Schüler in Zürich, als sie ihm ihr Gedicht »Die Verscheuchte« vorlas. »Dann fragte sie mich abrupt: ›Wie finden Sie dat?‹ Ich äußerte meine Erschütterung, aber sie unterbrach mich schnell: ›Nein, Nein! Nich, ob es Ihnen jefällt, sondern‹ – und sie zeigte auf einen Vers – ›Wat heißt denn dat hier? dat hier?‹ In der Annahme, die Dichterin wünsche nur eine Bestätigung für die Klarheit ihrer Worte, erklärte ich, was ich als Gehalt dieser Stelle verstand. Da sah sie mich mit ihren großen Augen an und meinte staunend, in dem singenden Tonfall ihres Elberfelder Dialektes: ›Ja, Jung, so kann dat jemeint jewesen sein.‹«

Die Verscheuchte

Es ist der Tag im Nebel völlig eingehüllt,
Entseelt begegnen alle Welten sich –
Kaum hingezeichnet wie auf einem Schattenbild.

Wie lange war kein Herz zu meinem mild …
Die Welt erkaltete, der Mensch verblich.
– Komm bete mit mir – denn Gott tröstet mich.

Wo weilt der Odem, der aus meinem Leben wich?
Ich streife heimatlos zusammen mit dem Wild
Durch bleiche Zeiten träumend – ja ich liebte dich …

Wo soll ich hin, wenn kalt der Nordsturm brüllt?
Die scheuen Tiere aus der Landschaft wagen sich
Und ich vor deine Tür, ein Bündel Wegerich.

Bald haben Tränen alle Himmel weggespült,
An deren Kelchen Dichter ihren Durst gestillt –
Auch du und ich.

Als dieses Gedicht 1934 mit dem Titel »Das Lied der Emigrantin« veröffentlicht wurde, lebte Else Lasker-Schüler schon seit einem Jahr in der Schweiz. Seit ihrer Scheidung von Herwarth Walden waren zwölf Jahre vergangen. Sie hatte Gottfried Benn – Giselher, den Barbaren; Franz Werfel – den Prinzen von Prag; Hans Ehrenbaum – Degele – Tristan; Senna Hoy – Johannes Holzmann; den Cardinal oder Dali Lama – Karl Kraus; den Ritter aus Gold – Georg Trakl; und den Blauen Reiter – Franz Marc in ihr thebetanisches Reich aufgenommen. Unablässig war sie durch die Straßen Berlins getrottet, hatte Nachmittage, Abende lang in Kaffeehäusern gesessen, war der Mittelpunkt poetischer Freundschaften, Künstlerlieben gewesen. »Ich habe die Nacht wieder verbummelt geträumt. Ich schlenderte über den Kurfürstendamm, wie ein Strolch angezogen, in zerlumpten Hosen und grünlich abgetragenem Rock, ich dachte nur stumpfe Dinge, auch war ich angetrunken aus Traurigkeit. – Der Wind heulte meine rote Nase an.«

Es war die Zeit ihrer Dichterlesungen, die sie sehr liebte, die sie nach Zürich oder Wien, Prag und Berlin, Kolberg und Köln, Dresden oder München führten. Überall lösten ihre ungewöhnliche Erscheinung und ihre Dichtungen Erstaunen und sicher oft Befremden aus beim bürgerlichen Publikum.

Else Lasker-Schüler hielt nichts von einem »Dichter zum Anfassen«, sie bestand, auch äußerlich, auf Distanz: »Sich unsichtbar zu halten, benötigt der Dichter seinen Versteck, wir wären sonst – sicher sogar – eher vergriffen wie unser Buch, wie unser Bild, wie unser Lied. Instinktiv bewahrt der wahre Leser zwischen sich und dem Dichter seine sehnsüchtige Perspektive. Sonst wird's meist Kitsch für beide. Ich weigerte mich fast immer entschieden, Einladungen zu akzeptieren mit dem Programm: ›Zum Butterbrot und einer Tasse Tee‹. Oder ›Wir machen keine weiteren Umstände‹. Ich liebe sogar hochzeitliche Umstände, dem Dichter sollte man hochzeitlich decken, da man sich doch mit seinem Wort zu vermählen gedenkt.«

Es waren die Bewohner der »Vororte, alles eckelhaft, kleinbürgerlich und langweilig und idyllisch«, mit denen Else Lasker-Schüler nichts zu schaffen haben wollte.

»Gern vortrag ich bei den Arbeitern und sollten die Unkosten gedeckt sein, die die Arbeiter haben, so ist es mein thebetanischer Wunsch, daß die Kinder der Arbeiter sich dafür, für eventuellen Überschuß Chokolade kaufen … Ich würde nie im Leben von Arbeitern Geld nehmen. Ich würde rot werden.«

Als Else Lasker-Schüler in ihrer Heimatstadt Elberfeld vortrug, stellten die Lokalblätter sie mit einem Gesicht von »orientalischer Sinnlichkeit, schlangenhaftem Körper und strähnigem Kurzhaar« vor. »Ihr eigentümliches, monotones, in gleicher Tonhöhe schwebendes Organ füllte den nur halbbesetzten Saal. Grelle Verzückungslaute durchschnitten hier und da diesen eintönigen Fluß ihrer Rede und oft endete er in einem schrillen Trompetenstoß, der ein Gedicht jäh und unerwartet abschloß. Das Publikum war starr vor Staunen, bis es sich der Wirklichkeit erinnerte und kopfschüttelnd, lachend und schwatzend dasaß oder – verschwand … Unleugbar haftet den Poesien etwas Krankhaftes, Zersetzendes an.«

Kein Wunder, daß Else Lasker-Schüler von ihrer Poesie nicht leben konnte, nur die Avantgarde begrüßte jedes ihrer neuen Bücher mit Jubel. In immer neuen Briefen bat sie ihre Freunde, ihre Bekannten und einflußreiche Leute um finanzielle Hilfe: »Ich bin Else Lasker-Schüler – wollte Sie nur fragen, ob ich nicht mal einen Preis irgendwoher bekomme, zum Beispiel von Ihrer

Kleiststiftung. Kleist hätte ihn mir sicher gegeben. Mir geht es miserabel, habe einen großen Sohn und gebe mir Mühe, alles gut zu machen für ihn. Ich lebte sonst wie der Vogel oben auf den Bäumen, hänge mich oft in der Nacht auf, kann nur in der Früh den Baum nicht wiederfinden. – Bitte verraten Sie mein Pech nicht, ich möchte lieber Ziegenhirt, als ein bemitleideter Prinz von Theben sein. So stehts aber. Wollen Sie Interesse für mich zeigen? Ich habe elf Bücher geschrieben, einige selbst illustriert – und nie gehts mir gut. Ihre sehr traurige Else Lasker-Schüler.« Hilfe benötigte sie weniger für sich als für ihren Sohn Paul, ein nie ganz gesundes Kind, das die Odenwaldschule bei Heppenheim besuchte. »Ich will, daß mein Päulchen eine sehr, sehr schöne Jugend hat. Sein rund Herz will kugeln.«

Else Lasker-Schüler schrieb diesen Brief 1914. Ein Jahr vorher hatte Karl Kraus in der »Fackel« einen Spendenaufruf für die Dichterin veröffentlicht, den unter anderem Arnold Schönberg, Selma Lagerlöf und Richard Dehmel mit unterzeichneten. »Wenn sie nicht imstande ist, den Erfordernissen des Tages und der Zeit gerecht zu werden und einem gesunden Volk gesunde geistige Kost zu bieten mag, dann soll sie das Schreiben doch aufgeben und in irgendeinem anderen Beruf arbeiten!« schrieb dazu die »Krefelder Zeitung«.

23 Jahre später hieß es dann in einem Schulungsbrief der NSDAP: »Die ›Dichtkunst‹ jener Zeit bewegte sich zwischen Verbrecherkaschemme und Bordell – ihre schwülstige Erotik steigerte sich bei den ganz ›Modernen‹ zu völlig unverständlichem Wortsalat. Als typischer Fall sei hier an die Gedichte der Jüdin Else Lasker-Schüler erinnert. Welche Idioten damals auf das Volk losgelassen wurden, ist heute kaum noch vorstellbar.«

Heimweh

Ich kann die Sprache
Dieses kühlen Landes nicht,
Und seinen Schritt nicht gehn.

Auch die Wolken, die vorbeiziehn,
Weiß ich nicht zu deuten.

Die Nacht ist eine Stiefkönigin.

Immer muß ich an die Pharaonenwälder denken
Und küsse die Bilder meiner Sterne.

Meine Lippen leuchten schon
Und sprechen Fernes,

Und bin ein buntes Bilderbuch
Auf deinem Schoß.

Aber dein Antlitz spinnt
Einen Schleier aus Weinen.

Meinen schillernden Vögeln
Sind die Korallen ausgestochen,

An den Hecken der Gärten
Versteinern sich ihre weichen Nester.

Wer salbt meine toten Paläste –
Sie trugen die Kronen meiner Väter,
Ihre Gebete versanken im heiligen Fluß.

Erst in den zwanziger Jahren wird das Leben für Else Lasker-Schüler wieder etwas leichter. Im ersten Weltkrieg waren ihre Freunde Franz Marc, Georg Trakl und Peter Baum umgekommen, Verluste, die sie nur schwer verwand. Nun machte die Dichterin weite Vortragsreisen, 1919 wird ihr Schauspiel »Die Wupper« uraufgeführt, 1920 erscheinen »Die gesammelten Gedichte«, »Die Hebräischen Balladen«, der Gedichtband »Die Kuppel«. Teils in zweiter und dritter Auflage kommen acht Bücher von Else Lasker-Schüler auf den Markt. 1921 erscheint die Erzählung »Der Wunderrabbiner von Barcelona«, 1923 die bibliophile, mit Lithographien ausgestattete Ausgabe »Theben«.

Aber die Gesundheit ihres Sohnes Paul verschlechterte sich rapide. Kuren, die Else Lasker-Schüler mit dem Verkauf ihrer Zeichnungen bezahlte, konnten die Lungentuberkulose nicht aufhalten. Im Winter 1927 starb Paul, keine dreißig Jahre alt.

»Denken Sie, mein geliebter Junge, mein Paul, ist am 14. Dezember gestorben. Ich kann es kaum niederschreiben. Ich fühle, ich muß bald nach Jerusalem. Wie wird die Welt werden, wo werde ich enden?«

1930, nach ihrer Lesung in Hannover, berichtete sie: »Stellen Sie sich vor, ich komme aufs Podium, schaue ins Publikum – und denken Sie, der ganze Saal voll mit 300 Metzgergesellen, jeder ein blankgeschliffenes Messer in der Hand. Und im nächsten Augenblick stürzen sie aufs Podium, um mich umzubringen.« Oder, weniger bildhaft: »Ick wollt, ick wer in meinm Hotel. Da wer ick vorher immer geschlagen« oder »von Hakenkreuzlern bedroht«. Else Lasker-Schüler wußte, womit sie es zu tun hatte: »Antisemitismus«. Den hatte sie schon in der Kinderzeit erlebt, als ihr die kleinen katholischen Mädchen »Hepp hepp« nachriefen und ein Kaplan ihr erklärte, dies heiße »Jerusalem ist verloren«. Vielleicht rührte aus dieser Zeit ihre andauernde Sehnsucht, die Religionen miteinander zu versöhnen, die bedrohliche Wirklichkeit in einem großen zauberhaften Märchenspiel zu bannen: dem Schauspiel »Arthus Aronymus«, das im März 1933 in Berlin uraufgeführt werden sollte. Aber dazu kam es nicht mehr. 1932 wird die Dichterin für ihr Gesamtwerk mit dem Kleist-Preis ausgezeichnet. 1933 heißt es: »Von Else Lasker-Schüler ist einzuziehen: alles.« Sie wurde auf der Straße mit Knüppeln niedergeschlagen, floh, nur mit dem, was sie auf dem Leib trug, nach Zürich. Dort irrte sie, zerschlagen, blutig, ohne Geld, ohne Freunde, durch die Straßen, versteckte sich am Zürcher See, bis sie wegen Landstreicherei festgenommen wurde. Else Lasker-Schüler war 64 Jahre alt. Ein Foto zeigt sie mit einer Schirmmütze, die verwegen fast ein Auge bedeckt, ein forsch geknüpftes Tuch mit Tupfen am faltigen Hals überm

»verwanderten Gesicht«, in dem nur die Augen noch an die verführerisch schöne Tino von Bagdad erinnern.

»Ach, ich bin nun hier und bin sehr traurig, das mirs immer so ergeht, vielleicht ergehen muß und – soll – nach höherem lenken. Nun kann ich hier leben, natürlich sehr schmächtig, da so viele Emigranten hier.«

1936 wird im Zürcher Schauspielhaus ihr »Arthus Aronymus« aufgeführt und nach zwei Aufführungen wieder abgesetzt. »Da nun voriges Jahr hier großer Antisemitismus war – wurde ich verhauen und getreten auf der Post im vorigen Jahr, der Direktor bedroht. Mußte absetzen, da 42 Juden drin vorkommen«, schrieb Else Lasker-Schüler, und: »Ich möchte fliehen übers Meer … Ich habe Sehnsucht nach unserem Garten und Turm. – Was will die Welt von mir?«

1934 war Else Lasker-Schüler schon einmal »übers Meer« geflohen, über Alexandrien, ins Hebräerland, nach Jerusalem. Zwei Monate hielt sie sich dort auf, bevor sie nach Zürich zurückkehrte und das »Hebräerland« schrieb, das 1937 im Jahr ihrer zweiten Palästinareise erscheint. Als sie 1939 zum dritten Mal Jerusalem betritt, verhinderte der Krieg ihre Rückreise. Sie lebte von nun an dort, endlich auch durch einen Ehrensold, der dem Einkommen eines mittleren Beamten entsprach, ohne materielle Not. Wie in Berlin und Zürich fand sie auch hier treue Freunde; mit ihrer Unterstützung gründete Else Lasker-Schüler ihren »Kraal«, einen Kreis, der Veranstaltungen deutsch-jüdischer Exilierter ausrichtete und mit vierzig bis sechzig Zuhörern immer gut besucht war. Hier trug Else Lasker-Schüler auch erste Abschnitte ihres Schauspiels »Ich und Ich« vor, das unvollendet geblieben ist. Dieses Stück, das auf dem Hintergrund des Faust-Mythos die Schreckensherrschaft des Nationalsozialismus darzustellen sucht, ist der weitgehendste und direkteste Versuch der Dichterin, in ihrem Werk politische Aussagen zu machen.

Else Lasker-Schüler war gewiß keine politische Dichterin. »Daß ich nur von mir spreche, geschieht aus übergroßer Gerechtigkeit, Gewissenhaftigkeit, nicht aus Selbstschätzung. Nämlich, weil ich mich nur kenne und von mir Auskunft geben kann.« Ihr

Interesse und Verständnis für ihre Umwelt erwächst nicht aus der Konfrontation, sondern aus der Identifikation. Die Intensität der Dichtung gewinnt mit der Nähe zum Gegenstand, geht am nächsten, wenn die Dichterin von sich spricht und, was gleichbedeutend ist, von Menschen, die sie liebt. Will sie über anderes als über sich schreiben, stellt sie sich nichts vor. Sie versetzt sich in ihren Gegenstand hinein. »Was wir nicht verstehen, verachten wir und töten wir mit Vorliebe. Wer nie den hilflosen Baum hörte beim Fällen, ihn bluten gesehen oder die Adern eines Felsens schwellen gesehen, schiebt man den Sprengstoff zwischen den Spalt seines Steins, sollte sich mit der Schöpfungsgeschichte näher befassen.«

Else Lasker-Schüler ging es nie um Information, Objektivität, auch nicht in ihrer Prosa. Als 1937 ihr Buch »Hebräerland« erschien, schrieb sie: »Ich glaub, ich habs gut gemacht, und nit langweilig, nit literarisch und sozialökonomisch oder sowas langweiliges.« Sie bekannte, »daß ein Buch sozusagen zu guter Letzt in eine Goldwerkstatt muß. Jedes Wort habe ich vergoldet und bin nun selbst – zufrieden.«

Die »vergoldeten Worte« der Dichterin machen es bis heute leicht, ihre Prosa als verstiegen und überspannt abzutun. Aber Else Lasker-Schüler war längst nicht so weltfremd, wie man sie aus Zitaten oft montieren möchte. Staatsfremd – wenn es dieses Wort gäbe, gewiß. Denn: »Der Dichter vermag eher eine Welt als einen Staat aufzubauen.« Aber ist es weltfremd, wenn sie schreibt: »Wir haben sie (die Natur) tödlich verwirrt und getroffen. Denn die Natur ist nicht der Menschen Schemel, den sie rücken oder gar durchsägen können nach Belieben.«

Ist es weltfremd, wenn sie, befragt zum Paragraphen 218, notiert: »Aber warum werden nicht öffentlich unschädliche Mittel (zur Empfängnisverhütung) verkauft? Außerdem haben nur weibliche Richter über diesen Paragraphen zu bestimmen, da bekanntlich Männer noch nie im Leben es bis zum neunten Monat gebracht haben.«

Und schließlich ist sie mit der Forderung, die sie 1925 in der Protestschrift »Ich klage an« gegen ihre Verleger aufstellt, ihrer

Zeit ein gutes Stück voraus: »Organisieren wir uns doch wie die Arbeiter, machen wir unsere Kunst staatlich.«

Natürlich sollen diese Handvoll Zitate, kann das Fragment »Ich und Ich« Else Lasker-Schüler nicht zu einer politischen Dichterin machen. Denn: Belehren wollte Else Lasker-Schüler mit ihrer Dichtung nie. Sie verabscheute die »Oberlehrer«, die »Frisöre der Literatur«, »die ›geistigen‹ Arbeiter, die Verseklöse in den Suppentopf der Arbeiter werfen«. Sie war »nur eine Dichterin … Der Dichter beabsichtigt beim Dichten seiner Dichtungen überhaupt nie etwas. Er muß eben dichten.«

Und lieben. »Liebe (ist) Offenbarung, Himmelreich. Nur diese Reise hat der Künstler zum Schaffen nötig.«

Kurz vor ihrer Einlieferung ins Krankenhaus soll sie gesagt haben: »Mit mir geht es zu Ende. Ich kann nicht mehr lieben«. Freunde, die ihr im schweren Leben halfen, standen ihr auch beim schweren Sterben bei. Else Lasker-Schüler starb am 22. Januar 1945 an Herzversagen.

Mein Sterbelied

»Bin welk und mürbe –
Mir ist, als ob ich stürbe –
Ja, gestorben bin.«

Entblättert ist mein Sinn –
Das Licht meiner Augen trübe.

Der Himmel meiner Liebe
Sank in die Grube,
In mein steiles Kinn.

Es blühen in meiner Stube
Deine Lieblingsblumen zwischen Immergrün
Und meinem Rosmarin.

Doch alle beglückenden Farben
Seit meines Lebens Anbeginn
Aus meinem Leben entfliehn,

Die mich ganz bunt umwarben –
Starben …

Um mit dem Wolkenbild
In die Himmlischkeit zu ziehn.

1981

»Ich will schreiben, sonst nichts«

Die Tagebücher der Sylvia Plath

Es ist ein Gemeinplatz, daß das einzig zulässige Objekt für Kommentar und Analyse der Text ist. Wir kennen »die Plath« nicht. Nur, was sie geschrieben hat. Sylvia Plath ist ein Phantom. Eine Phantasie.

Wenn wir uns mit Sylvia Plath befassen, beschäftigen wir uns mit ihren Repräsentationen, ihrem Werk, aber auch den Äußerungen anderer über sie. Wir machen uns ein Bild. Wobei es nicht immer leicht ist, Plaths eigene Stimme von den Stimmen der anderen zu unterscheiden.

Die Ansichten zu Sylvia Plath zerfallen in zwei antagonistische Lager: Die einen pathologisieren die Dichterin – und damit ihre Dichtung. Sie stellen ausschweifende Diagnosen zwischen »psychotisch« und »schizophren«, lesen ihr Werk als Fundgrube von Symptomen, und tendieren dazu, die Dichterin schuldig zu sprechen – schuldig, weil sie mit den Belästigungen des Unbewußten nicht fertig werden konnte – wie ein »normaler« Mensch. Aus dieser Haltung, dieser geradezu furchterregenden Normalität, gepaart mit einem guten Schuß Selbstgefälligkeit ist übrigens auch die Biographie von Anne Stevenson geschrieben.

Der Feminismus antwortete auf diese Sichtweise, indem er das Typische des inneren Dramas der Dichterin hervorhob; Plath ist unschuldig, schuldig ist das »Patriachat«; schuldig sind Männer, der Vater, der Ehemann; die Frau verinnerlicht die Gewalt der patriachalischen Welt und wendet die zerstörerische Kraft gegen sich selbst. Bei diesem Ansatz verliert das psychische Leben seine eigene Dynamik und erscheint nur noch als Folge sozialer Ungerechtigkeit; inneres Leben gehorcht der äußeren Welt, die es ungebrochen reflektiert.

Es ist entlastend, Verantwortliche (die Mutter, den Vater, den Ehemann) heranzuziehen für all die Negativität und Gewalt, die Sylvia Plath in ihrem Werk so beklemmend genau formuliert. Jede Veröffentlichung wird dann als eine Station auf dem Weg zum Mythos der Selbsterschaffung betrachtet. Dichtung wird zur Selbstbehütung, die das Unbewußte beschwichtigt und idealerweise die Schwierigkeiten Stück für Stück, Gedicht um Gedicht beseitigt. Schreiben als Therapie.

Beide Arten des Umgangs mit dem Werk machen die Herausforderung Plath klein, indem sie die Dichterin entweder zu einem Fall oder einer Kultfigur werden lassen.

Weder Leben noch Werk Sylvia Plaths erlauben den einzigen, den exklusiven Blick. Im Gegenteil. Das Aufregende ihrer Gedichte und ihrer Prosa, ihrer Briefe und auch ihrer Tagebücher ist gerade die Vielfalt der verschiedenen Äußerungen, die einander sowohl ergänzen wie widersprechen. Plaths unerbittliches Kreisen um ihre eigene Subjektivität in so vielen unterschiedlichen Formen stellt vor allem anderen klar, daß, wenn wir uns als Menschen durch Sprache erschaffen, jede Äußerung immer nur als Bruchstück betrachtet werden kann. Es ist diese vorläufige, ungesicherte, oft indirekte Art der Selbstdarstellung, die in all den unterschiedlichen Formen, die die Plath benutzt, so aufregend und modern erscheint.

Die meisten Betrachter des Plathschen Werks sehen es jedoch als ihre vorrangige Aufgabe, eine monolithische Version der Plath zu produzieren, als Frau, als Schreiberin, so als sei diese Fragmentation oder indirekte Darstellung etwas, das man durch das Hinzufügen der eigenen Aussage reparieren könnte. Doch die Plath selbst konfrontiert uns innnerhalb ihres Werks mit den Grenzen ihres (und unseres) Wissens. Das muß man aushalten.

Der größere Teil des Werks der Sylvia Plath wurde erst nach ihrem Tod veröffentlicht und – was wichtiger ist – ediert. Der englische Lyriker Ted Hughes sah sich dazu bevollmächtigt. Sechs Jahre war sie mit ihm verheiratet, lebte aber zum Zeitpunkt ihres Todes schon getrennt, doch noch nicht in Scheidung, weil sie die notwendigen Papiere noch nicht unterzeichnet hatte. Obwohl die »Ariel«-Gedichte von Sylvia Plath schon vollständig für eine Publikation zusammengestellt worden waren, veröffentlichte er den Band erst knapp drei Jahre nach ihrem

Tod und nahm einige Gedichte, die ihm »zu persönlich« vorkamen, wieder heraus. Erst acht Jahre später gab er die Bände »Crossing the Water« und »Winter trees« heraus, womit endlich der bedeutende Teil der Plathschen Gedichte zugänglich wurde. Weitere elf Jahre später erschienen dann 1982 die Tagebücher, nur als amerikanische Ausgabe, die jetzt in deutscher Übersetzung vorliegen. Sie beginnen mit den Jahren 1950 bis 1955, die Sylvia Plath am Smith College verbrachte; die Hefte aus der Zeit nach ihrem ersten Selbstmordversuch 1953 sind allerdings, so die Herausgeberin Frances McCullough, »verschwunden«. Die letzten Hefte aus der Zeit von 1959 bis drei Tage vor ihrem Freitod am 11. Februar 1963, hat der vorsorgendende Familienvater, der seine Ehefrau, seine zweijährige Tochter, seinen zehn Monate alten Sohn wegen einer anderen Frau verlassen hatte, selbstherrlich »vernichtet«. Er wollte nicht, »daß ihre Kinder das je lesen müßten«. Doch damit nicht genug: Den Rest hat Hughes noch einmal um zwei Drittel gekürzt!

Der Druck, einem Bild gerecht zu werden, das sie sich von anderen aufzwingen ließ, hat die Plath ein Leben lang verfolgt, von Erfolg zu Erfolg gehetzt, aber auch in Selbstzweifel, Überforderung und schließlich in tödliche Erschöpfung. Es ist eine böse Ironie, daß sie noch – und gerade – nach ihrem Tod von eben denen zurechtgestutzt wird, für die sie sich zu Lebzeiten selbst kleinmachte: von ihrer Mutter und ihrem Ehemann. So wie die Mutter die »Briefe nach Haus« in ein innig-ungetrübtes Mutter-Tochter-Verhältnis umfrisieren wollte, um als makellose Mater dolorosa dazustehen, sucht Hughes die Plath einseitig ins Gewalttätige, Überschwängliche, Neurotische zu interpretieren, um selbst als der erhabene Dulder dazustehen, der sein Bestes tat, an einer derart überspannten Person aber scheitern mußte. Dafür ein Beispiel.

Jacquline Rose dürfte für ihr Buch »The haunting of Sylvia Plath« (1992) Einblick in die unveröffentlichten Tagebuchteile nehmen und – erstaunlicherweise – auch daraus veröffentlichen. Die Nachlaßverwalter, Hughes und seine Schwester, sitzen auf dem Werk der Dichterin wie der Drache vorm Hort und suchten Roses Buch sogar auf dem Rechtsweg zu verhindern. Dort schildert Sylvia Plath, wie sie Ted Hughes kennenlernte, eine turbulente Begegnung auf einer Party, beide hatten mehr als genug getrunken. Dem Leser der Hughes-Ausgabe wurde erlaubt zu erfahren, daß die Plath Hughes in die Wange biß; weggestrichen war, daß Hughes ihr zuvor das Haarband und die Ohrringe vom Kopf gerissen hatte. Seine Aggression war gestrichen, die Plath hingegen steht da als Mänade im Collegelook. Weggelassen war auch die erste Nacht, die sie zusammen verbringen und die die Plath als »holocaust« bezeichnet, »which leaves her bruised«.

Doch es geht bei den Auslassungen nicht nur um das Bild der Person Plath, es geht auch um ihr Werk. Nicht aufgenommen wurden Skizzen und Entwürfe für Gedichte und Prosarbeiten, besonders aus der frühen Zeit, während Stücke, die nach ihrem ersten Selbstmordversuch entstanden und einen hohen Ton in Anlehnung an die ecriture automatique anschlagen, aufgenommen wurden. Nicht nur die Autorin, auch der Leser wird bevormundet; als ob er sich nicht selbst ein Urteil bilden könnte über den Grad ästhetischer Reife. Ist es doch gerade in diesem Falle ergreifend zu verfolgen, wie eine Dichterin um ihren eigenen Ausdruck kämpft, bis sie ihn schließlich in den großartigen Gedichten findet, die sie in den letzten Wochen bis wenige Tage vor ihrem Tod schreibt.

Er habe, so Ted Hughes' Antwort auf die Vorwürfe amerikanischer Rezensenten, die Tagebücher herausgebracht, »in der Hoffnung, einiges Material zur Verfügung zu stellen für u n s e r e (gesperrt von U. H.) Idee der Realität hinter den Gedichten.« Nun kann man sich generell fragen, wie wichtig oder sinnvoll die Kenntnis von »Realität hinter den Gedichten« für deren Verständnis ist. Wo das »Material« aber derart manipuliert wird, wo ganze Passagen gestrichen werden, nur um dem Plath-Bild der Familie Hughes zu entsprechen, ist der Nutzen mehr als fragwürdig. Hughes muß sich die Frage gefallen lassen, ob es ihm wirklich nur um »sein Bild« der Plath für die Öffentlichkeit ging oder ob er sich nicht doch vor allem um die eigene Fassade im öffentlichen Ansehen sorgte.

Eine derartige Editionspraxis wirft die Frage nach dem Status von Manuskripten und Tagebüchern überhaupt auf: Sind sie persönliches oder nicht doch auch kulturelles Eigentum? Oder liegt das Problem gerade darin, daß sie Mischformen sind, die das Heikle, aber auch das Künstliche einer Abgrenzung zwischen den beiden Bereichen sichtbar machen?

Doch selbst in ihrer Verstümmelung machen die Tagebücher jede eindimensionale Annäherung unmöglich. Zu Beginn lernen wir eine Achtzehnjährige kennen, geprägt vom american way of life der fünfziger Jahre, seinen Anforderungen an Weiblichkeit, Leistung, Erfolg, Prestige. Heute ist die Plath zu einem Symbol für den Höhenflug von Dichtung geworden. Doch mit der gleichen Ernsthaftigkeit wie ihre Gedichte schrieb sie – und nicht nur zu Beginn ihrer Laufbahn – Geschichten für Magazine, insbesondere für Frauen. Sie belieferte Frauenzeitschriften, die genau das Bewußtsein festigen, das die Bewegung, welche heute die Plath für sich reklamiert, bekämpft. Sehnlichst wollte sie ein Teil eben jener Kultur sein, zu der sie feministische Literaturwissenschaft heute so gern in einen unversöhnlichen Gegensatz stellt. Dieser Wunsch, dabei zu sein, akzeptiert, anerkannt zu werden, ist der am nachdrücklichsten formulierte und am häufigsten wiederkehrende Refrain der Tagebücher.

Zwei Wege führten ihrer Ansicht nach zu gesellschaftlichem Prestige: Heiraten und Schreiben, genauer, Veröffentlichen. »Fang an zu schreiben. Erst entscheidest du dich für einen Markt: Ladies' Home Journal, oder Discovery? Seventeen oder Mlle? Dann wählst du das Thema. Dann denkst du nach. … Finde eine Handlung. Such dir was Lustiges. Zeige dich den Leuten stark und heiter und begeistere sie … Morgen … der Smith Quarterly Artikel. Eine v e r k a u f t e Geschichte: das würde schon helfen.« Nur ein einziges Mal wird diese Haltung, die das Selbstwertgefühl einzig aus Anerkennung bezieht, kritisch reflektiert. »Wieder diese Glätte. Verhindert jede Gefühlsdichte. Offenbar bin ich so überbewußt, was Märkte und Adressen betrifft, an die man etwas schickt, daß ich nichts Ehrliches und wirklich Zufriedenstellendes schreiben kann … ich schreibe, als beobachte mich einer dabei … Schreiben um des Schreibens willen, etwas tun, weil man Freude daran hat. Welch ein Geschenk der Götter.«

Als sie dies schreibt, lebt sie schon drei Jahre als Ehefrau von Ted Hughes, der in der Tat schreibt, um zu schreiben. Sie ist es, die seine Manuskripte abtippt und unermüdlich von einer Redaktion zur anderen schickt; mit weit mehr Erfolg als ihre eigenen Arbeiten: Zu ihren Lebzeiten ist Hughes weitaus anerkannter.

Es trifft zu, wenn Hughes schreibt, daß Plath »geradewegs auf die unakzeptablen Dinge losging«. Aber auch das Gegenteil ist richtig. Sylvia Plath ging mit derselben Kraft auf die »akzeptierten Dinge« zu. Daraus erwuchsen ja gerade ihre Schwierigkeiten. Sie sah ihre Identität und ihren Ehrgeiz als Schriftstellerin durch Wunschvorstellungen bestimmt, die unvereinbar sind mit dem Bild der einsamen Autorin, das sie heute verkörpert. Sie wollte eben beides zur gleichen Zeit: die rasche Anerkennung von den Massenmedien und den dauernden Ruhm der Dichterin. Das zeigt auch die Spannbreite der Publikationsorgane, an die sie gleichzeitig ihre Texte versandte: von Teenagerblättchen über Christian Science bis zu »Harpers Magazin« und »New Yorker«. Sie will das Unmögliche: sich engagiert der Unterhaltung verschreiben, ohne die Reinheit ihrer Kunst zu verletzen.

Was hätten wir wohl in den von Hughes vernichteten Tagebüchern zu dieser Frage gelesen? In ihren letzten Briefen an die Mutter schreibt sie: »… Ich bin Schriftstellerin und will schreiben, sonst nichts … Erzähl mir nicht, daß die Welt etwas Heiteres braucht! … Mir hilft es zum Beispiel viel mehr, zu wissen, daß Leute geschieden werden und durch die Hölle gehen, statt etwas über glückliche Ehen zu hören. Über die laß das ›Ladies' Home Journal‹ schwatzen.«

Nicht weniger ambivalent als ihre Haltung zur Schriftstellerei ist Sylvia Plaths Verhältnis zu ihrer Mutter oder zu Ted Hughes, das lassen selbst die zensierten Tagebücher noch erkennen. Sie wollte die Rolle der braven, erfolgreichen Tochter ebenso perfekt erfüllen wie die der perfekten Ehefrau, Mutter und Schriftstellerin. »Nicht perfekt sein schmerzt«, schreibt sie, »perfekt« ist eines ihrer Lieblingswörter. »Du sollst«, »du mußt«, sind ihre Lieblingsverben, der Imperativ die bevorzugte Konjugation.

In den Briefen gibt sie das Bild der liebenden Tochter ab, im Tagebuch notiert sie ein Glücksgefühl, wenn ihre Therapeutin ihr erlaubt, »die Mutter zu hassen«. Die Briefe strotzen von Erfolgsmeldungen und einem unerbittlichen Willen zum Glück, in ihren Tagebüchern hält sie »Gerichtstag über sich selbst« (Strindberg). Als ihre Anmeldung zu einem Schreibkurs bei Frank O'Connor im Sommersemester 1953 abgewiesen wird, fällt die Plath über sich selbst her: »Du bist eine total verängstigte Heuchlerin … du solltest dich nicht in deine masochistische Psychohölle zurückziehen, in der du vor lauter Neid und Angst sogar das Essen unterläßt. Dein Kopf ist nicht fähig zu denken … mein verdammtes egozentrisches Selbst …« Und die Lösung: »Reiß dich zusammen! … Wenn du nicht von dir selbst absehen kannst, kannst du nicht schreiben!« droht sie sich und ist doch süchtig nach diesem »Selbst«, das ihr eloquentes, intelligentes Grübeln lenkt und bestimmt, was eine Fülle von Komposita mit Selbst- zeigen: Selbsterkenntnis Selbstkritik, Selbsttäuschung, Selbstverachtung, Selbstzerstörung, Selbsthaß und am Ende: Selbstmord.

Mit der gleichen zähen Energie, die sie für ihre Karriere als Autorin aufbringt, sucht Sylvia Plath einen Ehemann. Zwar räsonniert das Collegegirl, »daß die meisten amerikanischen Männer Frauen nur als Sexmaschinen mit runden Brüsten und einer praktischen Öffnung in der Vagina verehren können, als bemalte Puppen, die in ihrem hübschen Kopf nichts anderes denken sollte, als daran, ein Steak zum Abendessen zu braten und ihn nach acht Stunden harter Geschäftsroutine im Bett zu trösten«. Aber: »Ich bekämpfe für meine Männer alle Frauen. Ich bin eine Frau, und es gibt da keine Loyalität, selbst zwischen Mutter und Tochter nicht … Also steht fest: Ich werde alles dafür tun, daß ich auf dem üblichen Weg zu einem Partner komme: sprich heiraten!«

Doch mit der Heirat des »publizierten Dichters« wird der Leistungsdruck nicht geringer, nur anders. Aus der Rolle der begehrenswerten Collegestudentin heißt es überzuwechseln ins Fach der perfekten Ehefrau, immer gekoppelt mit der zusätzlichen Rolle der erfolgreichen Schriftstellerin. »So einen Mann suchen die unbefriedigten Damen in den Geschichten in Ladies' Home Journal«, schwärmt sie, »ach, er ist unglaublich und das um so mehr, weil er mein Mann ist, und irgendwie macht es mir Spaß, für ihn zu kochen (gestern abend habe ich eine Zitronen-Schicht-Torte gebacken) und seine Sekretärin zu sein und so weiter.« Alle Hausarbeit lastete auf ihr; klaglos zählt sie die täglichen Handgriffe immer wieder auf, nur selten fühlt sie sich ungerecht behandelt, etwa wenn sich ihr Ehemann bei seinen Freunden in ihrer Anwesenheit beschwert, daß sie keine Knöpfe annähe, oder wenn er »von seinem Überlegenheitsthron herunter an mir herummäkelt, wenn ich nur rasch mal was Kleines koche, ... Schreibübungen mache«.

Sie braucht seine Nähe und fürchtet doch, von ihm »abhängig« zu werden, nur noch sein »Anhängsel« zu sein: »Ich muß mich selbst erschaffen und mich nicht von ihm erschaffen lassen.«

Das hat sie geschafft. Nicht in ihrem Leben, aber in ihrem Werk. Zweifellos sind die Gedichte das Beste, was die Plath geschrieben hat, doch nun weisen die Tagebücher sie auch als hervorragende Prosaschreiberin aus, ein Talent, das weder der autobiographische Roman »Die Glasglocke« und schon gar nicht die Erzählungen erkennen ließen (erst recht nicht in den dürftigen Übersetzungen). Die Tagebücher sind in eben dem Maß spontan, lebendig, eigenwillig wie die Erzählungen glatt, konstruiert, konventionell sind. Ironischerweise treffen sie genau den Ton, den nicht zu finden sie unaufhörlich klagt. Womit sie, was ihre Literatur anbetrifft, recht hat. Man vergleiche etwa die Tagebuchaufzeichnungen nach der ersten Begegnung mit Ted Hughes mit dem gestelzten Getue in der Erzählung »Steinknabe mit Delphin«, die auf diesen lebensprühenden Skizzen basiert.

Sylvia Plaths Leben als Autorin ist ein einziges Ringen um ihre eigene Stimme; ist unablässiges Bemühen, ihre unverstellte, klare Stimme, wie wir sie in den Tagebüchern vom jubelnden Überschwang bis zur tödlichen Verzweiflung hören, auch in ihrer Dichtung vernehmbar zu machen. Es ist dieser dramatische Prozess, an dem uns die Tagebücher teilhaben lassen. Wie tief muß es sie verstört haben, daß ihr Schreiben, wie hervorragend auch immer, sie von nichts erlöste, am wenigsten von sich selbst.

Sylvia Plath ist ein Phantom. Eine Phantasie. Fragen können wir, was ihr Schreiben über unsere eigenen Phantasien aussagt. Was wir ertragen können, über uns selbst zu denken. Wir sollten mit der Angst, daß es d i e Wahrheit nicht gibt, auskommen – so wie es die Plath tat – und nicht versuchen, sie – so wenig wie uns – in Wohlgefallen aufzulösen, in einem bruchlosen, geglätteten Bild.

1997

Es ist möglich

Für Erich Fried

WAS ES IST

Es ist Unsinn
sagt die Vernunft
Es ist was es ist
sagt die Liebe

Es ist Unglück
sagt die Berechnung
Es ist nichts als Schmerz
sagt die Angst
Es ist aussichtslos
sagt die Einsicht
Es ist was es ist
sagt die Liebe

Es ist lächerlich
sagt der Stolz
Es ist leichtsinnig
sagt die Vorsicht
Es ist unmöglich
sagt die Erfahrung
Es ist was es ist
sagt die Liebe

Ob Auschwitz, Vietnam, oder Israel, Studentenbewegung, Neonazismus, Naturzerstörung, Erich Fried wollte wissen, verstehen, erklären. Warnen und mahnen. Nicht nur seine Lyrik, seine ganze Person war auf den Kontakt, das Gespräch mit dem Leser aus. Man muß ihn erlebt haben, wie er, schon schwer krank, die Hände über dem Knauf seines buckligen Stocks gefaltet auf einer Bühne stand und die Zuhörer, meist junge Leute, in seinen Bann schlug, wenn er ihnen zu erklären suchte: »Wo lernen wir?« und »Wohin?« – so zwei seiner Gedichttitel. Erich Fried war der geborene Erklärer. Jedes seiner Gedichte ist ein immer neuer Anlauf, sich und anderen die Welt zu erklären. Wer erklären will, braucht Zuhörer, braucht Fragen. Das Fragezeichen ist das am häufigsten verwendete Satzzeichen in der Lyrik Erich Frieds.

Wer so auf den Dialog aus ist, bedient sich der Rhetorik. In der Tat lassen sich Frieds Gedichte wie ein Kompendium rhetorischer Figuren lesen. Fried geht davon aus, daß wir Wirklichkeit in der Sprache erfassen. Brechen wir Sprachmuster auf, gewinnen wir auch eine neue Sicht auf die Welt; ein Verfahren, daß insbesondere den politischen Gedichten Frieds ihre Durchschlagskraft gibt.

Erichs Frieds Name war ein Synonym für den politischen Dichter schlechthin geworden, als er seine Leser mit »Liebesgedichten« überraschte. »Ein Band ›Liebesgedichte‹, so Fried im Nachwort, »bedarf keiner besonderen Erklärung.« Doch vom Erklären kann er nicht ablassen. »Was ist sie (die Liebe) eigentlich/und wie kann man sie definieren?« fragt er in dem Gedicht mit dem bezeichnenden Titel: »Fragen und Antworten«. Um sich nach mehreren Erklärungsversuchen eingestehen zu müssen, daß menschliche Sprache und Vernunft sich jeder Erklärung versagen: »Es heißt, daß Gott gesagt hat/daß er sie ist.«

»Erklär mir Liebe« beginnt eines der schönsten Liebesgedichte von Ingeborg Bachmann, die darauf mit einer großartigen Bilderflut antwortet. Und Erich Fried? In immer neuen Umschreibungen, Bildern, Wortspielen sucht er zur Sprache zu bringen: »Was es ist« – so der Titel seines schönsten Liebesgedichts. Und was ist es? Fried, dem großen Erklärer und Rhetoriker hat es die Sprache verschlagen, nein, nicht die Sprache, aber das Dekorum, den ins Auge springenden Kunstgriff. Nicht einmal pro forma wird noch gefragt. So lautet denn auch der Titel des Gedichts nicht, wie man es bei Erich Fried erwarten dürfte: »Was ist es«, vielmehr wird, ergeben in die Aussichtslosigkeit aller Erklärungsversuche, schon im vornherein lakonisch konstatiert: »Was es ist«.

Das Gedicht beginnt mit einem Vierzeiler. Zwei Aussagen nehmen jeweils zwei Zeilen ein, folgen aufeinander und treten in ein Spannungsverhältnis. Die erste Zeile enthält in drei Wörtern eine Aussage, die die nächste Zeile als wörtliche Rede kennzeichnet, als wörtliche Rede der personifizierten Vernunft. Die dritte Zeile hat dem nichts entgegenzusetzen. »Es ist was es ist«. Das ist tautologisch, erklärt nichts, ist Kapitulation. Wäre da nicht die nächste Zeile, die wiederum den Sprechenden benennt: »Die Liebe«. Womit die Einfältigkeit der dritten Zeile rückwirkend eine subversive Grandiosität erhält. In dieser Kapitulation vor jedem Erklärungsversuch liegt zugleich der höchste Triumph. »ICH bin der ICH bin.« Sagt Gott. »Es ist, was es ist/sagt die Liebe.«

In den nächsten Strophen wird dieser Triumph schrittweise ausgekostet und gesteigert, wobei Fried das in der ersten Strophe ausgeführte formale Grundmuster beibehält, nur die Inhalte variiert. »Berechnung«, »Angst«, »Einsicht« bringen ihre Einwände vor, schwere Geschütze, bis die Liebe wieder spricht, ohne Pathos, ohne Erhabenheit, leise wie nebenbei, aber unverzagt, zäh.

Während sich die Vasallen der Vernunft noch nicht geschlagen geben und in einer dritten Strophe die Oberhand zu gewinnen suchen, bis ihnen die Liebe wiederum Einhalt gebietet mit nichts als sich selbst. Sie preist sich nicht an, sie verlockt nicht, sucht keinen der Einwände zu entkräften. Täte sie das, wäre sie dann noch Liebe? Nein. Keine Antwort ist die einzig mögliche Antwort. »Das Zungenreden (wird) aufhören und die Erkenntnis wird aufhören … Die Liebe hört niemals auf.« Heißt es im dreizehnten Kapitel des ersten Korintherbriefs. Nein, diese Liebe sucht weder zu überreden noch zu überzeugen. Wer wissen will, »was es ist«, muß sich ihr überantworten.

Nicht von ungefähr spricht im vorletzten Zweizeiler der letzten Strophe »die Erfahrung«: »Es ist unmöglich«, sagt sie. Doch auch ihr antwortet die Liebe, zum magischen dritten Mal: »Es ist was es ist.« Damit endet das Gedicht. Auf dem Papier.

Doch wünschte sich Erich Fried nicht den Leser, der weiterdenkt, der sich selbst seinen eigenen Vers macht, auf sich und die Welt? Hätte der Dichter wohl etwas dagegen einzuwenden, wenn der Leser, als sein gelehriger Schüler, eine kleine Vorsilbe striche? »Es ist möglich/sagt die Erfahrung«, heißt es dann. Und so verlockten diese scheinbar so beiläufig dahingesprochenen, unaufwendigen Verse am Ende zu eben dem, wovor sie drei Strophen lang warnen: zum Lieben. Nein, definieren läßt sich Liebe nicht. Nur erfahren. Nur erleben. Erklär mir Liebe! Liebe ist lieben.

1999

»Ein Tisch genügt mir«

Zur Prosa der Dichterin Marina Zwetajewa

Elias Canetti fragt sich in seinen Aufzeichnungen, »ob es unter denen, die ihr gemächliches, sicheres, schnurgerades, akademisches Leben auf das eines Dichters bauen, der in Elend und Verzweiflung gelebt hat, einen gibt, der sich schämt«. Über Marina Zwetajewa zu schreiben, ruft dieses Gefühl hervor, und man möchte die Aufzählung der Katastrophen rasch hinter sich bringen.

Bis zur Oktoberrevolution indes lebte sie in großbürgerlichen Verhältnissen. Ihre Kindheit wird bestimmt von der tyrannischen Zuneigung der Mutter, die ihre Enttäuschung über das Geschlecht der Erstgeborenen kaum verbergen kann. Schon als Kleinkind zwingt sie die Tochter ans Klavier, Marina soll ihr Ersatz schaffen für den verlorenen Traum der eigenen Pianistenkarriere, den sie für die Ehe mit einem ungeliebten Mann aufgab. Die zweite Tochter wurde ohne solchen Anspruch geliebt, Marina mußte für jede Zuwendung etwas leisten. Die Mutter stirbt früh an Tuberkulose, Marina kann nun ihre literarische Begabung entfalten, die ihre Mutter zugunsten der Musik rücksichtslos unterdrückt hatte. Mit siebzehn veröffentlicht sie ihren ersten Gedichtband, der die Kritik, besonders aber den Dichter Woloschin begeisterte. In seinem Haus auf der Krim lernt sie ein Jahr später, 1911, den wenig jüngeren Sergej Efron kennen, den sie kurz darauf heiratet. »Unsere Begegnung ist ein Wunder … Nur mit ihm zusammen kann ich so leben wie ich lebe, vollkommen frei«, schreibt sie an einen Freund. Sie veröffentlicht einen zweiten Gedichtband, ihre erste Tochter kommt zur Welt. Während des Ersten Weltkrieges wohnt Marina Zwetajewa als anerkannte Dichterin in Moskau. Den Ausbruch der Oktoberrevolution erlebt sie im Haus ihrer Schwester auf der Krim, drei Tage später fährt sie in Angst um ihren Mann, der dort gerade einen Offizierslehrgang beendet, nach Moskau. Auf dieser Fahrt »Im Waggon« schreibt Marina Zwetajewa ihre erste Prosa. Einen »Brief ins Heft« an ihren Mann. »Wenn Gott dieses Wunder vollbringt – und Sie am Leben läßt, werde ich Ihnen folgen wie ein Hund.« Sergej konnte sich in einer einfachen Uniform retten und schließt sich der Weißen Armee an. Bis 1919 weiß sie, daß er lebt; dann bleibt sie lange ohne Nachricht.

Allein mit zwei Kindern wohnt die Fünfundzwanzigjährige jetzt in Moskau. Drei Zimmer ihrer Villa, für damalige Umstände nicht wenig, darf sie behalten, ihr Vermögen wird als »arbeitsloses Einkommen« konfisziert; wegen der Kinder muß sie nicht arbeiten, bekommt aber auch keine Lebensmittelrationen. Sie bleibt am Rande des offiziellen literarischen Betriebs, kann aber mit Lesungen und Unterstützungen von Freunden notdürftig durchkommen. Um für sich und ihre Kinder Lebensmittelzuteilungen zu erhalten, nimmt sie eine Arbeit im Volkskommissariat für Nationalitätenfragen an. Ihr Dienstherr: Stalin. Sie archiviert Zeitungsausschnitte, die Siege der Roten und Niederlagen der Weißen Armee vermelden. Von 1912 bis 1920 veröffentlicht Marina Zwetajewa nichts, schreibt aber viel. 1920 stirbt die jüngste Tochter in einem Moskauer Kinderheim an Unterernährung. Zwei Jahre später geht sie mit ihrem Mann und der ersten Tochter nach Prag, von 1925 bis 1939 lebt sie in Frankreich.

»Trotz des ungeheuer schweren und zuinnerst einsamen Alltags oder vermutlich gerade deswegen, bricht in den Jahren 1917 bis 1922 eine große schöpferische Produktivität aus …«, schreibt Marie-Luise Bott in einem Aufsatz zum Leben der Dichterin. Nein und nochmals nein! Wann endlich wird man sich nicht mehr schämen, Not und Elend als Voraussetzung dichterischer Produktivität zu verklären? In keinem anderen Beruf der Welt werden niederdrückende materielle und existentielle Umstände als der Arbeit förderlich angesehen, warum gerade beim Künstler? Ist das Elend etwa der Wegzoll, den der Spießer ihm abverlangt, bevor er ihm seinen Platz im Parnaß einzuräumen bereit ist?

Nein, Marina Zwetajewas Werk entsteht t r o t z des qualvollen Alltags: »Mein ganzes Erwachsenenalter – force refoulée, desir dréateur – refoulé, da ich im Leben nichts anderes tue als nicht-schreiben, wenn ich schreiben möchte …« Dennoch erwächst dank Marinas poetischer Besessenheit aus dem, was sich dem Werk in den Weg stellt, das Werk selbst. Virginia Woolf reklamiert 1928 als Grundausstattung für schreibende Frauen »Ein Zimmer für sich allein und fünfhundert Pfund im Jahr«. Zur gleichen Zeit notiert die Zwetajewa, nun schon das dritte von vierzehn Jahren im Pariser Exil, zu ihren Wohnverhältnissen: »Wir stoßen uns die Seiten und Ellbogen wund.« Und: »Der ist mein Gott/… der mir das eine gibt:/Stille der vier Wände.« Aber: »Ein Tisch genügt mir …« Oder: »Ich bin definitiv ins Heft umgezogen.« Wie anders wäre ihr Leben verlaufen, hätte ihr nicht 1919 ein Dekret ihre hunderttausend Rubel Sicherheit mit einem Federstrich weggewischt!

Rückblickend erscheint in Marina Zwetajewas Leben jede überstandene Katastrophe als Zulassung für die nächste, schwerere Prüfung. In Frankreich können die am klassischen Petersburger Stil geschulten russischen Emigranten mit der ungewöhnlichen Sprache der Landsmännin wenig anfangen. Als sie nach einer Lesung Majakowskis in Paris feststellt: »Die Kraft liegt dort«, also in der Sowjetunion, kostet sie dies die letzte Publikationsmöglichkeit. Es folgen Jahre des Exils im Exil. »Uns hilft keiner … Unseren Mitteln gemäß müßten wir unter der Brücke leben.« In den dreißiger Jahren wechselt ihr Mann die Fronten, arbeitet jetzt für die Stalin-Regierung. Im Laufe dieser Tätigkeit wird er in den Mord an einem sowjetischen Agenten, der sich nach den Schauprozessen von der UdSSR abgesetzt hatte, verwickelt und nach Moskau zurückbeordert. Über Spanien kehrt er 1937 mit der Tochter in die Sowjetunion zurück. Als Marina ihm zwei Jahre später folgt, zitiert sie sich in ihren Tagebuchnotizen selbst: »Und so werde ich Ihnen denn folgen wie ein Hund. (21 Jahre später).«

Im August 1939 wird die Tochter in ein Lager verschickt, im Oktober der Mann abgeholt und erschossen. Ihre Schwester ist bereits deportiert. Überall stößt Marina Zwetajewa auf Ablehnung, sogar als Küchenhilfe im Schriftstellerverband ist sie unerwünscht. 1941 rücken die deutschen Truppen auf Moskau vor; die Zwetajewa flieht mit ihrem Sohn nach Jelabuga. Als sich hier auch der kaum Fünfzehnjährige von ihr abwendet und zur Roten Armee geht, erhängt sich Marina Zwetajewa am 31. August 1941. Sie ist 49 Jahre alt. Die Leiche legt man in ein Massengrab. Der Sohn fällt drei Jahre später. Die Tochter überlebt das Lager und widmet sich bis zu ihrem Tode dem Werk der Mutter.

Dieses Leben, dieses Lebensende vor Augen scheint nach den beiden ersten Gedichtbänden alles Schreiben Marina Zwetajewas ein Anschreiben gegen das Chaos. Sie beherrscht die Sprache nicht nur im Gedicht, sondern auch in ihrer Prosa. Die verwirrende Wirklichkeit wird gefiltert in eine ästhetische Ordnung gebracht, die das reale Chaos zu überstehen hilft. Auch die Unmittelbarkeit der Tagebuchprosa erwächst aus einem bewußten und eigenständigen Gestaltungswillen. Unberührt von den literarischen Strömungen der Zeit, dem Futurismus und dem Symbolismus, liegt ihre Stärke darin, mit wenigen präzisen Worten die Merkmale einer Situation so zu gruppieren, daß Sinn und Sinnlichkeit zusammenfallen. Auf Anhieb bestechen die Stücke, die sich ganz auf Scharfsicht und Scharfsinn verlassen, Schlußfolgerungen und Begriffsbildungen aber dem Leser überlassen. Ein Beispiel: »Im Kommissariat (Die 3 M) Na, wie haben Sie die Kartoffeln nach Hause gebracht? Ach, ganz gut, mein Mann hat mich abgeholt. Wissen Sie, Sie müssen die Kartoffeln mit Mehl vermischen. ⅔ Kartoffeln, ⅓ Mehl. Wirklich? Das muß ich meiner Mutter sagen. Ich habe: Weder Mutter, noch Mann, noch Mehl.«

In einem Aufsatz über Boris Pasternak antwortet Marina Zwetajewa auf die Frage: Was fängt er mit dem Alltäglichen an: »Er beobachtet es scharf, nimmt es in Besitz, entläßt es.« Genau so verfährt sie selbst.

Ebenso wie die szenische ist auch ihre reflektierende Prosa, etwa über Liebe und Dankbarkeit, Denken in der Bewegung. In Rede und Gegenrede wird der Text aufgebaut und nicht selten bis zum Aphorismus, zur »Formel« – so die Zwetajewa – verknappt. Dabei unterlaufen ihr mitunter auch Plattheiten, besonders, wenn persönliche Erfahrungen im Ton ewiger Weisheiten vorgebracht werden, etwa: »Der krumme Weg führt ans Ziel, der gerade ins Verderben.« (Wieso?) Wie schön und überzeugend sind hingegen gerade die schlichten konkreten Sätze: »Ich möchte solch eine bescheidene, furchtbar einfache Sache: daß sich der Mensch freut, wenn ich zur Tür hereinkomme.«

Weltgeschichte kommt nie direkt in den Blick, eher wie im Theater, so nebenbeigesprochen, was jedoch gerade unser Interesse an ihrer Sicht der Dinge weckt. Marina Zwetajewa ist keine Chronistin im strengen Sinne, sie strebt in keiner Sekunde nach Objektivität. Doch mit all ihrer radikalen, schonungslosen Subjektivität gelangt sie zu einer vorurteilsloseren Wahrnehmung der Wirklichkeit als mancher, der, wie etwa Egon Erwin Kisch, mit dem Anspruch eines Zeitzeugen schreibt. Sie selbst nennt ihre Aufzeichnungen eine »›Chronik der Seele‹, zusammengehalten durch die Jahre (1917–1919) und mein Wesen«.

Dennoch oder gerade deswegen sind diese Aufzeichnungen auch politisch, allerdings nicht parteipolitisch. »Es gibt«, schreibt die Zwetajewa, als der russische Verlag »Helikon« 1922 in Berlin den Druck ablehnt, weil er keine Politik will: »Es gibt in ihm (dem Buch) bezaubernde Kommunisten und untadelige Weißgardisten, erstere werden nur die letzten sehen und letztere nur die ersten.«

Marina Zwetajewa haßt Lüge und Heuchelei, ihr geht es stets um die »leidenschaftliche Wahrheit«. Wobei die Leidenschaft mitunter ihren Blick getrübt haben mag. Beinahe zwanghaft scheint ihre Sucht, immer auf der falschen Seite stehen und damit das Leiden geradezu an sich ziehen zu wollen. Sie lebt aus der Opposition, der Negation der Wirklichkeit heraus: »Da im Zimmer ein Kommunist ist, lese ich ›Die weiße Garde‹.« Selbst ihr Denken, ja, ihr Stil, sind von diesem Hang zum Widerspruch, zur Verneinung geprägt. »Nicht«, »kein«, »un-«, das sind Schlüsselsilben, ohne die ihre Prosa undenkbar ist. Selbst ihr mystisches Vexierspiel über die Liebe »ich in dir und du in mir« gerät ihr nach einigem Hin und Her nicht etwa zu einer Verdoppelung des Seins, sondern zum Nicht-Sein schlechthin. Wie im Leben findet die Dichterin nicht aus der Negation zur Position. Unbedingte Zustimmung ist ihr anscheinend nur möglich, wenn sie über die Wirklichkeit den Schleier ihrer Wünsche legt, zum Beispiel, wenn sie über Deutschland schreibt, das sie wie eine Ikone verehrt, sich daher aber auch wie einen religiösen Kunstgegenstand vom Leibe und der mangelhaften russischen Realität entgegenhalten kann. Zwischen ihren idealisierenden und den bissigen Aufzeichnungen einer Katherine Mansfield »In einer deutschen Pension« liegen nur wenige Jahre, aber Welten.

Marina Zwetajewa schreibt nicht aus der Fülle heraus, sondern aus einem Gefühl des Mangels. In ihrem Puschkin-Aufsatz folgert sie nach einem frühen Theatereindruck: »Seit jenem Augenblick wollte ich nicht glücklich sein und so verdammte ich mich selber zur Nicht-Liebe.« Oder: »Erwiderte Liebe ist für mich eine Sackgasse.« Oder: »Wie bürgerlich ist gegen die Verliebtheit – so unzurechnungsfähig, immer taumelt das Herz – die Liebe.« Das letzte Zitat ist von Else Lasker-Schüler, die nicht nur in der Maßlosigkeit ihrer Gefühle Marina Zwetajewas deutsche Schwester ist. Wie die Russin mußte auch sie, die Jüdin, ihr Land verlassen. Wie jene in Frankreich lebte diese in Jerusalem als Fremde in der Fremde. »Ich streife heimatlos zusammen mit dem Wind«, schreibt die Lasker-Schüler 1934; und bei der Zwetajewa lesen wir 1931: »Ich bin hinausgedrängt allein.«

Beide Dichterinnen hielten sich durch Schreiben am Leben fest, das zeigen auch ihre unzähligen Briefe. Selbst die Liebe ist da nur noch Mittel zum Zweck: »Liebe ist wie ein Zauberspruch: Zur rechten Zeit/am rechten Ort/Der rechte Mann –/Das rechte Wort!/Und die Hauptsache – das Wort! … Auf Zeit, Ort und Mann kann ich verzichten.« Schreibt die Russin. »Welche Liebe wird über mein Herz scheinen und mir die Blüte des Wortes entlocken: die Dichtung?« die Deutsche.

Doch wenn die Verwandtschaft der Dichterinnen sogar – als Kuriosum sei das angemerkt – bis zu ihrer Vorliebe für den nicht eben gewöhnlichen Vogelbeerbaum geht, ein wichtiger Unterschied soll hervorgehoben werden. Marina Zwetajewa sucht zeitlebens »das rechte Wort«, das genaue, klare; Else Lasker-Schüler neigte zum »Blütensammeln«, schickte ihre Prosa »zuguterletzt in eine Goldwerkstatt«, um »jedes Wort zu vergolden«, wie sie schreibt. Weil ihre russische Schwester dies nicht tat, geht uns ihre Tagebuchprosa heute näher als etwa Else Lasker-Schülers Reiseeindrücke aus dem »Hebräerland«.

Abseits vom politischen Tagesgeschehen, das nur den Hintergrund bildet – »düster, nicht ich habe ihn ausgedacht« –, kristallisiert sich in den Aufzeichnungen der Zwetajewa eine literarische, das heißt menschliche Wahrheit, die jeden Leser jeder Zeit zum Zeitgenossen macht.

1987

»Für meine Verse, wie für alte Weine, kommt noch die Zeit herauf.« Dessen war die Dichterin schon 1913 sicher. Hier einige Strophen eines ihrer schönsten Gedichte:

Der Tisch

Mein Schreibtisch, ich danke dir, treuer.
Du gingst für mich mit mir durchs Feuer
Des Daseins, durch Garbe um Garbe,
Du schätztest mich wie eine Narbe.

...

Mein Spiegel, mein strengster, voll Klarheit,
Du stelltest, und sprachst mir die Wahrheit,
Dich zwischen mich, Zeile für Zeile,
Und Glück und Verlockung, wohlfeile.

...

Mein Schreibtisch, mein Schraubstock, dir dank ich,
Du zwangst mich und zwangst, und entsprang ich
Da sprangst du mit rascheren Sprüngen
Mir nach wie ein Pascha, zu zwingen

Die flüchtige Sklavin – zurück!
Du rissest mit Magierblick
Mich aus der verführenden Chance,
Wie aus somnambulischer Trance.

…

Gelobt sei denn, Tischland Gelobtes,
Von Stirn, Elle, Knie - schlachterprobtes.
Ins Mark rammte sich, ins gebrannte,
Mir – quer durch die Brust – deine Kante!

»Schreib Verse für mich«
Lilja Brik und Wladimir Majakowski

Ach, Majakowski! Schon merkwürdig, wieder einmal in deinen Versen zu blättern in diesen Tagen, wo in Moskau Kräne den Gründer der Tscheka vom Sockel holen, Leninstatuen in den Geranien landen und der Generalsekretär der kommunistischen Partei der Sowjetunion deren Auflösung vorschlägt. All die gewaltigen Wörter, mit denen du einmal die Welt verbessern wolltest! »Ich betrachte mich als eine Sowjetfabrik/erbaut, um Glück zu produzieren … Ich will, daß die Staatliche Plankommission/mein Pensum alljährlich in heißer Debatte/vorschreibe auf strengem Kontrollzifferblatte … Ich will, daß am Abend nach Arbeitsschluß/der Betriebsrat die Lippen mir zuschließen muß …«

Mit fünfunddreißig Jahren steckte Wladimir Majakowski dann eine Kugel in den Revolver, spielte, nach fünfzehn Jahren zum zweiten Mal, Russisches Roulette und verliert. Tat er dies, weil ihm die Hüter des sozialistischen Realismus zu wenig Beachtung schenkten, offizielle Anerkennung ausblieb, wie sein Freund Ossip Brik mutmaßt? Aus Angst vor dem Alter, wie Lilja Brik, dessen Ehefrau und spätere Geliebte Majakowskis, in ihren Aufzeichnungen meint? Oder ahnte er mit der unbetrügbaren Intuition eines großen Dichters doch, daß jede Utopie, die den Menschen das Glück aufzwingen will, an der Wirklichkeit zerschellen muß wie die Schläfe an der Kugel? Daß er am Ende, wie Roman Jakobson nach seinem Freitod schrieb, ein »vergeudeter Dichter« war?

Als überzeugten Kommunisten, Maler und Dichter, als »vielseitigsten Propagandisten der russischen Revolution« haben ihn Gesinnungsgenossen wie sein Übersetzer Hugo Huppert aus der ehemaligen DDR in die Literaturgeschichte eingeschrieben. Doch galt die Leidenschaft des Dichters durchaus nicht nur der Politik, auch wenn er schwungvoll bekennt, »daß es für mich ohne ihn (den Kommunismus, U. H.) keine Liebe gibt«; Majakowski liebte die Frauen: im allgemeinen, im einzelnen und im besonderen. Im einzelnen vor allem Mrs. Ellie Johns; sie brachte sein einziges Kind zur Welt, eine Tochter, die heute als Familienpsychologin in den USA lebt und 1941 Mutter eines Sohnes wurde. Majakowski als Großvater!

Im besonderen aber liebte der Dichter eine für immer: Lilja Brik. Ihr Liebesbriefwechsel mit Majakowski erschien schon vor zehn Jahren in deutscher Sprache und ergänzte bereits damals den Eindruck des revolutionären Draufgängers um den des ungestümen Liebhabers – und Dichters. »Liebe«, so Majakowski – »ist Leben, das Wesen. Aus ihr entwickeln sich die Gedichte, die Taten und alles andere. Die Liebe ist von allem das Herz. Wenn es zu arbeiten aufhört, stirbt alles andere ab, wird unnütz, sinnlos. Ohne dich höre – ich auf.« Lilja Briks Erinnerungen an Majakowski fügen unserem bisherigen Bild wenig wesentliches hinzu. Doch die Neugier des Publikums auf das sogenannte Menschliche außergewöhnlicher Frauen und Männer ist wohl unaustilgbar, und so mag sich daran ergötzen, wer will, daß Majakowski Hunde liebte, gern Pilze sammelte und Billard spielte. Voilà. Doch nachdem wir erfahren haben, daß die Brik nach heftigen Auseinandersetzungen eine zweimonatige Trennung vorgeschlagen hatte, bricht das gepflegte Geplauder unvermittelt ab, und es folgen Briefe, die der sehnsuchtsgeplagte Dichter seiner Unerreichbaren in diesen Tagen schrieb, Briefe voller kluger Einfälle über Liebe und Dichtung und deren Zusammenhang.

Gewiß hat die Brik recht, daß ohne diese Trennung das Poem »Darüber« nie entstanden wäre, denn nichts ist der Dichtung weniger förderlich als der »blaue Morgenmantel« und die allmorgendlich präsentierte Tasse Tee. Majakowski jedenfalls hatte von Anfang an dem »Teetrinken«, dem »Alltag der Philister«, den Kampf angesagt: »Ich hoffe, daß die schändliche Vernunft mich bis in alle Ewigkeit nicht einkriegt.« Es sind diese Briefe und die klugen Bemerkungen Lilja Briks über Majakowskis Dichtung und sein Verhältnis zu »fremden Versen«, die die Lektüre des Buches lohnen und klarstellen, daß die Brik mehr war als ein »Beatricelein«, eine Muse im Stile Dantes, wie Jessenin sie gern nannte. In diesem frühen Essay, den sie später in die Erinnerungen einarbeitete, erfahren wir mancherlei, etwa über Majakowskis Verhältnis zu Jessenin, den er durchaus schätzte, obwohl er gegen die Symbolisten polemisierte; über die Beziehung zu Heine, den er liebte und sich immer wieder wortwörtlich übersetzen ließ; über seinen Umgang mit Lermontow, Block, Pasternak, Achmatowa, deren Verse er für jede Stimmungs- und Lebenslage parat hatte. Majakowski verstand Literatur nicht zuletzt auch als Lebenshilfe. Tage vor seinem Tod las er Tschernischewskis »Was tun«, suchte, so die Brik »Rat für persönliche Probleme«.

Briefe zwischen Lilja Brik und Ossip Brik, zwischen Lilja Brik und ihrer Schwester Elsa Triolet, der Frau Aragons, füllen den Band mehr an, denn daß sie ihn ergänzten.

Als dokumentarische Fundgrube für Majakowski-Kenner und -Liebhaber sowie für Literaturhistoriker ist dieses Buch sicher ein Gewinn – und nicht zuletzt macht es Lust auf eine umfassende Majakowski-Biographie.

1991

Schreien in allen Sprachen

Die Dichterin Nelly Sachs

Daß es an Publikationen über das Werk der Nelly Sachs nicht mangelt – hervorgehoben sei hier nur Ehrhard Bahrs »Autorenbuch« aus dem C. H. Beck Verlag –, wohl aber an Darstellungen ihres Lebens, ist kein Zufall. Wie kaum eine andere Autorin des zwanzigsten Jahrhunderts hat Nelly Sachs mit allen Mitteln versucht, die ersten fünfzig Lebensjahre, die Jahre bis zu ihrer Flucht vor den Nationalsozialisten, die ihr übrigens von Selma Lagerlöf ermöglicht wurde, der Öffentlichkeit zu verbergen. Pünktlich zum hundertsten Geburtstag der Dichterin erschien 1991 die ausführliche Biographie der dänischen Literaturwissenschaftlerin Ruth Dinesen, und nun hat Gabriele Fritsch-Vivié eine rororo Monographie vorgelegt, die sich insbesondere für eben diese ersten fünf Jahrzehnte als Quelle auf Dinesen stützt; die Verfasserin macht daraus keinen Hehl. Denn bemerkenswerter als ihre Ergebnisse aus den Mühen der Recherche ist der Ansatz, mit dem sie dem Mangel an äußeren Daten zu begegnen sucht, ein Ansatz, zu dem Nelly Sachs selbst letztlich ermuntert hat, wenn sie, befragt nach Namen und Daten, stets abwehrte: »Alles, was ich zu sagen habe, steht im Werk«, andererseits aber mit geheimnisvollen Andeutungen über einen »geliebten Menschen« und ein »tieftragisches Schicksal daheim« die Neugier immer wieder anstachelte.

So beschreitet Fritsch-Vivié, der Not gehorchend, den gefährlichen Weg der biographischen Dechiffrierung der Texte. Glücklicherweise vermeidet sie dabei eine, besonders von amerikanischen Biographen häufig praktizierte Technik, die Werk und Leben ihres Opfers so hemmungslos vermengt, daß seriöse Forschung zugunsten von Sensationsgier auf der Strecke bleibt. Es ist auch weniger der äußere Lebensweg, der aus der Lektüre der Dichtung, aus den über viertausend Briefen und aus Berichten von Freunden ergänzt wird, als vielmehr die psychische Entwicklung der Dichterin, die eine tiefere und umfassendere

Deutung erfährt. Diese Deutung stützt sich auf heute allgemein anerkannte Erkenntnisse frühkindlicher Entwicklung, vor allem auf die Erklärungsmuster der amerikanischen Psychotherapeutin Alice Miller, mit der die Autorin zur Vorbereitung dieses Buches eigens ein Gespräch führte.

Auf diesem Weg wird Nelly Sachs von der Bürde der Stellvertreterin jüdischen Schicksals im Dritten Reich entlastet, eine Bürde, die bis heute eine unvoreingenommene Auseinandersetzung mit ihrem Werk erschwert hatte. Nun rückt ihr individuelles Geschick in den Mittelpunkt, ohne daß dadurch die Besonderheiten, die ihre Zugehörigkeit zum Judentum mit sich brachten, geleugnet würden. Breiten Raum nimmt die Beziehung zu den Eltern ein, denn, so die Verfasserin: »Die Wurzeln des Lebens – und bei Künstlern auch des Werkes – reichen bis weit in die Kindheit zurück.« Solche Wurzeln bloßzulegen, kann penetrant werden, bei Fritsch-Vivié jedoch trägt das Verfahren zur Erhellung des Werks bei. Die immer wieder formulierten Gefühle der Angst, der Einsamkeit, des Verlassenwerdens, des Fremdseins quälen Nelly Sachs schon lange vor den tragischen äußeren Ereignissen der Verfolgung, der Flucht, des Verlustes geliebter Menschen. Schon als gutbehütete Tochter einer großbürgerlichen Familie, der es äußerlich an nichts fehlte, lernt Nelly Sachs, daß Schreiben ihr Luft verschafft, »wenn das Atmen zu schwer wurde«. Nelly Sachs, so die Verfasserin, merkt früh, daß Gefühle wie Angst, Ohnmacht, aber auch Zorn und Aggression von den Erwachsenen nicht gern gesehen sind, Anpassung hingegen deren »Liebe« garantiert. Sich selbst machte Nelly Sachs ihre traumatische Abhängigkeit von Mutter und Vater, die von Fritsch-Vivié behutsam und überzeugend aufgezeigt wird, zu keinem Zeitpunkt klar. Psychoanalytische Gespräche lehnte sie ab, obwohl sie mehrfach wegen Verfolgungswahn in Kliniken behandelt werden mußte.

Nicht nur Außenstehenden hat Nelly Sachs ihr Leben lang jede Ein-Sicht verweigert, sondern auch sich selbst. Zum Wohle der Dichtung? Es läßt sich nicht leugnen, daß sie bedeutende Teile ihrer Dichtung gerade während ihrer Krankheitsphasen geschaffen hat oder doch, um eine aufkommende psychische Bedrohung abzuwehren. Die These, daß Kunst nichts anderes sei als gescheiterte soziale Anpassung, scheint sich ein weiteres Mal zu bewahrheiten. Die äußeren unglücklichen Umstände im Exil ermöglichten es Nelly Sachs dann, ihren persönlichen Schmerz zuzulassen, ihn unmittelbar in Bildern allgemeinen Leids auszudrücken. Ihre großen Gedichte schreibt sie nach der Emigration, in Schweden, und nachdem sie sich mit der kabbalistischen Mystik und den chassidischen Legenden, mit Jakob Böhme, Franz von Assisi und den Frühromantikern beschäftigt hat. Durch Übersetzungen schwedischer Gedichte ins Deutsche findet sie nicht nur zu den bedeutendsten Lyrikern ihres Gastlandes Kontakt, auch die dichterischen Mittel der Moderne lernt sie auf diesem Umweg kennen. Leider kommt diese Einbettung des Werks in literaturhistorische Zusammenhänge zu kurz.

So weltfern und tragisch die Dichterin in ihrem Werk erscheint, Nelly Sachs war – und das verschweigt die Biographin durchaus nicht – alles andere als eine unpraktische Natur. Als junge Frau übernimmt sie die Haushaltsführung und die Krankenpflege des Vaters bis zu dessen Tod, anschließend, als einziges Kind, auch die geschäftlichen Angelegenheiten. Sie organisiert die Auswanderung nach Schweden, sorgt dort für ihre alte Mutter, bis diese 1950 stirbt, und erweist in Fragen der Wiedergutmachung nach dem Krieg durchaus ihren Sinn für Alltagsangelegenheiten. Unterstützt wurde sie dabei zu allen Zeiten von Freunden und vor allem Freundinnen, die sich für die Dichterin einsetzten. Wobei, auch das wird nicht verschwiegen, die Ichbezogenheit der Dichterin immer wieder zu Mißverständnissen und Zerwürfnissen führte.

Nicht zuletzt dadurch, daß bei aller Bewunderung für das Werk der Dichterin auch die Verletzungen und Schwächen der Person erkennbar werden, rückt Nelly Sachs aus der verklärten Ferne einer Dichterin mit Wiedergutmachungsbonus dem Leser endlich nahe als große Lyrikerin des zwanzigsten Jahrhunderts.

Hans Magnus Enzensberger hat in Deutschland als erster ihre Bedeutung erkannt und sie in seinem 1959 erschienenen

Aufsatz »Die Steine der Freiheit« als »größte Dichterin, die heute in deutscher Sprache schreibt« bezeichnet. »Ihr, wie den alten heiligen Schriften«, so Enzensberger, »ist Israel stellvertretend für die Heils- und Unheilsgeschichte der ganzen Schöpfung. Staub, Rauch, Asche sind nicht ›Vergangenheit‹, die sich abfertigen ließe, sondern stets gegenwärtig.« Doch Nelly Sachs' Dichtung ist nicht allein ein Gedenkmal für die ermordeten Juden. Beda Allemann hat vor allem den »elementarischen Aspekt« ihrer Lyrik hervorgehoben und ihre Dichtung »im Rahmen der Nachkriegszeit als die Wiederaufnahme der kosmischen Dichtung mit modernen Mitteln« begriffen.

Das Gedicht »Völker der Erde« schrieb Nelly Sachs 1948/49; es befaßt sich scheinbar ausschließlich mit der Sorge um die Sprache, doch die Sprache ist das, was den Menschen zum Menschen macht. Wer das »Weltall der Worte« zerstört, zerstört am Ende das Leben der Menschen.

Völker der Erde

Völker der Erde,
ihr, die ihr euch mit der Kraft der unbekannten
Gestirne umwickelt wie Garnrollen,
die ihr näht und wieder auftrennt das Genähte,
die ihr in die Sprachverwirrung steigt
wie in Bienenkörbe,
um im Süßen zu stechen
und gestochen zu werden –

Völker der Erde,
zerstört nicht das Weltall der Worte,
zerschneidet nicht mit den Messern des Hasses
den Laut, der mit dem Atem zugleich geboren wurde.

Völker der Erde,
O daß nicht Einer Tod meine, wenn er Leben sagt –
Und nicht Einer Blut, wenn er Wiege spricht –

Völker der Erde,
lasset die Worte an ihrer Quelle,
denn sie sind es, die die Horizonte
in die wahren Himmel rücken können
und mit ihrer abgewandten Seite
wie eine Maske dahinter die Nacht gähnt
die Sterne gebären helfen –

1993

Ferngespräche

Die Erzählerin Marie Luise Kaschnitz

Marie Luise Kaschnitz fand für ihre Arbeit früh Anerkennung. Einen ersten Preis gewann sie bereits als 33jährige: 1934 in einem Wettbewerb der Berliner Illustrierten Zeitschrift »Madame« um »das schönste Gedicht«; auch Peter Huchel gelangte damals unter die ersten fünf. In den schweren Jahren von Nazi-Zensur und Krieg gehörte sie dann von 1937 bis 1942 der Literaturjury der »Madame« an. Später hat die Kaschnitz für ihr »Dabeisein« in den Jahren unter Hitler sehr kritische Worte gefunden; 1971 antwortete sie auf die Umfrage eines Gymnasiums: »In der Nazizeit war ich immer ›dagegen‹ und habe ein paar Unannehmlichkeiten gehabt, aber ich war doch viel zu feig, um wirklich etwas zu tun. In meinem späteren Leben habe ich versucht, von Fall zu Fall richtig zu handeln, human ...«

Human: Das Werk der Kaschnitz ist eine einzige große Anstrengung, diese totgefeierte Vokabel wieder alltagstauglich zu machen. Besonders in ihrem Spätwerk. Allerdings: »Der Dichter soll nicht um Humanität buhlen. Er ist ein Mensch, also ist er human.«

Marie Luise Kaschnitz hat offenbar eine glükliche Ehe geführt. Das läßt sich auch aus ihren Gedichten und Geschichten lesen, deren autobiographischen Kern die Dichterin nie abstritt: »Als eine ewige Autobiographin, eine im eigenen Umkreis gefangene Schreiberin, werde ich, wenn überhaupt in die Literaturgeschichte eingehen ...« Mit ihrem Mann, dem Archäologen Guido von Kaschnitz, bereist sie die Ausgrabungsstätten im Mittelmeerraum, lebt sie lange in Rom, wo die autobiographische Prosa »Engelsbrücke« entsteht. 1955 erhielt sie den Büchner-Preis; da hatte sie ihr eigentliches Werk noch nicht geschrieben. Erst als ihr Mann 1958 an einem Hirntumor stirbt, entsteht der gewichtigere Teil. »Früher«, so die Dichterin, »(war) mein Hauptberuf, verheiratet zu sein. Ich mußte dafür sorgen, daß mein Mann möglichst gut arbeiten konnte und daß er und unser Kind möglichst glücklich waren …«, und so habe sie »oft heimlich, im Kaffeehaus zwischen den Einkäufen gearbeitet«.

In den Erzählsammlungen »Lange Schatten« (1961) und »Ferngespräche« (1966) spürt der Leser schon bei den ersten Sätzen, daß er im Schutz einer reifen Schriftstellerin steht, einer Frau. die das Leben kennt, die Menschen beurteilen kann, aber niemals leichthin verurteilt. Hier wird kein Prosecco getrunken, es gibt keinen Mondscheintarif, keine spaßgelaunte Sprachschlamperei. Die Kaschnitz muß weder trällern noch schreien. Sie hat etwas zu sagen. Disziplin im Denken wie in der Sprache: kein Wort zuviel, aber auch kein manirierter Geiz. Eine beherrschte Sprache im doppelten Sinne: Sie beherrscht die Sprache, das Handwerk, und in Emotion und Tonfall ist auch die Sprache beherrscht.

Mitteilen bestimmt ihr Schreiben. Schreiben wie zueinander reden. Ein Eindruck, der oft durch die Bevorzugung der Ich-Erzählung verstärkt wird. Realistisch, mit großer Einfachheit, kaum ein Unterschied zwischen Vordergrund und Hintergrund, alles ist wichtig, gleich bedeutend. Fast eigensinnig hält die Kaschnitz am Alltäglichen fest. Im Dritten Reich war sie in die Welt der antiken Mythen und der Natur geflohen. Diese Möglichkeiten verdeckten Schreibens braucht sie nach dem Krieg nicht mehr. Geblieben ist die Fähigkeit, mit wenigen Sätzen Landschaften entstehen zu lassen, besonders die des Mittelmeers: Meer, Sand, ein paar Pinien, eine Piazza, Landschaften, die Schauplätze der Sehnsucht.

Im realistischen Gewand verbirgt sich eine mehrschichtige, gleichnishafte Welt. Alltägliches wird phantastisch, Phantastisches im Alltäglichen sichtbar. Dem Augenfälligen ist nicht zu trauen, jedenfalls nicht mehr als dem offenen Geheimnis der Träume. Das Sichere ist nicht sicher («Bergrutsch«, »Lange Schatten«, »Der Tag X«), das Vergangene nicht vergangen («Schneeschmelze«, »Das dicke Kind«, »Ein Tamburin, ein Pferd«). Wie tot sind die Toten? («Eisbären«, »Schiffsgeschichte«, »Am Circeo«) Die Menschen in diesen Erzählungen sind keine Helden, sie weichen Konflikten aus, und nicht selten fliehen sie aus der Normalität in die Wunderwelt eines sanften Wahns. Die Kaschnitz läßt nichts Bitteres aus und gelangt doch zu einem hoffnungsvollen Blick auf das Leben.

Weit trägt der lakonische, unsentimentale Ton besonders in den Geschichten vom Versagen der Menschen während der Nazi-Zeit; etwa in »Märzwind«, wenn uns die Kaschnitz mit hinterhältiger Sachlichkeit zum Zeugen einer Hinrichtung macht; wir stehen bei den Dörflern, sehen mit ihnen zu. Möchten Halt! schreien. Aber: Hätten wir Halt! geschrien, damals?

Hinter der beherrschten Sprache vibriert eine Anteilnahme, die auf den Leser überspringt. Gedrängt wird er nicht. »Arbeite mit«, so die Kaschnitz, »ergänze, was nicht dasteht, aus eigenem Vermögen.« Kein Gängeln des Lesers. Geschichten und Gedichte lassen sich nicht auf nur einen Nenner bringen. Nicht einmal »nach-erzählen« kann man sie; auch ein Gedicht ist ja nie nur das, wovon »es handelt«. Die Rätsel der Kaschnitz bleiben die Rätsel unserer Zeit. Das hält ihr Werk lebendig.

Georg Brandes, der große dänische Kritiker der Jahrhundertwende, sagte: »Gut ist ein Buch, das mich entwickelt.« Die Erzählungen der Kaschnitz tun es.

2003

Silberwölklein flogen

Zu Nikolaus Lenaus Gedicht »Der Postillion«

Lieblich war die Maiennacht,
Silberwölklein flogen,
Ob der holden Frühlingspracht
Freudig hingezogen.

Schlummernd lagen Wies' und Hain,
Jeder Pfad verlassen;
Niemand als der Mondenschein
Wachte auf der Straßen.

Leise nur das Lüftchen sprach,
Und es zog gelinder
Durch das stille Schlafgemach
All der Frühlingskinder.

Heimlich nur das Bächlein schlich,
Denn der Blüten Träume
Dufteten gar wonniglich
Durch die stillen Räume.

Rauher war mein Postillion,
Ließ die Geißel knallen,
Über Berg und Tal davon
Frisch sein Horn erschallen.

Und von flinken Rossen vier
Scholl der Hufe Schlagen,
Die durchs blühende Revier
Trabten mit Behagen.

Wald und Flur im schnellen Zug
Kaum gegrüßt – gemieden;
Und vorbei, wie Traumesflug
Schwand der Dörfer Frieden.

Mitten in dem Maienglück
Lag ein Kirchhof innen,
Der den raschen Wanderblick
Hielt zu ernstem Sinnen.

Hingelehnt an Bergesrand
War die bleiche Mauer,
Und das Kreuzbild Gottes stand
Hoch, in stummer Trauer.

Schwager ritt auf seiner Bahn
Stiller jetzt und trüber;
Und die Rosse hielt er an,
Sah zum Kreuz hinüber:

»Halten muß hier Roß und Rad,
Mag's euch nicht gefährden:
Drüben liegt mein Kamerad
In der kühlen Erden!

Ein gar herzlicher Gesell!
Herr 's ist ewig schade!
Keiner blies das Horn so hell,
Wie mein Kamerade!

Hier ich immer halten muß,
Dem dort unterm Rasen
Zum getreuen Brudergruß
Sein Leiblied zu blasen!«

Und dem Kirchhof sandt er zu
Frohe Wandersänge,
Daß es in die Grabesruh
Seinem Bruder dränge.

Und des Hornes heller Ton
Klang vom Berge wieder,
Ob der tote Postillion
Stimm in seine Lieder. –

Weiter ging's durch Feld und Hag
Mit verhängtem Zügel;
Lang mir noch im Ohre lag
Jener Klang vom Hügel.

Mitunter, wenn ich zu müde zum Lesen bin, setze ich mich vor den Fernseher. Einmal wurde ich von auf- und abschwellender Musik vor dem Einschlafen soweit bewahrt, daß ich der Handlung zu folgen imstande blieb: Frauen, eben noch jung, schön und lebendig, waren am nächsten Tage tot. Ermordet. Bei Vollmond. Immer bei Vollmond. Der Zuschauer, selbst im schlaftrunkenen Zustand, hatte den Bösewicht bald entlarvt, lange vor dem Kommissar, der, auf daß die Zeit erfüllet werde, noch eine gute Stunde im Dunklen tappen mußte. Dann nahm die Gerechtigkeit ihren Lauf, Saxophone rissen mich aus dem ersten Schlaf. Ende. Abspann. Plötzlich war ich hellwach: statt der trivialen Musik, die üblicherweise die Auflistung von zig Namen begleitet, ließ sich eine Männerstimme vernehmen. Die Stimme sprach Verse. Die Stimme klang ernst, nüchtern, unberührt, kurz angebunden, das Ganze wirkte wie nebenher gesprochen und traf gerade in diesem Verzicht auf jedes Pathos den Punkt, wo Dichtung unter die Haut geht. »Lieblich war die Maiennacht/Silberwölklein flogen,/Ob der holden Frühlingspracht/Freudig hingezogen./Schlummernd lagen Wies' und Hain/Jeder Pfad verlassen;/Niemand als der Mondenschein/Wachte auf der Straßen./…

Plötzlich hatte sich die Atmosphäre in meinem Zimmer verändert. Die flaue Unterhaltungskonvention mit ihrer vordergründigen berechenbaren Spannung wurde von ein paar Zeilen Dichtung hinweggesprengt. Die Worte füllten den Raum mit einer Kraft, die, je länger die Stimme sprach, mit geradezu physischer Wucht auf mich eindrang. Was weder die Handlung des Films noch seine Musik fertiggebracht hatten, mich aufzuregen, mich ein Gruseln ankommen zu lassen, ein Grauen, den Boden unter den Füßen wanken zu machen, das schafften diese Verse. Was für Verse!

Liebliche Harmlosigkeit, der Friede einer lauen Nacht im Mai in den ersten vier Strophen. Das lyrische Ich, mag sein, der Dichter, sitzt in einer Postkutsche. Stellen wir uns den Dichter vor, wie ihn ein Zeitgenosse beschreibt: »eher klein als groß, aber stämmig, um die Schultern breit; von vortrefflicher Lunge und Brust mit sehnigen Armen und Beinen; das Haupthaar auf dem gedankenvollen sehr großen Schädel etwas dünn, Backen- und Schnurrbart dunkelbraun; die Stirn besonders breit, über der kräftigen sanft geschwungenen Nase sich gern stark faltend; die Brauen, wie bei Vieldenkern, sich oft zusammenziehend; die Backenknochen etwas hervorragend; die unaufgeworfenen schmalen Lippen entschlossen geschlossen; das Kinn wie abgehackt; endlich in den braunen Augen zwei unergründliche Brunnen voll Geist, Trübsinn und Schwermut; Hand und Fuß aristkokratisch klein und fein; die Kleidung gewählt und zierlich fast, stets rein behandschuht, und auf das Äußere überhaupt mehr haltend als man es gewöhnlich bei Dichtern trifft.« So, in »gebeugter Haltung«, sitzt der Dichter auf dem Kutschbock, als die fünfte Strophe einsetzt wie ein Peitschenknall. »Rauher war mein Postillon ...«, und Zeilen und Bilder für weitere zwei Strophen in einen frischen, flinken Trab geraten. Von der ersten bis zur siebten Strophe Postkutschenbehaglichkeit. So weit, so gut, so frisch und frei könnte auch Eichendorffs »Taugenichts« in dieser Kutsche sitzen und seiner »Schönen Frau« entgegenfahren. Doch in der siebten Strophe schlägt Lenau andere Töne an: »gemieden« reimt sich auf »Frieden«, das gedehnte i im Verbund mit der Stimmung der Verse lassen ein erstes Unbehagen aufkommen, die Ahnung drohenden Unheils; schon »schwand der Dörfer Frieden«. In der nächsten Strophe lesen wir die Bestätigung. »Mitten in dem Maienglück« liegt »ein Kirchhof«. Bei Eichendorff wäre es ein Brunnen oder ein Marmorbild gewesen. Die nächste Strophe zeichnet das schaurige Bild eines nächtlichen Kirchhofs und verstärkt es: Die Gräber sind in eine Bergwand hineingedrückt, die Kutsche fährt mithin durch eine zerklüftete, felsige Landschaft; die Mauer ist »bleich«, der Gekreuzigte in »stummer Trauer«, eine Landschaft für Wiedergänger und Gespenster, für Räuber und Mörder. In der nächsten Strophe erreicht die doppelbödige Spannung, die ein Edgar Allan Poe nicht besser hätte aufbauen können, ihren Höhepunkt. Aus dem Postillion, dem fröhlich harmlosen Gesellen, der »frisch sein Horn erschallen« läßt, wird der düstere »Schwager«, eine Bezeichnung, die für den Kutscher so gut wie für den Tod stehen kann. Wenn der Schwager die Rosse anhält, hält der Leser den Atem an. Sitzt das lyrische Ich, sitzt der Dichter etwa im Wagen des Todes auf der Fahrt ins Totenreich? Oder ist der »Schwager« ein Handlanger des Todes, selbst ein finsterer Mordgeselle? Wie oft hat nicht Gevatter Tod, haben die Mörderbuben der Dichtung aller Länder und Zeiten noch einmal »zum Kreuz hinüber« geblickt, bevor sie ihr Opfer fällten.

Die nächste Strophe scheint Aufklärung zu bringen. Es ist wohl doch ein rechtschaffener Kutscher, ein Kerl aus Fleisch und Blut. Der Kutscher hält, um seines toten Kameraden zu gedenken. Der Schwager hält, um seine Beute vorzuweisen. Drei ganze Strophen spricht der Postillion von seiner Trauer und dem Toten, von dem wir dennoch nicht mehr erfahren, als daß er ein vorzüglicher Hornist war. Was hat der Schwager zu verschweigen? Denn das Unheimliche des Wortes »Schwager« klingt nach. Da sitzt er, der Postillion, der Schwager, im wehenden Umhang, mit hohem Hut, sein Gesicht von einem steifen Kragen, oder ist es ein Schal, bis an die Augenhöhlen verhüllt. Und wir fragen uns, was mag ihm geschehen sein, dem »frischen

Blut«, der das Horn blies wie keiner? Eines gewaltsamen Todes ist er gestorben, der Junge, der Schöne. Lenkte ihn ein Irrlicht in die Schlucht nahe dem Kirchhof, stürzten die vier Rappen die Kutsche koppheister, den schönen Lenker in den Graben, ins Grab? Traf ihn die siebente Kugel – sechse treffen siebene äffen – des Nebenbuhlers, verschmäht von der blonden Marie, der Tochter des Wirtes vom »Weißen Schwanen«, die einmal alles erben wird, das Gasthaus und die Postmeisterstelle? Hat er sich selbst, verschmäht, der Liebe wegen leise die Adern geöffnet und sich verblutet? Egal. Es war immer der eine, der das Irrlicht lenkte, die Rappen, die Kugel, das Messer. Der Schwager. Die Alten und Kranken fallen ihm ja ohnehin zu. Daher holt er sich manchmal das Junge, Schöne, Gesunde mit Gewalt in sein Reich. Und bläst nun dem, dessen Leib schon verwest, sein »Leiblied«.

Oder ist er der Kutscher und bleibt ein Kutscher, allen anderen Fährten zum Trotz; und ist ihm, dem »Bruder« ganz einfach das Herz gebrochen? Wie am Ende Lenau selbst, der einen Satz Lessings – »Wer über gewisse Dinge den Verstand nicht verliert, der hat keinen zu verlieren« – abwandelte: »Wem über gewisse Dinge das Herz nicht bricht, der hat keines«? Ist ihm also das Herz gebrochen, dem »Kamerade«? »Ich hatt' einen Kameraden«, schrieb Uhland mehr als zwanzig Jahre zuvor, »einen bessren findst du nit«. Lenau hat Ludwig Uhland verehrt. Im schwäbischen Dichterkreis fand Nikolaus Niembsch, der sich nach seinem geadelten Großvater (Streh)Lenau nannte und sich nirgends recht zu Hause fühlte, zumindest eine geistige Heimat. »Kann dir die Hand nicht geben/derweil ich eben lad«, heißt es bei Uhland, und: »bleib du im ew'gen Leben/mein guter Kamerad«. Lenau scheint Uhland fortzuschreiben. Der Lebende reicht dem Toten die Hand, eine Hand aus Tönen. Und als Echo antwortet der Tote dem Lebenden, eine Verbindung über den Tod hinaus. Eine Verbindung guter Kameraden. Oder muß das Opfer seinem Mörder noch nach dem Tode zu Willen sein?

Lenau selbst hat sein halbes Leben in Postkutschen verbracht. Verfolgt vom Dämon der Unruhe, trieb es ihn, nach einer kurzen ruhigen Zeit in Stuttgart von einem Ort zum anderen, um dem Trübsinn zu entgehen, heute würden wir sagen, seinen Depressionen.

Das Gedicht »Der Postillion« schrieb er wohl im Jahre 1832 während seines Aufenthaltes in Amerika; dort hatte er vergeblich versucht, sich eine bürgerliche Existenz zu schaffen. Ein Jahr später, nach Deutschland zurückgekehrt, fand er sich zwar als Dichter berühmt, doch als ihm mit einer Heirat die Verankerung in der bürgerlichen Gesellschaft zu glücken schien, verzichtete er: »Ich werde diesem Mädchen entsagen, denn ich fühle so wenig Glück in mir, daß ich anderen keines abgeben kann.«

Das Neben- und Ineinander von Wirklichkeit und Phantasiewelt des »Postillion« erinnert an Edgar Allan Poe. Beide zeichnet eine hohe Musikalität aus, beide sind von ihrem Dämon getrieben, ihrer Melancholie, von Tod und Vergänglichkeit fasziniert.

Gern erzählte Lenau Geschichten, in denen der Wahnsinn eine Rolle spielte, und einmal soll er sich durch gespielten Irrsinn eine langweilige Reisegesellschaft vom Leibe gehalten haben. Oft treten Wahnsinnige in seiner Dichtung auf.

»Der arme Niembsch ist sehr unglücklich«. Das war Lenaus letzter Satz, bevor er sein Bewußtsein, seine artikulierte Sprache verlor. So im Sommer 1849. Von da an lag er mit geschlossenen Augen auf dem Bett. Erst ein Jahr später erbarmte sich seiner der Tod.

Mir im Ohre lag in dieser Nacht noch lang »Jener Klang vom Hügel«, der Klang dieses wundersamen Liedes meines großen »Kamerade/In der kühlen Erde«. Als ich endlich schlafen ging, stand am Himmel der Mond. Vollmond. Von weitem Polizeisirenen. Silberwölklein flogen.

2002

Guten Morgen, Mitternacht

Die Dichterin Emily Dickinson

Sie schrieb rund achtzehnhundert Gedichte. Etwa sechshundert schickte sie in Briefen an Freunde und Bekannte, was in der amerikanischen Kolonialzeit durchaus üblich war. Fast zweihundert fand man nach ihrem Tod in einer alten Kommode mit Bleistift auf alte Briefe, Packpapier, Zeitungsränder geschrieben. Die übrigen, mit Nadel und Faden zu kleinen Bänden geheftet, lagerten ebenfalls dort. Gedruckt erschienen zu Lebzeiten sieben Gedichte, und das anonym.

Emily Dickinson schrieb nicht über ihr Leben, sie überschrieb es, erschrieb sich ein zweites Leben auf dem Papier. »Ich hatte einen Schrecken – seit September – über den ich mit niemandem sprechen konnte – und so singe ich wie der Knabe am Friedhof, – weil ich mich fürchte.« lesen wir in einem Brief vom April 1862, dem Jahr, in dem sie 366, also ein gutes Fünftel aller ihrer Gedichte, schrieb, darunter verblüffend kühne Liebesgedichte. Dabei verlief ihr äußeres Leben so ruhig, daß es die Forschung bis heute beunruhigt.

Emily Dickinson wurde 1830 in eine großbürgerliche Familie in Amherst/Neuengland geboren, besuchte sieben Jahre eine ungewöhnlich anregende Schule und soll ein fröhliches, quicklebendiges Mädchen gewesen sein, das immer über beide Ohren in seine Lehrer verliebt war. Nach ihrem dreißigsten Geburtstag tat sie bis zu ihrem Tod 1886 keinen Schritt mehr aus ihrem Elternhaus, das für sie, Versorgerin ihres Vaters, ein wahres Vaterhaus geworden war.

Viel und müßig hat die Wissenschaft dieser Entscheidung nachgegrübelt. Ein Liebhaber nach dem anderen mußte aus Mangel an Beweisen seiner Existenz vom Verdacht seelischer Grausamkeit freigesprochen werden. Neueste Forschung billigt ihr nun immerhin einen Mann aus Fleisch und Blut zu für spätes, sie war Ende vierzig, aber konkretes Liebesglück. Mit dem Nächstliegenden, daß sich »Die Seele ihre eigene Gesellschaft wählt« – so ein Gedichtanfang –, daß ein begrenzter Kreis von Menschen, ein abgeschiedenes Leben der künstlerischen Produktion und Entwicklung durchaus förderlich sein kann, mochten sich die gelehrten Sherlock Holmes anscheinend nicht begnügen.

Schritt der elf Jahre ältere Walt Whitman die Welt in seinen Versen kühn aus, führte Emily Dickinsons Weg ebenso furchtlos nach innen, in »these inner rooms«, Rilkes »Weltinnenraum« klingt an. Doch in dieser Beschränkung auf Haus und Garten, später verließ sie sogar ihr Zimmer nicht mehr, kam Emily Dikkinson weiter als die meisten Schriftsteller ihre Zeit. Dabei sind die Themen ihrer Gedichte alles andere als aufregend. Die Liebe zwischen Frau und Mann, die Beziehung zwischen Mensch und Natur, zwischen Mensch und Gott. Aber Emily Dickinson hat den »Geisterblick« (Eichendorff), der blitzartig das Entlegendste aneinanderrückt, die Hintergründigkeit des Alltags, den Augenblick als Ewigkeit erfahren läßt. Sie sucht nichts geringeres als die Wahrheit, trachtet, aus dem Chaos der Erfahrungen die Ordnung der Poesie zu filtern. Dabei gelingt ihr eine wahrhaft seltene Mischung, die von Pathos und Ironie.

Ihre ersten Gedichte sind direkte Ich-Aussagen, Reflex auf eine anscheinend enttäuschte oder unerwiderter Liebe. Die Skala der Stimmungen schwankt zwischen Sehnsucht und Verzicht, zwischen Verzweiflung und schnippischem »Nein danke!«. Sie verblüffen noch nach 130 Jahren durch ihre schamlose Radikalität der Selbstaussage.

Wilde Nächte – Wilde Nächte!
Mit dir zu sein –
Wilde Nächte wären Luxus
Für uns allein!

Nutzlos – die Winde –
Für ein Herz im Port –
Fort mit dem Kompaß – Die Karte fort!
Rudernd in Eden –
Ach, das Meer!

Daß ich in dir – heut nacht –
Verankert wär!

Kurz und bündig kommt die Dichterin zur Sache. Da gibt es keinen Zierat, keine blumigen Umschweife; Alltags- und Umgangssprache stehten neben Fachausdrücken aus Astronomie, Physik, Mathematik, übrigens ihren Lieblingsfächern. Als umsichtige Haushälterin läßt sie Sparsamkeit auch im Poetischen walten. Wer will, mag den Satzbau primitiv nennen. Ich liebe diese Ökonomie des Ausdrucks, der kein Wort zuviel unterläuft, die auf Bindewörter ohnehin, auf Prädikate häufig verzichtet. Doch bei aller Knappheit wirken die Gedichte nie dürr oder banal. Meisterhaft setzt die Dichterin die Mehrdeutigkeiten der Wörter ein, treibt neue Bedeutungen durch ungewöhnliche Nachbarschaften aus ihnen heraus. Der Verzicht auf alles Unwesentliche gibt den Gedichten ein atemberaubendes Tempo; hier schreibt jemand, den die kleinste Störung der Ordnung verstört, stocken – und – Gedankenstriche zum – Stolpern – setzen läßt.

Emily Dickinson hielt sich nicht mit Nebensächlichem auf. Ihr geht es stets um Hauptsachen. Sie wollte wissen.

Spalte die Lerche – du findest die Töne –
Knolle für Knolle – in Silber geballt –
Spärlich verteilt an den Sommermorgen,
Bewahrt für dein Ohr, wenn die Laute verschallt.

Löse die Flut – du siehst, sie ergießt sich –
Strom über Strom, dir allein offenbar –
Blutige Probe! Ungläubiger Thomas!
Erkennst du den Vogel endlich als wahr?

Immer wieder gibt sich Emily Dickinson ein Thema vor, setzt ein Abstraktum wie Liebe, Tod, Hoffnung, Treue, Ruhm in die erste Zeile und löst es sodann in konkrete Bilder auf, führt die größten Begriffe ins kleinste Alltagsgeschehen zurück. Mit der Unnachgiebigkeit eines Kindes, das nicht aufgibt, sich die Schuhe selbst zuzubinden, wird nach und nach das gesamte Universum auf den Amherster Teppich heruntergeholt. Emily Dickinson steht auf du und du mit der Welt und Gott, den sie ebenso vertraulich, familiär und mit liebevoller Ironie behandelt wie einen Vogel oder einen Regenwurm. Versagt jedoch die »Elastizität der Seele« im Übermaß der Verzweiflung, wird aus dem »Papa above« der Schrei nach einem Gott, der seine Existenz nur noch im Schweigen offenbart – eine Auffassung, die weit ins zwanzigsten Jahrhundert reicht. Auch ihre Idyllen haben fast immer Wundmale, lassen Narben erkennen von früheren oder frischen Zusammenstößen mit der Wirklichkeit.

Im Unterschied zu Walt Whitman hat Emily Dickinson auf feste Vers- und Strophenformen nur selten verzichtet. Die Forschung hat auf ihre Nähe zum angelsächsischen Kirchenlied verwiesen. Innerhalb dieses Rahmens jedoch überrumpeln die Gedichte mit ihren verdeckten Erfindungen den Leser immer wieder, etwa wenn die Wahrnehmung von Disharmonien im virtuosen Gebrauch von Assonanzen statt Reimen ihre formale Entsprechung findet. Es liegt auf der Hand, daß fast jedes dieser sprachartistischen Gebilde für den Übersetzer seine Fallen parat hält. Grundsätzlich kann er zwischen zwei Arten der Verstümmelung wählen: Er gibt entweder Reim und Rhythmus oder Bilder und Sprachebene auf.

Lola Gruenthal hat sich für eine Nachbildung von Reim und Rhythmus entschieden. Es gelingt ihr, eine, wenn auch harmonisierte Musik der Verse herzustellen. Das ist, verglichen mit dem Geholper aus dem Reclam Verlag viel. Doch der Preis dafür ist hoch. Zu hoch. Ihr Reimzwang treibt sie zu Verniedlichungen, Beschönigungen, Glättungen, die der Dichterin gerade das nehmen, was sie auch heute noch zu geben hat: ihre unsentimentale, genaue, mitunter kecke Art zu schreiben, ihre frechen Ausbrüche aus der sprachlichen Konvention. Der Reim schrumpft die Krume zum »Krümchen«, den Vogel zum »Vöglein«; statt im Lärm heißt es »im Lärme«, weil's sich auf Wärme reimen muß. Das »e« läßt die Dichterin um ein Jahrhundert altern. Zudem gibt's im Text von Lärm keine Spur, doch Sturm reimt sich nun mal auf Wurm und nicht auf Wärme. Immer wird von zwei Bedeutungsmöglichkeiten die konventionellere, blumigere gewählt: die Schafe landen im Hort, nicht im Pferch, »the best vitality« wird »das stärkste Lebensband«, aus der »muslin soul« eine »Sommerseele«. Erklärt die Dickinson »power ist only pain«, schiebt sich die Gruenthal besänftigend mit einem »auch« dazwischen: »Stärke ist auch nur Schmerz«, nach dem Motto: 's ist alles oans! Daß auch das modernste Stilmerkmal, der elliptische Satzbau, ergänzt und damit eingeebnet wird, wen wundert es noch. Um des Reimes willen macht die Übersetzerin das Original aus dem neunzehnten Jahrhundert zum neunzehnten Jahrhundert herunter. Ein ums andere Mal bindet sie der Dichterin ein Lätzchen um, auf daß die kostbare deutsche Sprache nicht bekleckert werde.

Das ist jammerschade. Denn unzweifelhaft kennt und liebt Lola Gruenthal Emily Dickinson. Dies ist bereits die zweite Gruppe von Übersetzungen, und jedesmal sind die Nachworte kenntnisreich, ist die Auswahl bemüht, der Dichterin gerecht zu werden. So erfahren wir im vorliegenden Band vor allem Genaues über die komplizierte Editions- und Rezeptionsgeschichte ihres Werks, und wir finden Briefe Emily Dickinsons an den Literaturkritiker Thomas Wentworth Higginson, sowie zwei Briefe von ihm an seine Frau nach einem Besuch bei der Dichterin. Emily Dickinson hat wie zwei ihrer jüngeren Schwestern, Else Lasker-Schüler und Marina Zwetajewa, mit der sie ihre Vorliebe für Gedankenstriche teilt, unzählige Briefe geschrieben: »Ein Brief ist für mich immer wie Unsterblichkeit.« Wie die Deutsche und die Russin suchte auch sie schreibend ihren Platz in der Welt und der Nachwelt. Sie war keineswegs, wie es ein Kritiker und Dichter namens R. P. Blackmur uns weismachen will, »eine private Dichterin, die unermüdlich schrieb wie andere Frauen kochen oder stricken«. Emily Dickinson verstand sich als Dichterin, reflektierte ihr Schreiben, wünschte sich, berühmt zu sein. »Ich wohne in der Möglichkeit«, heißt es in dem Gedicht »Heute«, und: »Ob mir Unsterblichkeit bestimmt?« Die Frage ist beantwortet.

1987

Das A und O

Der Dichter Karl Krolow

Kann es wirklich sein, daß jemand sich in Wörter auflöst? Als ich Karl Krolow vor wenigen Wochen bei einer gemeinsamen Veranstaltung traf, dachte ich so. Zu keiner Zeit von kräftiger Statur, erschien er mir nun zart und zerbrechlich, durchscheinend fast, ein Ariel, ein Luftgeist, ein Wortgeist, kaum schwerer als der Atem, den er für seine Wörter braucht. Und den hat er noch immer. Es war ergreifend zu erleben, wie der schwer kranke Mann seine Kraft bündelt und eigene und die Gedichte anderer vorträgt – so wie er sich ein Leben lang nicht nur ums eigene Werk, sondern auch um das der Kollegen kümmerte, besonders wenn sie erst am Anfang standen. »Sei allem Abschied voran«, warnte er mich mit einem Rilke-Zitat, als mich früher Ruhm und früher Hohn zu ersticken drohten. Das ist Krolow: leise, aber direkt, diskret, aber deutlich.

So auch in seiner jüngsten Gedichtsammlung »Die zweite Zeit«. Und doch unterscheiden sich diese Gedichte auf eine Weise von den früheren, die einem mitunter den Atem nimmt: Hier spricht einer vom Leben, der das Sterben nicht mehr als unverbindliche Metapher nutzen, der nicht mehr heucheln will, »Worte … seien das A und O.« Der das Leben nach Stunden bemißt, bestenfalls nach Tagen: »Was willst du mehr«, heißt es in dem gleichnamigen Gedicht: »Du bist einen Tag weitergekommen/und lebst: als wäre dies Leben nichts Besonderes.«

So ist also die Rede vom Leben und Sterben, aber was heißt das schon. Karl Krolow, der wie kaum ein anderer über das Handwerk des Poeten nachgedacht hat, schreibt dazu: »Ich weiß mit den Jahren immer weniger, was es mit ihm in einem Gedicht für eine Bewandtnis hat, oder gar, was für eine Funktion er in ihm übernehmen könnte.« Wenn diese Gedichte ein gemeinsames Thema haben, so das des Abschieds. Und es braucht wohl die unverzagte, unablässige Bemühung eines ganzen Lebens um das Wort, damit Gedichte entstehen, die beides sind: leicht und tief.

Das Grandiose, Schwere war Krolows Sache nie. Doch in diesen Gedichten erhält das scheinbar Belanglose, etwa ein »Schulterheben«, ein »Achselzucken«, eine Handbewegung, das »Geräusch der Schritte«, erhält die Beobachtung von Nebensächlichem, einem »Libellenflügel zum Beispiel« oder des »Lichts im Garten« nicht nur die Überhöhung, die ihnen der Dichter zuspricht. Diese Gedichte weisen zugleich und darüber hinaus in eine menschliche, ja kreatürliche Dimension jenseits der poetischen Diktion. Immer ist das Unsichtbare hinter den sichtbaren Dingen gegenwärtig, kauert das Unheimliche hinter dem Vertrauten, die Wörter werden durchscheinend für das, was sie nicht aussagen, nicht aussagen können, weil es sich jeder Erfahrung und Vorstellung und damit der Sprache entzieht: Sterben und Tod.

Karl Krolow versucht zu verstehen, was doch nicht zu verstehen ist und kaum zu beschreiben: wie ein Mensch stirbt, der ihm als Ich bekannt ist, aber im Prozeß des Erlöschens immer fremder wird, zum »Anderen« wird, wie es in vielen Gedichten heißt. Ja, selbst »die eigene Stimme« wird »als fremde« gehört, so im Gedicht »Die andere Stimme«. Krolow führt mit seinen sprachlichen Fähigkeiten ganz nahe an die Begegnung mit dem »Anderen« heran. Menschenmöglich nah. So nah, daß wir es manchmal kaum ertragen können. Etwa in dem großartigen Gedicht:

»Vita ... Ich sehe auf meine Fingerkuppen, zerstochen/von tausend Stichen. Mein Blutzucker ist mein Leben, fortschreitende Neuropathie: Was soll's ... Ich kippe plötzlich zur Seite. Mein Gang ist so, ein wenig/im Zickzack. Betrunken wirkt das. Es bilden sich Hämatome/auf Handrücken. Immer gewichtloser der Körper: die Kleidung am Ständer/ergibt ein Bild von mir, dem ich zustimme./Ich lebe zu lange. Das ist gut so/Weiter sehe ich zu, lasse es im Gedicht/zu keiner künstlichen Atmung kommen: es ginge sonst immer so weiter.«

Leben erscheint in diesem Zustand nur noch »als Rückblende, als verbotener Spaß/es wieder zu versuchen«. Und: »Vegetativ lebt sich's immer noch weiter.«

Aus Angst vor der physischen Vergänglichkeit versucht der Dichter, wie sollte es anders sein, »Ins Geschriebene (zu) fliehn«. Wo das Bild von Sprache und Leben zusammenfällt, gewinnen die Gedichte eine liedhafte Leichtigkeit, die den Tod zu besiegen scheint. »Anfang und Ende vom Satz«, heißt es dann, »den du nie zu Ende sprichst,/du redest von einem Schatz,/an dem du endlich zerbrichst: deinem Leben./Es endet nie/oder jetzt schon, mitten im Sprechen ...« Viele der Gedichte wirken wie Lieder gesungen, leise vor sich hingesungen, unauffällig, beiläufig. Welt und Sprache werden beide gleichermaßen fremd und unverständlich, ja sie scheinen gemeinsam zu verschwinden. »Das reicht«, beginnt dann ein Gedicht und endet: »Wer sonst bin ich? Doch nicht gar/identity/singing ...« Selbst die Sprache scheint zu ersterben.

Doch nirgends erlaubt sich Krolow ein Schluchzen, nirgends ein Heben der Stimme, gar nicht zu reden von einem Aufschrei. Selbst jetzt ist der Dichter auf Abstand bedacht, um affektloses Sprechen bemüht. Weniger noch als in den vorangegangenen Gedichtbänden wird ein Aufwand mit Worten betrieben. Aber die Wörter, so leicht sie sich geben, wiegen schwerer als in allen Gedichten zuvor, doppelt schwer: Sie haben das Gewicht gelebten Lebens und das des Abschiednehmens. Immer schon war es das Merkmal der Krolowschen Lyrik, unsere Wahrnehmung für das Beiseitegeschobene zu schärfen. Auch diesmal wird unser Blick sanft, aber unnachgiebig in eine Richtung gelenkt, von der wir uns nur allzugern abwenden. Diese Gedichte, traurig und tapfer, zwingen uns zur Anerkennung dessen, was wir verdrängen: unser Ausgeliefertsein, unsere Erbärmlichkeit im Angesicht des Todes. Dennoch lassen die Gedichte den Leser nicht ohne Trost: den Trost der meisterlichen Form, der erdenschwerelosen Schönheit des Gedichts.

Die anderen nennen es Glück

Wir sagen es unumwunden
Wir sehen einander an.

Es bleiben die wenigen Stunden,
in denen man leben kann,

als könne nichts mehr geschehen,
als wäre schon alles getan.
Es gibt nichts mehr zu bestehen.
Wir sehen einander an.

Wir sind an kein Schweigen gebunden.
Wir denken nicht mehr zurück.
Es bleiben die wenigen Stunden.
Wir sagen es unumwunden:
die anderen nennen es Glück.

Mit diesem Band hat sich ein Werk gerundet, das auf 55 Jahre dichterischer Existenz gegründet ist. Dafür schulden wir Karl Krolow Verehrung und Dank.

1995

»Ich suche ein unschuldiges Land«

Der Dichter Giuseppe Ungaretti

»Alles in allem versuche ich zu verstehen, warum ein Kind mir lieber ist als eine Rechenmaschine.« schreibt Giuseppe Ungaretti 1962 in der Zeitschrift »Epoca«. Eine schöne Formel, ein Schlüssel auch zu seinem Werk, das sich über nahezu sechs Jahrzehnte erstreckt. Zum hundersten Geburtstag des Dichters hat Michael Marschall von Bieberstein eine große Anzahl der Gedichte aus den ersten Bänden, das Spätwerk, vollständig übersetzt. Damit liegt nach Übertragungen von Ingeborg Bachmann und Nachdichtungen Paul Celans die umfangreichste zweisprachige Sammlung vor.

Giuseppe Ungaretti wird 1888 in Alexandria geboren. Sein Vater, ein Auswanderer aus Lucca, verdient sein Geld zunächst als Arbeiter am Suezkanal, später als Bäcker. 1912 geht Ungaretti zum Studium nach Paris, hört Lamon, Bergson, Bédier, findet Freunde unter Schriftstellern und Künstlern. Als er 1915 zum Kriegsdienst gerufen wird, betritt er ein in doppelter Hinsicht unbekanntes Land: unvertraut ist ihm nicht nur der Karst bei Triest, auch die Idee, ein Vaterland verteidigen zu sollen, muß ihm, dem Kosmopoliten, fremd sein. Was Wunder, wenn er in die patriotischen Gesänge eines d'Annunzio nicht einstimmen mochte. Doch Ungarettis erste Gedichte stellen sich nicht nur dem nationalen Taumel entgegen, sie sind auch eine Attacke auf die akademische, rhetorisch überladene Dichtung der Jahrhundertwende. Die Absage an den Krieg bedingt eine Abkehr von der Sprache, die diesen Krieg verherrlicht.

Nachtwache

Eine ganze lange Nacht
hingestreckt
neben einem niedergemetzelten
Kameraden

mit seinem Zähne fletschenden Mund
im Licht des Vollmonds
mit der Verkrampfung
seiner Hände
die in mein Schweigen
einbrach
habe ich Briefe geschrieben
voll Liebe

Nie habe ich
so sehr
am Leben gehangen.

Ungaretti nimmt für die italienische Lyrik das vor, was Brecht später »Sprachwaschung« nannte: Radikal wird die Diktion von ornamentalen und sentimentalen Schnörkeln befreit. Das Wort, so Ungaretti, sollte »nackt sein«, bei jeder Kadenz des Rhythmus, bei jedem Herzschlag anhalten, aus »einer expressiven Spannung« kommen. »Poesie«, so der Dichter, »entsteht in dem Augenblick, da wir den Dingen, die uns am meisten am Herzen liegen … Ausdruck geben. Poesie entsteht aus persönlicher Erfahrung.« Deutlicher noch wird er in der Einleitung zu seinem Band »Allegria« (1919). (Bieberstein übersetzt mit »Heiterkeit«, die Bachmann mit dem volleren Wort »Freude«; es ist unübersetzbar wie das deutsche »Gemütlichkeit«.) Hier schreibt er: »Dieses Buch ist ein Tagebuch. Der Autor hat keinen anderen Ehrgeiz und glaubt auch, daß die großen Dichter keinen anderen haben, als eine eigene schöne Biographie zu hinterlassen.« Anders als die französischen Symbolisten, insbesondere Mallarmé, die Ungaretti beeinflußt haben, gibt dieser sein Ich nicht auf. Im Gegenteil. Er reiht sich ein in die große Tradition der Dichter, die, wo sie rücksichtslos von sich, gleichzeitig doch für alle sprechen. In seinen besten Gedichten gelingt es auch Ungaretti, persönliches Erleben unmittelbar in der Sprache zu verankern und gleichzeitig auf das Essentielle zu konzentrieren. So nehmen die frühen Gedichte deutlich Bezug auf den Krieg und sind doch weit mehr als Kriegsgedichte. Sie erschauern vor dem Schrecken des Todes, dem Chaos der Einsamkeit und Zerbrechlichkeit menschlichen Schicksals aller Zeiten. Und: sie wollen zu verstehen suchen.

VERDAMMNIS

Eingeschlossen in lauter Sterblichkeit
(Auch der gestirnte Himmel nimmt ein Ende)
Warum verlange ich nach Gott?

Auf diese Frage wird Ungaretti lebenslang eine Antwort suchen. Denn »poesia pura«, reine Dichtung, versteht er nicht nur, wie die Franzosen, im ästhetischen, sondern gleicherweise im ethischen Sinne. Sprache ist ihm auch immer »Offenbarung des Gewissens«. Ungarettis Suche nach dem Absoluten meint Gott, einen ganz persönlichen christlichen Gott.

Schreiben ist immer auch das Begehren einer Antwort nach dem Sinn des Lebens, des Schreibens; unaufhörlich sucht er sein »unschuldiges Land«. Daraus erwächst sein poetisches Credo: »Das höchste Streben der Poesie ist, in der Sprache die Welt in ihrer ursprünglichen und glückstrahlenden Reinheit neu zu schaffen. In den besten Stunden großer Dichter erreichen die Worte manchmal jene vollkommene Schönheit, in der sich die göttliche Idee der Schöpfung spiegelt.«

Mattina	Morgenfrühe
M'illumino	Ich erleuchte mich
d'immenso	aus Unermeßlichem

Im zweiten Gedichtband »Sentimento del tempo«, »Zeitgefühl« (1935), hat Ungaretti die Technik der Balance zwischen persönlicher und öffentlicher Aussage, zwischen sprachlicher Experimentierfreude und direktem Bezug auf die Wirklichkeit weiter ausgebaut. Von der italienischen Kritik wurde dieser Bezug eine Zeitlang geflissentlich übersehen. Ihren Vorwurf, Ungaretti sei ein hermetischer Dichter, zu zitieren und zurückzuweisen, gehört inzwischen schon zur Pflichtübung eines jeden, der über diesen Dichter schreibt. Mehr noch aber irritierte die Rezensenten, daß Ungaretti in diesem Band poetische Mittel benutzte, die er im ersten verschmäht hatte. Sechzehn Jahre liegen zwischen diesen beiden Büchern. In dieser Zeit beschäftigte sich Ungaretti mit Dante, Petrarca, Leopardi, übersetzte Shakespeare und Racine; und er entdeckte den Mythos als Möglichkeit, »die Grenzen der Geschichte zu durchbrechen und nach einer Freiheit zu streben, die jenseits der geschichtlichen Gegebenheit liegt«. Der Dichter erkannte, »daß die Erinnerung das zentrale Thema meiner Poesie werden mußte. In ihr fand ich alles zusammengefaßt: den Gegensatz zwischen dem Individuum und der modernen Gesellschaft, die Haltung des Menschen zu Gott, ... Geburt, Tod, Unruhe, Haß, Liebe ... Erst durch die Fähigkeit der Erinnerung wird der Mensch zum Menschen.« Bewahrt die persönliche Erinnerung das individuelle Erleben, speichert der Mythos die Quellen der gesamten Menschheitsgeschichte. Kronos, Aurora, Apoll tauchen als Titel auf, Reime und strenge Strophenformen, der Dantesche Elfsilber werden wieder gebraucht.

Die Gedichte des Bandes »La Terra Promessa«, an dem der Dichter dreizehn Jahre arbeitete, suchen und finden das »Verheißene Land« im versunkenen Land, in der unvergänglichen Vergangenheit, dem Mythos. Sie gelten als unübersetzbar, auch Bieberstein wählte nur zwei aus und verzichtete zu Recht auf eine Nachbildung des Reims. Wir begegnen einer traditionellen Erhabenheit, einer dunklen Rhetorik, die Gedichte sind nicht frei von Posen und drapierten Metaphern. Es scheint, als habe Ungaretti diese Gedichte schreiben wollen, nicht müssen, sie parallel zu seinen theoretischen Überlegungen verfaßt als Beweis, »daß Metrik nicht etwas Akademisches ist, sondern gebunden an das Leben der Wörter«, deren geschichtliche Dimension er sichtbar machen will. Doch nur die Sprache, Bilder und Metaphorik schließen sich in dieser Periode gegenüber der Wirklichkeit ab, nicht die Erfahrungs- und Aufnahmebereitschaft des Dichters. »Das Wichtigste bleibt das, was man für sich und die anderen ausdrücken will, um sich selber kennenzulernen.« Wollte Ungaretti, obwohl in den zwanziger Jahren vom Faschismus angetan, sich mit dieser Betonung der Autonomie der Dichtung gegen eine politische Vereinnahmung wehren? Wie Majakowski und Pasternak in der Sowjetunion oder Brecht, der sich hinter chinesischen Vorbildern tarnte?

Wieder ist es ein elementarer Schock, vergleichbar dem Kriegserlebnis, der den Dichter zu seiner »poesia pura« zurückbringt. 1936 gibt er seine Mitarbeit im Pressebüro des Außenministeriums auf und geht als Literaturprofessor nach Sao Paolo. Kurz nach dem Tod seines Bruders stirbt hier sein neunjähriger Sohn. Wieder schreibt Ungaretti Gedichte, »Giorno per Giorno«, die wie die Gedichte aus dem Krieg an Tagebuchnotizen erinnern. Er veröffentlicht den Band »Il dolore«, »Der Schmerz«, vier Jahre nach seiner Rückkehr, 1946 in Rom, wo er eine Literaturprofessur erhält. Die Rhetorik hat vor der Realität kapituliert, die Metapher ihren Faltenwurf verloren. Das Wort ist nackt wie der Schmerz. Trauer hat die Schlacken der literarischen Überanstrengung weggebrannt, aus der Asche steigt wieder die Dichtung, die ans Herz greift.

Tag für Tag

I

Niemand, Mutter, hat je soviel gelitten …
Und mit schon erloschenem Gesicht,
aber noch lebendigen Augen
sah er vom Kissen zum Fenster,
und Spatzen füllten das Zimmer,
suchten Krumen, die der Vater gestreut,
um sein Kind abzulenken …

Das Spätwerk Ungarettis, »Il Taccuino del Vecchio« (»Die Notizen des Alten«), »Dialogo« (»Dialog«), »Apocaissi« (»Apokalypse«) und »Corazia Segreta« (»Geheimnisvolles Kroatien«), knüpft an die frühen Gedichte und »Il dolore« an. Italienische, aber auch deutsche Kritiker haben oft abfällig den späten vom frühen Ungaretti geschieden, glaubten schwindenden Glanz und ein Verstummen der Musikalität beklagen zu müssen. Sie übersehen dabei, daß Ungaretti nun bewußt auf jede Politur verzichtet, seine Sprache kommt ohne rhetorischen Aufputz aus. Weil er weiß, daß er's kann, kann er's auch lassen. Souverän gebietet er über seine poetischen Mittel, findet zurück zur knappen Form, zum einleuchtenden Bild, die Metaphern geben ihr dekoratives Gepränge auf, haben wieder unmittelbar funktionalen Charakter. Mit dieser Rückkehr zu einer einfacheren Diktion folgt Ungaretti auch einer allgemeinen Entwicklung europäischer Lyrik nach dem zweiten Weltkrieg, die sich ohne besondere Sprache mitteilen wollte und auf einen überzogenen Gebrauch der Metaphern verzichtete. Wieder gelingen Ungaretti als Ergebnisse von Denkbemühungen sprachliche Kondensate, in denen der Gegenstand seine reinste und dichteste Form annimmt.

Für die Toten des Widerstandes

Hier
Wachen für immer
Die Augen die verschlossen wurden dem Licht
Damit alle
Sie offen behielten
Für immer
Dem Licht.

Wer ein solches Gedicht schreiben kann, hat die »Antithese, die sie (die Erinnerung) liebenswert und lebensfreundlich« macht, gefunden. Fehle sie, so der Dichter, führe Erinnern »in Verzweiflung, zum Selbstmord, nicht zur Poesie«. Diese Antithese ist Ungarettis bedingungsloses unverzagtes Ja zu allem Lebendigen, Werdenden. Immer ist ihm »das Kind lieber als die Rechenmaschine«. Er leidet, klagt und klagt an, spricht von sich als dem »l'uomo di penna«, dem Schmerzensmann und dennoch: Die Morgen-, nicht die Abendröte beleuchtet sein Gedicht. Als er als Achtzigjähriger noch einmal liebt, lesen wir in dem Band »Dialog«:

… Auflösen sahst du sich in meinen Augen
die Masse so vieler Erinnerungen
die täglich mehr zerstörten,
sahst unvermutet eine einzige

Erinnerung sich bilden.
Du hast sie eingeschlossen in mein Herz,
aus ihr bin ich neu geboren. …

Ungaretti hatte den Mut, immer neu geboren zu werden. Er wollte, »versuchen zu verstehen«, und »nicht von der Klage leben/wie ein geblendeter Distelfink«. Nicht zuletzt diese Haltung macht seine Größe aus. Er starb 1970 in Mailand. Die behutsame Übersetzung von Michael Marschall von Bieberstein und sein kluges Nachwort bringen ihn uns nah.

1988

»Teils ich selber, teils in der Welt«
Zur Prosa der Dichterin Inger Christensen

Zweifellos war es richtig, Inger Christensen dem deutschen Publikum vor drei Jahren mit ihrem jüngsten Gedichtband »alphabet« (1981) vorzustellen, ihrem – so die einhellige Meinung der dänischen Kritik – bislang schönsten und bedeutendsten Buch. Es folgten 1990 der Gedichtband »Brief im April« (1979) und »Das gemalte Zimmer« (1976), ihr bislang letzter und wohl gelungenster Roman. Nun liegt in einer neuen Übersetzung von Hanns Grössel auch ihr zweites Prosastück »Azorno« vor, das 1967, zwei Jahre nach dem noch unübersetzten Erstling »Die Ewigkeitsmaschine« erschien.

Inger Christensen, das erfuhr man bereits in den Anmerkungen zu ihren Gedichtbänden, läßt sich bei ihrer Literaturproduktion gern von formalen Prinzipien aus Mathematik und Musik leiten. So folgt »Brief im April« dem Kompositionsprinzip der »Symmetrischen Permutation«, das häufig in der Musik verwendet wird; »alphabet« liegt die sogenannte Fibonacci-Folge zugrunde, eine mathematische Zahlenreihe, in der jedes Glied die Summe der beiden vorangegangenen Glieder ausmacht.

Sie selbst begründet dieses Verfahren in einem Gespräch mit dem Übersetzer Hanns Grössel: »Ich vertraue darauf, daß, wenn ich etwas schreibe, das teils ich selber bin, teils in der Welt ist – in diesem Falle etwa Mathematik –, daß diese Kombination aus Zahlen und Worten so etwas wie ein natürlicher Organismus wird.« Das mag man wissen, doch es spielt für das Verständnis der Texte kaum eine Rolle. Denn in diesen Büchern gelingt es der Dichterin, ihr theoretisches Kalkül nahtlos im sprachlichen Gefüge aufgehen, die Konstruktion nicht überhandnehmen zu lassen.

Anders in »Azorno«. Verglichen mit dem Roman »Das gemalte Zimmer« scheint der zehn Jahre zuvor erschienene Roman, je nach Perspektive, der radikalere oder aber der unbeholfenere zu sein. »Azorno« lebt vom Kalkül, existiert allein in und von der Konstruktion. Zwar kann man dem Text ein »Resümee« überstülpen, das, wie Inger Christensen eine der Figuren spotten läßt, »immer wie Klatsch über das Privatleben anderer Leute klingt«, doch hilft dies wenig weiter. Fünf Frauen, vier Geliebte, eine Gattin, werden schwanger von ein und demselben Mann, einem Romanautor. Als die Ehefrau die anderen im Namen ihres ahnungslosen Mannes in ihr Haus einlädt, erscheint völlig unerwartet auch der Langvermißte. Die Geliebten fallen über ihn her und zerfleischen ihn, die Gattin, die ihn zu retten versucht, findet nur noch sein blankes Skelett, die Mörderinnen sind in alle Winde zerstoben. So weit, so belanglos. Denn dieser Roman entzieht sich jedem inhaltlichen Resümee. Das machen schon die Zitate, die an Anfang und Ende des Buches wegweisend ihre Hand über den Text halten, deutlich: »Die Merkmale meines Menschen: 1. Der Mensch wird durch die Form geschaffen. 2. Der Mensch als Schöpfer der Form, ihr unermüdlicher Produzent«, so Witold Gombrowicz eingangs und rückblickend Kierkegaard: »… daß Don Juan ein Bild (ist), das zum Vorschein kommt, aber nicht Gestalt noch Konsistenz, ein Individuum, das ständig gebildet, aber nicht fertig wird …« Solchermaßen geistig verproviantiert wird der Leser in das Labyrinth des Textes entlassen. Kaum glaubt er dort einen Anhalts- oder Orientierungspunkt gefunden zu haben, etwa in Beschreibungen von Personen, Räumen, Gegenständen oder kurzen Erzählabläufen, kaum glaubt er, sich in bekannten Erzählmustern ein wenig verschnaufen zu können, da wird das Satz-Wort-Kaleidoskop ein wenig gedreht, und alles ist verschoben, alles gerät ins Rutschen und der Leser mit. Da meint er endlich mitgekriegt zu haben, wer denn nun einen Brief an wen oder einen Roman über wen oder einen Brief über einen Roman über wen oder einen Roman über einen Brief an wen oder einen Brief über einen Roman in einem Brief an wen oder all das gleichzeitig schreibt, da gehen die Namen auch schon in Schall und Rauch auf, da werden Erzählpartikel, Beschreibungen und Aussagen über Personen einfach mehrfach vertauscht, in anderen Situationen wiederholt, manchmal wörtlich, manchmal leicht verändert, da werden Wahr- zu Wahn-Nehmungen oder umgekehrt, da wechseln Subjekt und Objekt, Sprechender und Gesprochener, Schreibender und Beschriebener, Ich ist Randi ist Louise ist Katharina ist Xenia ist Bet ist Sampel ist Azorno ist Ich. Da wird aus Sprache eine Welt konstruiert, in der Sinn aufsteigt und fällt wie auf Wellenkämmen im gischtigen Meer, daß dem Leser Hören und Sehen vergeht. Nichts mehr vom »angenehmen Schwindel«, der die Kritik bei der Lektüre von »Das gemalte Zimmer« ergriff. Rigoros werden tradierte Erzählmuster außer Kraft gesetzt, konsequent führt die Sprache selbst ihren eigenen Anspruch, die Welt durchschaubar machen zu können, die Wirklichkeit ordnen zu können, ad absurdum.

Die »prinzipiell unlesbare Welt« (Christensen) soll nicht via Sprache lesbar gemacht, keine Ordnung oder gar Sinn aufgepfropft werden durch eine den gewöhnlichen Wahrnehmungsmustern folgende Geschichte. Jedoch: Der Irrsinn hat Methode. Das spürt selbst der verwirrte Leser, und damit hat er das Wesentliche auch schon weitgehend begriffen. Es sind die schier endlosen Variationen zum Thema: Wer hat wen erfunden, und wer betrachtet wen? Es sind die Grenzen der Brauchbarkeit eines linearen Denkmodells, dem ein anderer uralter Zusammenhang entgegengesetzt wird: der Kreislauf. Die schleifenartig in sich geschlossene Welt, in der sich schließlich Erzähler und Erzähltes in sich selber aufheben, ergibt am Ende eine negative Denkschleife nach dem Muster des sogenannten Möbius-Bandes. Dieses 1858 von dem Mathematiker und Astronom August Ferdinand Möbius entdeckte Modell besagt, daß eine einseitige Fläche schleifenförmig so zerteilt werden kann, daß alles mit allem zusammenhängt, wobei sich jedes Teil unaufhörlich in sein Gegenteil verkehrt. Es ist nicht unwahrscheinlich, daß dieses Denkmodell für »Azorno« Pate gestanden hat.

Offensichtlich ist jedoch, daß Inger Christensen, nachdem sie in »Azorno« die Wahrnehmungs-, Sprach- und Erzählmuster bis an die Grenze der Kommunizierbarkeit zerschlagen hatte, in den folgenden Texten die Mitteilungsfunktion der Sprache wieder nutzte, um erneut gerade jene Bedeutungszusammenhänge zu konstruieren, die es »in der Wirklichkeit nicht gibt« (Wittgenstein).

1991

Liebe und andere Unglücksfälle

Der Erzähler Ivan Bunin

Es war einmal, da begegneten sich Mann und Frau noch nicht, als besuchten sie einen Freizeitpark, und wenn vor dem außerehelichen Geschlechtsverkehr, der damals noch »Vergehen« oder »Fehltritt« hieß, die Frau den Mann wie in der Erzählung »Der Sohn« (1916) fragte: »Hast du etwas bei dir?«, so meinte sie damit kein Kondom, sondern einen Revolver. Damals war ein one night stand eben noch eine Sache auf Leben und Tod. Schleierhütchen, Knöpfstiefel, Muff und Gamaschen haben wir abgestreift, aber Mann und Frau sind wir geblieben, und »Liebe und andere Unglücksfälle« erleben wir wie zu Zeiten Ivan Bunins, der vor mehr als 130 Jahren in Woronesch, etwa fünfhundert Kilometer südlich von Moskau, als Sohn eines Adligen, der sein Vermögen durchgebracht hatte, geboren wurde.

Nur vier der hier versammelten Geschichten hat Bunin vor 1920 geschrieben. Marxistische Kritiker haben lange von einem Niedergang des Schriftstellers in der Emigration geschwafelt. Doch Bunin hat hier viele seiner besten Erzählungen und den autobiographischen Roman »Das Leben Arsenjews« (1927–1939) geschrieben. Die meisten der Erzählungen in »Liebe und andere Unglücksfälle« stammen aus dem letzten Band »Dunkle Alleen« (1943), den der Autor für seinen besten hielt.

Bunin wuchs auf dem Land auf, begann früh zu schreiben, zunächst Lyrik, und avancierte mit den Prosawerken »Das Dorf« (1910) und »Suchodol« (1912), was soviel heißt wie »Das dürre Tal«, zum Lieblingsautor der liberalen Intelligenz der Vorrevolution. Seine Bücher wurden diskutiert wie vordem nur die des dreizehn Jahre älteren Turgenjew. Doch während dieser den Muschik als Ausbund der Tugend zeichnet, moralisch weit höher stehend als alle, die ihn unterjochen, ist der russische Bauer bei Bunin durch die elenden Lebensumstände habsüchtig, gehässig, egoistisch geworden, Gutsherren wie Bauern gleichermaßen Opfer des Verfalls der Feudalherrschaft. Marxisten konnten daher die Erzählungen als Kritik am Kapitalismus verstehen. Gorki hingegen bewunderte Bunins Stil, bedauerte aber, daß der adlige Kollege keine Stellung bezog und verglich ihn mit »einem Popen, der angestrengt und voller Trauer seiner eigenen Klasse die Totenmesse liest«.

Doch was Gorki bemängelt, macht gerade die Qualität schon der frühen Prosa Bunis aus: ein kühler, beobachtender, unparteiischer Blick. Beschreibung ohne Wertung. Nichts ist zufällig. Ein Hütchen, ein Handschuh, der Faltenwurf eines Rocks genügen, dem Leser zu bedeuten, ob die Dame eine mit oder ohne Anführungsstriche ist.

Ein Meister der Stimmungen ist Bunin. Doch keine Stimmung wird bloß mit einem Adjektiv benannt, sie entsteht durch kühle, genaue Beschreibungen von Charakteren und Konflikten. Alles spielt eine Rolle: die Kleidung, die Einrichtung, Häuser, Straßen, vor allem aber Landschaften zu allen Jahreszeiten. Die Atmosphäre einer Landschaft wird zum vollkommenen Spiegelbild des Innenlebens der Personen. Menschen und Natur werden zu einem Ganzen verschmolzen, Natur spricht die Empfindungen der Menschen aus, ohne daß Bunin jemals in die Nähe plumpen Symbolismus geriete.

Es gibt Dichter, die schreiben mit den Ohren. Bunin schreibt mit den Augen. Seine Augen machen den Menschen durchsichtig; wir sehen durch all die Draperien hindurch, dorthin, wo die Menschen leiden und manchmal auch glücklich sind.

Bunins dichtgefügten, durchsichtigen Sätze, ihre »aufwandlose Plastizität« (Thomas Mann) waren das Ergebnis besessener Arbeit. Endfassungen ging eine Vielzahl von Entwürfen voraus. Alles mußte stimmen, vom Blusenknopf bis zur Gesamtkomposition. Nicht von ungefähr hat man seine geschliffene Prosa mit der Präzision und Eleganz mathematischer Formeln verglichen. Dieser Knappheit und Anschaulichkeit kommt die vorliegende Übersetzung mit einem schlanken Stil entgegen; sie bringt Tempo in die Sprache und beugt Sentimentalitäten vor, etwa wenn die Geschichte eines Ehebruchs mit »Sonnenstich« und nicht wie in der älteren Fassung mit »Sonnenstrahl« übersetzt wird.

Gelernt hat Bunin bei Flaubert, den er seit seinen ersten Leseerlebnissen bewunderte, eine Faszination, die er mit Tschechow teilte. Diesen verehrte er ebenfalls, allerdings nur seine Erzählungen, nicht seine Stücke, deren »Empfindelei« ihn störte. Noch im Alter erinnert sich Bunin voller Stolz, daß ihm Tschechow schon in jungen Jahren eine »große Zukunft« vorausgesagt habe. Tschechow war dem zehn Jahre jüngeren Bunin herzlich zugetan: »Ich bin glücklich, daß mich Bunin jeden Tag besuchen kommt«, schreibt der sonst so Zurückgezogene an seine Frau. Die größte Bewunderung hegte Bunin jedoch für Tolstoi, an dessen Biographie er in den letzten Lebensjahren schrieb, sie aber nicht mehr vollenden konnte. Bunins Erzählung »Der Herr aus San Franzisko« (1916), die ihn sofort in ganz Europa bekanntmachte, ist zweifellos durch Tolstois »Der Tod des Iwan Iljitsch«, aber auch von Thomas Manns »Der Tod in Venedig« angeregt worden. Gegenüber Dostojewski war sein Urteil dagegen verhalten: »Wie verabscheue ich all diese verschrobenen Burschen, die die Romane von Dostojewski bevölkern, diese anspruchsvollen Schwätzer mit ihren verrückten Ideen … Doch seine Schilderungen menschlichen Elends sind ergreifend. In seiner Kunst, das Häßliche als Drum und Dran des Lebens aufzuzeigen, bleibt er unübertroffen.«

1917 bedeutete für Bunin den Einsturz einer Welt, den Umsturz aller Werte. Er floh nach Odessa, wo sich die gegenrevolutionären »Weißen«, unterstützt von englischen Truppen, bis 1920 halten konnten. Danach, bis zu seinem Tod, Paris. Die deutsche Besatzung erlebte er in seinem Sommerhaus in Grasse. Dort erreichte ihn auch die Nachricht vom Nobelpreis, den er als erster russischer Autor erhielt.

Horst Bienek hat Bunin einen »russischen Proust« genannt. Doch Bunins Werk ist mehr als eine »Suche nach der verlorenen Zeit«, auch wenn Ikonenbilder auf der Altarwand schimmern, Hufeisen auf dem Pflaster klappern, Wodka, Wein und Kognak in Strömen fließen und weiße Handwurzeln geküßt werden. So eindringlich das versunkene Rußland mit den Farben der Sehnsucht gemalt wird, es ist doch nur Kulisse, der Hintergrund, vor dem die alten Geschichten immer wieder neu inszeniert werden. Bunins Wißbegier gilt den unerschöpflichen Spielarten der Beziehungen zwischen Mann und Frau. »Ich sehe Menschen lieben, ich sehe Menschen sterben, und dies alles, um der Welt nur etwas Glück abzutrotzen«, sagte er in einem Interview. Bunins Menschen sind süchtig nach Wärme und Zuneigung, heißhungrig nach Leben. Sie wollen heraus aus ihrem Trott und suchen den rauschhaften Augenblick, koste es, was es wolle. Häufig trifft man sie auf Reisen – Bunin selbst reiste gern und viel –, auf Besuchen in fremden Häusern, kurz, in ungewohnten Umgebungen, losgelöst aus alltäglichen Bindungen, reizbar für alles Neue. Da ist die arme, verblühende Frau, die auf einem Schiff mit einem jungen erfolgreichen Schriftsteller schläft (»Visistenkarten«); die Ehefrau, die mit einem Leutnant von Bord und in ein Hotel geht (»Sonnenstich«). Immer werden Grenzen überschritten, und das muß gebüßt werden. Liebe bei Bunin braucht das Hindernis: Klasse, Ehe oder schlicht das, was man früher »Charakter« nannte. Bunins Menschen haushalten nicht mit sich. Sie machen mit ihren Gefühlen keine Kosten-Nutzen-Rechnung auf. Liebe ist Heimsuchung, ist Hörigkeit, der Mann und Frau ausgeliefert sind. Fast immer gibt es Täter und Opfer, die Geschlechter mal auf dieser, mal auf jener Seite. Auch Männer kurieren Liebeskummer nicht mit Aspirin, sondern mit dem Revolver an der Schläfe (»Kaukasus«). Und Männerträume wie in »Musa« verwandeln sich mit einem Satz in einen Albtraum. Frauen ergreifen die Initiative, sie verlassen das »Schiff« wie Nora ihr Puppenheim, nutzen eine Dienstreise des Gatten für ein Gspusi mit dem Hausfreund (»Gevatterin«) oder verführen einen Maler, dem sie einfach von der Straße ins Atelier folgen.

So gibt es also bei Bunin keine glückliche Liebe? Doch. Aber nicht auf Dauer. Und wo wäre das Verhängnis der Vergänglichkeit besser aufzuzeigen als beim Thema Liebe? Wo Lebens- und Liebeslust in ihrer schmerzhaften Schönheit erst überwältigend werden im Bewußtsein ihrer Vergänglichkeit.

In den frühen Erzählungen büßt meist die Frau. Später geht es Bunin nicht mehr um Schuld und Sühne. In der Erzählung

»Der Sohn« (1916) bittet die Ehefrau den Liebhaber nach genossener Liebeslust um die Kugel (die sie kriegt); in »Die Gevatterin« (1943) bietet die Ehefrau dem Liebhaber am nächsten Morgen Käse an (den er nimmt).

In den späten Erzählungen läßt Bunin das neunzehnten Jahrhundert thematisch und stilistisch hinter sich, auch wenn es Rückblenden ins alte Rußland gibt und der Autor sich mit Rollenprosa als Gymnasiast, Student oder Leutnant die verlorene Jugend zurückschreiben möchte: Die Geschichten sind überregional und zeitlos. Jetzt ist der Autor nicht mehr klüger als seine Personen, spart jede Begründung für ihr Handeln und Verhalten aus, schert sich nicht mehr um Motivationen, Psychologismen und Erklärungen. Konflikte werden notiert, aber keine Lösungen, schon gar nicht Lösungsangebote wie auf einer Sozialstation. Bunin hat mit diesen Erzählungen, kaum eine länger als zehn Seiten, eine eigentümliche Form zwischen Novelle (die »unerhörte Begebenheit«) und short story (verknappte Momentaufnahme) geschaffen. Sie fordern den aktiven Leser, der aus dem Mosaik des Textes seine eigenen Schlüsse zieht. Scheinbar nur mit Oberflächenreizen, mit Äußerlichkeiten versorgt, bleibt es dem Leser selbst überlassen, das Innenleben der Personen zu begreifen. Doch das Geheimnisvolle der Assoziationen läßt ihn nicht verwirrt, sondern nachdenklich zurück.

Heute unverständlich ist die damalige Reaktion der russischen Leserschaft auf diese Erzählungen. Abgesehen von den Tagebuchaufzeichnungen »Verfluchte Tage«, Prosa aus den Wochen der Revolution, hatte Bunin sich nie viel um soziale und politische Fragen gekümmert. Die Anziehungskraft zweier Menschen stand immer im Mittelpunkt. Jetzt auch in ihrer Körperlichkeit, deren Beschreibung in ihrer Kühnheit mitunter an D. H. Lawrence erinnert. »Greisenhafte Frivolität« warf man dem 73jährigen vor, und daß er in einem Augenblick, wo ihm Zeitprobleme hätten auf den Nägeln brennen sollen, nichts anderes im Kopf hatte, als die schönste, (angeblich Neben-)Sache der Welt.

Bunin reagierte empört: »Da beschäftige ich mich, ein alter Mann, mit dem Rätselhaftesten, das es in der Welt gibt, versuche zum Ursprung des Lebens vorzudringen und die Quelle allen Seins zu ergründen und man wirft mir geistige Leichtfertigkeit vor. Das ist unbegreiflich.«

In der Tat. Liebe, ob als Glücks- oder Unglücksfall, ist »der Ursprung des Lebens«. Und schlimmer selbst als unglückliche Liebe ist nur eines: daß auch sie vergeht. Wie eben das Leben. Wie alle »anderen Unglücksfälle« auch. Und so wäre denn unser einziges wahres Unglück unsere Vergänglichkeit.

Das hat Bunin gewußt, wenn er den Menschen das »schreibende Tier« nennt. »Ungeschriebene Dinge und Taten versinken ins Dunkel und fallen dem Vergessen anheim, geschriebene aber werden beseelt …« Und so schreibt Bunin nicht nur, um das Vergangene zu vergegenwärtigen, er schreibt gegen die Vergänglichkeit schlechthin.

Denn was wären wir Menschen ohne das Bewußtsein, daß »jede Sach' ein End hat« – und unseren Kampf dagegen? Glückliche Affen. Im Freizeitpark.

2001

Hinter dem Schleier

Die Erzählerin Gertrud von le Forts

»Ich war siebzehn Jahre alt, als ich Gertrud von le Fort schrieb, eher eine Beichte als einen Brief. Vielleicht hat sie mir damals mit ihrer Antwort das Leben gerettet.« Dies erzählte mir eine nicht mehr ganz junge Frau, die mit ihrer Freundin seit Jahrzehnten in Rom wohnt, eine Frau, weder sentimental noch christlich, eine, die sich das Leben nicht leicht macht und der es das Leben nicht leicht macht. Ich wurde neugierig. Gertrud von le Fort: Bücher aus der katholischen Pfarrbibliothek meines Heimatdorfes fielen mir ein. »Das Schweißtuch der Veronika«, »Die Magdeburgische Hochzeit«. Nichts außer diesen Titeln war mir im Gedächtnis geblieben und die Erinnerung, daß die Figuren der Dichterin sehr edel, hilfreich und gut katholisch durchs Leben und oft in den Tod gingen.

Was hatte ich tatsächlich gelesen? Wer war die Frau, deren Brief ein Leben retten konnte?

Aber nicht der Brief interessierte mich. Mit den »Gesammelten Erzählungen« und einem Bildband über Leben und Werk der Dichterin verabschiedete ich mich von der Frau in Rom. En face und von der Seite zeigen zwei Fotos die 59jährige Gertrud von le Fort im Jahr 1935. Bild und Gegenbild. Kurz geschnitten im Nacken das Haar, straffe Züge, ernst, fast hart ihr Profil. Weiche Wellen über einer hohen Stirn, um runde Wangen, ein voller Mund, beinahe lächelnd schaut die Frau in die Kamera.

Bild und Gegenbild. Soll ich, muß ich wählen? Verbinden? Zu meinem Bild von ihr? Gertrud von le Fort hätte diese Frage für überflüssig gehalten, sie abgelehnt: »Nun bin ich aber im bewußten Gegensatz zu den Gepflogenheiten meiner Zeit der entschiedenen Ansicht, daß der Dichter – und zwar gerade weil er mit seinem Werk in der Öffentlichkeit steht – ein unveräußerliches Recht besitzt, sein persönliches Leben, seine Schicksale und Erfahrungen, die entscheidenden Gestalten, die ihm begegneten, die Einflüsse, die sein Werk durch sie erhielt, seine eigene

Meinung über dieses, kurz, sein Eigenstes und Persönlichstes, solange er lebt, sich und dem engsten Freundeskreis vorzubehalten. Ja, noch mehr, ich glaube, der Dichter hat geradezu die Pflicht, dies zu tun. Denn wer täglich so viel vom Strom seiner inneren Kraft abgeben muß wie er in seinem Werk, bedarf in gesteigerter Weise jenes stillen, von fremden Augen unberührbaren Lebensraumes, der seine Quellen behütet. Und um diese Quellen, eben nur das Eigenste und Persönlichste, kann es sich doch nur handeln, wenn eine Selbstdarstellung überhaupt einen Sinn haben soll.«

Du sollst dir kein Bildnis machen vom Schöpfer, »jeder Dichter benötigt ›seinen Versteck‹«, wie es Else Lasker-Schüler formulierte, die scheinbar so unheimlich mit ihrem Leben umging. Aber erschließt sich nicht das Werk tiefer und reicher, gewinnt es nicht zusätzliche Dimensionen aus der Kenntnis der Persönlichkeit dessen, der es schuf? »Man spricht sehr viel von der Persönlichkeit des Dichters und legt ihr für seine Dichtung Wichtigkeit bei. Ich glaube, dies ist ein Irrtum. Die Persönlichkeit und das persönliche Leben des Dichters sind nicht die Erklärung des dichterischen Schaffens, sondern eher dessen Schranken … Dichtung ist also nicht Ausdruck der Persönlichkeit, sondern Hingabe der Persönlichkeit …«

Auf der Suche nach den Spuren dieser »Hingabe der Persönlichkeit« fällt sogleich die Vorliebe der Gertrud von le Fort für historische und religiöse Stoffe auf. Schon früh weckte der Vater, ein preußischer Major, dessen Vorfahren als verfolgte Protestanten aus Norditalien und Savoyen nach Deutschland geflohen waren, anhand des Familienarchivs ihr Interesse an diesen Themen, später studierte sie Geschichte, Religionsgeschichte und -philosophie als Gasthörerin an den Universitäten Heidelberg, Marburg und Berlin.

In der Erzählung »Die Tochter Farinatas«, die im Florenz des dreizehnten Jahrhunderts spielt, greift Gertrud von le Fort einen historischen Stoff auf. Sie empfindet, schreibt sie 1968 in »Woran ich glaube«, »das Historische nie als Flucht aus der eigenen Zeit …, sondern als den Abstand, von dem aus man die eigene

Zeit schärfer erkennt, so wie man die charakteristischen Linien eines Gebirges nur aus einiger Entfernung wahrnimmt«.

Die eigene Zeit schärfer erkennen: Gertrud von le Fort begann die Erzählung 1939, Deutschland überfiel Polen; 1940 konnte man den ersten Teil der Erzählung im Insel-Almanach lesen, Deutschland führte Krieg mit Frankreich. 1941 lag das fertige Manuskript der »Tochter Farinatas« vor, das erst 1950 gedruckt wurde. Die Bücher der Dichterin waren im Dritten Reich unerwünscht, ab 1938 vermied die nationalsozialistische Literaturgeschichte ihren Namen.

Die Autorin war 64 Jahre alt, als sie die Erzählung schrieb. Nach unbekümmerten frühen Versuchen hatte sie lange Zeit kaum noch etwas veröffentlicht. Erst die »Hymnen an die Kirche« machten sie als beinahe Fünfzigjährige 1924 bekannt, bald über die Grenzen Deutschlands hinaus. Zwei Jahre später konvertierte Gertrud von le Fort zum Katholizismus, wobei es ihr, wie sie später schrieb, »weniger um eine Ablehnung des evangelischen Glaubens … ging (als) um eine Vereinigung der getrennten Bekenntnisse«. Diese Haltung machte die Dichterin nicht nur evangelischen Glaubensgenossen verdächtig. Auch mit offiziellen Vertretern der katholischen Kirche geriet sie immer wieder in Konflikte, die 1951 im – allerdings gescheiterten – Versuch gipfelten, den Roman »Der Kranz der Engel« auf den Index der verbotenen Bücher zu bringen.

Die eigene Zeit schärfer erkennen: Nicht nur die der Dichterin, unsere auch. Nachprüfen, ob, was sie uns sagt, uns noch etwas zu sagen hat. Und was. Wie sie zu uns spricht, läßt eher weg- als hinhören. Es ist, um mit einem Bild Gertrud von le Forts zu sprechen, als müsse man einen Schleier wegnehmen, einen Schleier, gewebt aus einer Sprache, die im Bemühen um Schönheit ihre poetische Reinheit immer wieder durch altertümelnde Patina, klischeehafte Wendungen, dürre Begrifflichkeit trübt. Fast immer beeinträchtigen diese und ähnliche Mängel ein Werk, sobald der Künstler sein Talent in den Dienst einer Weltanschauung stellt. Kämpfte die große Erzählerin Anna Seghers zeitlebens für eine Synthese von Kunst und Kommunismus, so tat Gertrud von le Fort das gleiche für Kunst und Katholizismus. Die Dichtung beider Autorinnen ist littérature engagée mit all ihren Stärken und Schwächen. Beiden gelang die künstlerische Durchdringung ihrer Stoffe nicht immer und nur in unterschiedlichem Maße. Eine Gleichung ließe sich aufstellen: je vordergründiger die Botschaften – denn auf diese kommt es beiden Autorinnen zweifellos an – allein aus dem Stoff ablesbar sind, desto gefährdeter ist die literarische Qualität. Doch man täte beiden ein Unrecht, sähe man ihre engagiert weltanschauliche Dichtung ausschließlich auf ihre Stoffwahl oder ihre persönliche religiöse beziehungsweise politische Überzeugung gegründet. Beide haben ihr Werk mit literaturtheoretischen Reflexionen begleitet, die eine solche Reduktion des Begriffs »christliche« beziehungsweise »sozialistische Dichtung« ablehnen. Ja, Gertrud von le Fort hebt die Ausgrenzung, die in diesem Begriff liegt, auf, kehrt das Verhältnis geradezu um, wenn sie in ihren »Aufzeichnungen und Erinnerungen« fragt, »… ob nicht im Dichterischen selbst ein christliches Element steckt, eine vom christlichen Stoff und Geistesgut im engeren Sinne unabhängige zarte und geheimnisvolle Hinordnung auf das Christliche …«

Auf das Werk Gertrud von le Forts trifft diese Beobachtung sicherlich zu, ihre Dichtung ist durchtränkt von Religiosität. Weit mehr als gelegentliche sprachliche und gestalterische Unzulänglichkeiten erschwert uns die Art ihrer religiösen Überzeugung den Weg zu ihr. Denn diese Religiosität läuft nicht nur allen Formen bigotter Klerikalität, sondern auch der heutigen sozialen und gesellschaftlichen Ausrichtung der Kirche zuwider. Ihre mystische Welt- und Gotteserfahrung scheint eher indianischer Weisheit und asiatischen Heilslehren verwandt. Wir verwenden viel Mühe darauf, die Mythen fremder Völker und ferner Epochen zu entziffern. Das Christentum liegt uns näher. Halten wir uns deshalb fern? Machen wir deshalb vor den Sprachbarrieren im Werk Gertrud von le Forts so bereitwillig halt?

Die Erzählung »Die Tochter Farinatas« erschließt sich indes auch ohne die Kenntnis der christlichen Heilsgeschichte.

Auch diesmal geht es um Leben und Tod – um Leben und Tod der Einwohner von Florenz im dreizehnten Jahrhundert. Unversöhnlich stehen sich die großen Geschlechter der Guelfen und Ghibellinen vor dem letzten entscheidenden Kampf um die Herrschaft in der Stadt gegenüber. Obwohl Gertrud von le Fort geschichtliche Tatsachen anklingen läßt, geht es ihr, anders als etwa Ricarda Huch in ihren großen Zeitgemälden, nirgends um die Gestaltung historischer Wirklichkeit. Ihre Wahrheit ist nicht reduzierbar auf Faktizität. Weder um ein Hineinstoßen in geschichtliche Tiefendimensionen noch um ein Ausmalen von Einzelheiten ist es ihr zu tun. Die Figuren bleiben blaß: Figuren eben, keine Personen, im Möglichen eher als im Wirklichen verwurzelt; Gertrud von le Fort selbst bezeichnete sie als »Typen«. Dieser Schriftstellerin geht es nicht um die Beschreibung oder Gestaltung eines Ausschnitts der Wirklichkeit, ihr Interesse gilt einem Experiment: Nur soviel Leben mißt sie ihren Figuren zu, wie es die Situation, die sie zu bewältigen haben, erfordert. Sie scheinen eher Probanden in einem Modellversuch als Heraufbeschworene der Vergangenheit zu sein. Nirgends können sich Leserin und Leser in diese Gestalten hineinversetzen, sich gar in ihnen selbst finden. Erzählt wird, kunstlos und distanziert, aus der Sicht des Experimentators, der, allwissend und allgegenwärtig, das Resultat seines Versuchs schon im voraus kennt. Alles Faktische, auch das Psychologische, wird symbolisierend vereinfacht, nicht die Besonderheiten des Einzelfalles, sondern die Strukturen der Situation werden betont.

So ist auch die Geschichte der Tochter Farinatas gleichsam nur der unzeitgemäße Schleier, den es aufzuheben gilt, um unsere Geschichte erkennen zu können.

…

1985

Fast zwanzig Jahre später begegnete ich dem Werk der Gertrud von le Fort erneut – in der Oper. Und auf einem Umweg. Georges Bernanos hatte 1948 das Theaterstück »Les dialogues des Carmelites«, das auf die Novelle »Die Letzte am Schafott« (1931) von Gertrud von le Fort zurückgeht, geschrieben. Das Stück wurde 1959 verfilmt. Der Komponist Francis Poulenc nutzte es als Vorlage für ein Libretto. Seine Oper »Les dialogues des Carmelites« wurde 1957 in Mailand uraufgeführt und zählt seitdem zum Repertoire der Opernbühnen der Welt. Ein gelungenes Beispiel dafür, wie die Musik dem Wort zu Hilfe kommt, um es zu verbreiten und zu bewahren.

Biber an Castor
Simone de Beauvoirs Briefe an Jean-Paul Sartre

Wer in den Briefen an Sartre die Gedanken einer Feministin und Philosophin sucht, wird enttäuscht. Wer den Esprit der Beauvoir bewundert, etwa in den »Memoiren einer Tochter aus gutem Hause« oder den unvergleichlichen Passagen über die Hausarbeit in »Das andere Geschlecht», muß in diesen Briefen nicht selten mit dem Niveau einer Lokalreporterin vorliebnehmen. Wer den witzig-eleganten Stil der Briefe Sartres an die Beauvoir erinnert, begegnet der Spritzigkeit einer Einkaufsliste. Wie viele Kilometer die Beauvoir bergwandernd hinter sich bringt (vor allem während der Zeit ihres Schuldienstes in Marseille), was sie aß und mit wem – »Schweinefleisch mit Linsen dabei zärtlich an Sie gedacht« –, wer wo zum Friseur geht, wie lange an welchem Körperteil ein Furunkel blüht, wann wo wer mit wem wie lange herumsitzt: daß man es hier mit einer der »klügsten Frauen unseres Jahrhunderts« (Klappentext) zu tun haben soll, kann man nicht glauben. Mag sein, daß Sartre, der in den Jahren 1939 bis Anfang 1941 als Soldat außerhalb Paris Dienst tun mußte, gar nicht genug Klatsch vom linken Seine-Ufer hören konnte. Bis es wohl selbst ihm zuviel wird und der Brief vom 14. November 1940 statt mit einer Anrede beginnt: »Keine langen Briefe. Leserliche Schrift.« Die Briefe werden kürzer, aber nicht spannender. Von ihren Reisen liefert die Beauvoir wenig originelle Beschreibungen von Städten und Landschaften: Sie ist ständig »im siebten Himmel», findet alles »reizend«, »amüsant«, »sensationell«; geht ihr einmal etwas wirklich nahe, wird dieser Eindruck als »seltsam« beiseite geschoben. Mit Memoirenbänden, Tagebüchern und Interviews ist das Leben der Beauvoir hinlänglich dokumentiert ist. Sind diese Briefe überhaupt ihrer Veröffentlichung wert?

Simone de Beauvoir und Jean-Paul Sartre: das Paar. Das Paar dieses Jahrhunderts? Das Paar der fünfziger, sechziger Jahre gewiß. Erfolgreich, berühmt, aufsässig und geehrt, frei und doch vereint: war ihnen im persönlichen Leben geglückt, was der Kommunismus auf gesellschaftlichem Terrain erstrebte: die Quadratur des Kreises?

Schockierend für die einen, faszinierend für die anderen, besonders für die junge Linke verkörperten sie die Utopie einer Beziehung zwischen Mann und Frau.

Worin lag diese Faszination? Hält sie dem prüfenden Blick aus historischer Distanz stand? Und schließlich: Führen die rund 300 Briefe an Sartre zur Festigung oder zum Zusammenbruch des Bildes, das sie nicht müde wurden, der Öffentlichkeit zu zelebrieren?

Grundlage der Beziehungen zwischen Sartre und Beauvior war eine Abmachung, die sie den »Freiheitspakt« nannten. 1929, beide hatten gerade ihr Staatsexamen für das höhere Lehramt bestanden, er als Bester, sie als Zweitbeste, schlug der 24jährige Sartre der drei Jahre jüngeren Beauvior vor, zusammenzuleben, wobei jeder tun und lassen könne, was ihm beliebe. Die Beauvoir zögert; da ködert er sie mit dem Versprechen einer zweijährigen Monogamie, anschließend wolle er dann in Japan leben. Die Beauvior akzeptiert erst, als dem Pakt noch eine wichtige Komponente hinzugefügt wird: absolute Offenheit, keine Lügen, »alles sagen», was später zu einem Eckpfeiler existentialistischer Philosophie werden sollte. »Authentisch« wollte man leben, jenseits bürgerlicher Moralvorstellungen.

Ist so eine Verabredung lebbar? Die streng katholisch erzogene Beauvior versucht es, indem sie sich und Sartre zu einer unio mystica erhebt, einer Einheit, die nicht mehr von dieser Welt zu sein scheint, schiere Transzendenz. »Wir sind eins»: das ist die Formel, die sich als Beschwörung durch die Briefe zieht, am nachdrücklichsten, wenn Sartre mal wieder mit irgendeiner Olga Wanda Vendrine … zusammen ist. Und das ist fast ununterbrochen der Fall, ein Leben lang. Nur indem die »Einheit« in die höheren Sphären verlagert wird, können die irdischen Zumutungen ertragen werden.

Je größer die Angst vor dem Verlassenwerden, desto zwanghafter wird diese »unauflösbare Einheit« phantasiert. Da diese nur in der Vorstellung existiert, kann und muß sie nicht bewiesen werden. Sie ist Glaubenssache. Dogma. Sartre und Beauvoir sind eins, ja, aber er ist derjenige, der diese »eins« definiert. Er nutzte das Dogma, um zu tun, was er wollte. Persönliches Verhalten und verbale Beteuerungen hatten nichts miteinander zu tun. Der »Freiheitspakt»: ein Pakt zum ständigen Betrug und Selbstbetrug. Die Briefe zeigen eine Beauvoir, die peinlich bemüht ist, existentialistisch korrekt zu denken und zu fühlen, um ihrem Herrn und Meister zu gefallen. Sartre wird vergötzt, wie es einer gutbürgerlichen Ehefrau mit ihrem Angetrauten kaum in den Sinn kommen würde. Doch wer so vergötzt wird, der wird auch um seine Menschlichkeit gebracht. Auseinandersetzungen mit der wirklichen Person, wie sie in einer aufrichtigen Partnerschaft angebracht gewesen wären, finden in diesen Briefen nicht statt.

Wie lebte die Beauvoir diesen Pakt? Sie versucht gleichzuziehen. Schildert ihr Sartre seine Eroberungen in allen obszönen Einzelheiten, beispielsweise die der Colette Gilbert, so kontert sie zwei Briefe später mit dem Eingeständnis, seinen Schüler, »den kleinen Bost«, verführt zu haben. Wohlgemerkt, sie hat verführt, nicht sich verführen lassen. Denn so unterlegen sie sich Sartre fühlte, so überlegen fühlte sie sich dem Rest der Welt. Gibt ihr der »kleine Gatte« einen zärtlichen Brief von einer seiner Geliebten zu lesen, pariert sie mit der Offenbarung heißer Liebesbriefe an sie selbst. Verliebt Sartre sich auf seiner ersten Amerikareise 1945 in Dolorès Vanetti, tut die Beauvoir auf ihrer ersten Amerikareise zwei Jahre später mit Nelson Algren desgleichen, was sie nicht davon abhält, gleichzeitig brieflich zu jubilieren: »… ich stoße überall auf Spuren von Ihnen und das ist wieder eine Art mich mit Ihnen vereint zu fühlen», während sich der Adressat in Paris mit Dolorès amüsiert. Verläßt Sartre die Vanetti, läßt sie Algren sitzen, und zwar nach demselben Muster, indem zuerst Sartre, dann sie ihre jeweiligen Spielgefährten »ins Unrecht setzen«. Ausgerechnet »Egoismus« wirft die Beauvior dem Schriftsteller und Pulitzer-Preisträger Algren vor, als der genug hat von der verlogenen Harmonie der Dreieinigkeit.

Während die Beauvoir ihre Männerbeziehungen eher diskret und tiefstapelnd rapportiert, kehrt sie in den Darstellungen ihrer lesbischen Beziehungen drastischere Seiten hervor. Als die Briefe 1990 in Frankreich erschienen, wurden diese Schilderungen als die eigentliche Sensation angesehen. Denn die Beauvoir hatte zeitlebens allen Fragen nach lesbischen Verhältnissen mit jesuitischer Eloquenz auszuweichen gewußt.

»Der Mann ist ein geschlechtlicher Mensch«, schreibt sie in »Das andere Geschlecht«. »Die Frau kann nur dann ein vollständiges Individuum und dem Mann ebenbürtig sein, wenn auch sie ein geschlechtlicher Mensch ist.« Und: »Jede Frau ist von Natur aus homosexuell.« In den späten dreißiger und frühen vierziger Jahren vor allem sammelt sie ihre Erfahrungen für diese Thesen. Dennoch versteht sich die Beauvoir nicht als lesbisch, da für sie zum Lesbischsein die Ausschließlichkeit gehörte. Viel eher sind ihre Erlebnisse mit Frauen als Versuch anzusehen, Sartre auch auf diesem Gebiet nachzueifern. »... wir ... haben uns ins Bett gelegt und sind zu Umarmungen übergegangen ... wir sind aufgewacht und wie ein gesättigter Mann bin ich den Zärtlichkeiten ausgewichen ... es kommt mir vor, als steckte ich in diesen Augenblicken in Ihrer Haut.«

Mit einer Frauenverachtung, die der Sartres in nichts nachsteht, unterbreitet sie ihm in ihren Briefen sexuelle Erfahrungen mit Schülerinnen, Studentinnen und anderen jungen Frauen, manche davon früher, später oder gleichzeitig auch Sartres Geliebte, so daß sich der Verdacht aufdrängt, sie tue das alles in erster Linie nur, um ihm zu gefallen. »... meine Sinnlichkeit war stärker beteiligt als gewöhnlich, dabei hatte ich vage den unverschämten Gedanken, ich müsse wenigstens ihren Körper benutzen – da war eine Spur Perversität ... die glaube ich, einfach die Abwesenheit von Zärtlichkeit war.« Oder: »Umarmungen – wenn ich Ihnen alles sagen soll, abgesehen vom üblichen Geruch ihres Körpers roch sie stark fäkal, was die Sache ziemlich unangenehm machte – die Freundschaft mit ihr mag noch angehen, aber die körperliche Beziehung ist mir äußerst unangenehm.« Und: »Ich fragte mich, warum Frauen eher als Männer bei gezielten Liebkosungen ungeschickt sein müssen.«

Als sie und Sartre einer gemeinamen Gespielin schließlich überdrüssig werden und Sartre dem Mädchen einen unverschämten Brief schreibt, den er der Beauvior als Abschrift zuschickt, glaubt die zwar bemerken zu müssen, er habe die Person »ein bißchen zu brutal vernichtet – aber das hat keine Bedeutung … Was mich ärgert und stört ist die Hartnäckigkeit, mit der sie mich mit sich in einen Topf wirft.« So also funktioniert das »Wir sind eins« eben auch: die Beauvior als bedingungslose Komplizin des zwanghaften Verführers Sartre. Immer besser lernt sie, seine Affairen, die ernsthaften und die zahllosen anderen, zu ertragen und – zu organisieren. Sie verteilt seine kostbare Zeit wie die Herrin des Hauses einen Kuchen an Kinder, wobei sie sich das größte Stück zu sichern weiß. Und alle belügt sie. Nur Sartre nicht. Und der? Von Oliver Todd befragt, wie er denn mit so vielen Frauen zurechtgekommen sei, antwortet er: »Ich belüge sie; das ist leichter und anständiger. – Belügen Sie alle? – Er lächelt: Alle! – Auch den Castor? – B e s o n d e r s den Castor.« (Castor heißt Biber und war der Spitzname Sartres für die Beauvoir, die so auch ihre Briefe unterzeichnet.)

Die fühlt sich zumindest so lange sicher, wie sie die Konkurrenz im Griff hat: »Sie müssen Vendrine zwei Stunden treffen und nicht mehr, während ich in der Schule bin», fordert sie. Im Ton, als verlange sie von Sartre, ein Paar Schuhe umzutauschen, fragt sie: »Wann verlassen Sie Dolorès? Ich hoffe, Sie warten nicht, bis sie nach Spanien abreist, es könnte kein Ende finden.« Und lobt ihn nach getaner Tat: »Sie haben es mit Dolorès sehr, sehr gut gemacht!«

Im Gegenzug versichert sie ihn unablässig ihrer »demütigen vollen Liebe», raunt »wenn Sie mich im Stich ließen … die Welt würde unter mir zusammenbrechen», »Das wunderbare Glück in derselben Welt wie Sie zu sein, werde ich niemals zu teuer bezahlen…«. Und so weiter.

Selbst wenn sie, vor allem auf ihrer Amerikareise, einmal etwas wie »glückliche Sorglosigkeit« empfindet, beeilt sie sich,

Sartre zu versichern, »daß mein Leben dennoch nicht in meiner Hand ist … daß ich vollkommen von Ihnen abhängig bin … daß wir eins sind …« Und ein paar Sätze weiter: »Und es erschüttert mich, meine Liebe in ihrer ganzen Stärke wiederzufinden, ein bißchen, als ob ich während einer Party plötzlich an den Tod denken würde.« Was Wunder, daß sie, was selten vorkommt, von ihm träumt: »Sie waren in Uniform und Sie waren mein Mörder, Sie wollten mich erwürgen …«

Nachgedacht wird über diesen Traum so wenig wie über das Leben. Von Traurigkeit, Zusammenbrüchen, Verstimmungen wird zwar viel geredet, aber nicht e i n m a l nach dem Grund gefragt. Kaum ein Brief, in dem sie nicht ihr Alleinsein beklagt, ihre Sehnsucht gesteht und im selben Atemzug versichert, daß sie restlos glücklich sei, »im siebten Himmel«, wie sie gern schreibt, ist man doch, jawohl, »wir sind eins«. Die Angst, Sartre zu verlieren, behindert die Beauvoir ein Leben lang, sich als selbständige Person zu begreifen.

Nicht das Alleinsein, sondern die Furcht, von Platz eins in Sartres Liebesleben verdrängt zu werden, trieb die Beauvoir ein Leben lang um – wie es jedem gehen würde, der sich auf einen Pakt mit derartigen psychischen Überforderungen einlassen würde. Die Briefe zeigen, daß sie sich weit weniger unglücklich fühlte, wenn der Soldat Sartre auf seiner Wetterbeobachtungsstation posto fassen mußte, als wenn er sich in Paris aufhielt, seine Zeit aber nicht mit ihr, sondern einer Geliebten verbrachte. Da sie in diesem Pakt keine eigene innere Geborgenheit und Sicherheit entwickeln konnte – erst spät gibt ihr die Anerkennung als Schriftstellerin dafür einen Ersatz –, braucht sie immer neues emotionales Füllmaterial, um den Zustand der Angst, »der Leere«, von der immer wieder die Rede ist, zu betäuben.

Erleben, das wirklich an die Substanz geht und damit ein menschliches Reifen ermöglichen könnte, macht der Pakt ebenfalls unmöglich. Sie betrügt sich selbst um jede wirkliche Erfahrung, weil deren Ausgang am Anfang immer schon festgelegt ist. Alles ist nur Fiktion, und immer heißt es schon: Les jeux sont faits. So ist die ernsthafte Begegnung mit Nelson Algren von vornherein zu Ende: »denn ihr Tod war in dem Leben enthalten, das ich gewählt habe und das Sie mir gaben«, schreibt sie an Sartre.

Das Ausweichen vor Auseinandersetzungen mit schmerzlichen Erfahrungen, all das unausgesprochene Leid blockiert auch die Ausdrucksfähigkeit. Angst engt ein, hemmt die Imagination, die Sprache trocknet aus, wird unscharf, schwunglos. Auch davon legen die Briefe Zeugnis ab, mit wenigen Ausnahmen, einer Handvoll Briefe aus Amerika. Hier endlich schreibt die Beauvoir erst für sich und dann für Sartre, wagt sogar das Geständnis: »Ich denke noch genauso viel an Sie, aber es ist nicht mehr Ihr New York, es ist meines.«

Die Veröffentlichung der Briefe Simone de Beauvoirs an Jean-Paul Sartre haben den Mythos vom »Freiheitspakt« zerstört. Wie der Kommunismus funktionierte auch »der Pakt« nur auf dem Papier; beide Utopien scheiterten am »menschlichen Faktor«. Daß der Mensch ist, wie er ist, nicht wie wir ihn gern hätten, diese Wirklichkeit zu akzeptieren, sind wir in diesem Jahrhundert auf schmerzhaften Umwegen, ein Stück näher gekommen. So wie der Sozialismus, der die Menschen gleich und frei machen wollte, zu Ungleichheit und Unfreiheit führte, so führte der »Freiheitspakt« bei Sartre und Beauvoir zu einem Gespinst aus Heuchelei, Winkelzügen und Grausamkeit. Das »neue Paar« war nicht weniger eine Illusion als der »neue Mensch«.

Die von de Beauvoirs Adoptivtochter Sylvie Le Bon de Beauvoir übersichtlich edierten, ungekürzten Briefe sind mit zahlreichen Fußnoten versehen, die auf die autobiographischen Schriften und Romane der Beauvoir hinweisen. Man sollte diese statt der Briefe lesen; sie sind alle als Taschenbuch zu haben.

1998

Arbeiter und Verwerter
Die Lyrik Bertolt Brechts

Das Paket mit fünf Bänden Brecht Lyrik kommt ins Haus, ich reiße auf, schlage auf, zufällig, Band fünf, genau beim »Spottlied«. Ich lese Zeilen wie: »Hoch zu Bonn am Rheine, träumen zwei kleine,/Böse alte Männer einen Traum von Blut und Stahl./Zwei böse Greise listig und leise/Kochten gern ihr Süpplein auf dem Weltbrand noch einmal./Schuhmacher, Schuhmacher, dein Schuh ist zu klein/In den kommt ja Deutschland gar nicht hinein./Adenauer, Adenauer, zeig deine Hand/Um dreißig Silberlinge verkaufst du unser Land.« Ich erbleiche: das kann doch nicht wahr sein, sollte ich das wirklich all die Jahre überlesen haben! Stürze zur grauen Pappbandausgabe, mit der ich seit 1968 lebe und atme auf: ich finde nur ein »Sportlied//Kommend aus den vollen Hinterhäusern …«, kein »Spottlied«. Ach, Brecht, daß du ein Parteigänger der Kommunisten warst und ein schwacher Mensch, wir hatten uns damit abgefunden, aber so etwas? Ja, so etwas. Nun konnte ich die Ausgabe nicht mehr aus der Hand legen. Was würde ich noch zu schlucken haben?

Etwa 2500 Gedichte sind in diesen Bänden versammelt, davon etwa 150 neue, wobei auch Fragmente von zwei und vier Zeilen großzügig mitgezählt werden. Ursprünglich hatte man vor, die Fragmente gesondert zu drucken, nun sind sie, ebenso wie die Lieder und Gedichte aus Stücken und Prosa in die chronologische Reihenfolge eingegliedert. Die ersten beiden Bände umfassen die Gedichte, die Brecht selbst zu Zyklen zusammengefügt hat. Seine Gedichte »unter den Hut des Verfassers in meinem Fall die Mütze zu bringen«, das tat er gern und oft und aus Prinzip: »Jedes Gedicht«, so Brecht, »ist der Feind jedes anderen Gedichts und sollte also allein gelesen und herausgegeben werden. Gleichzeitig benötigen sie einander, ziehen Kraft auseinander und können also vereint werden.« Die ersten beiden Bände enthalten 21 Zyklen, sieben davon stellte Brecht zwar zusammen, doch wurden sie zu seinen Lebzeiten nicht gedruckt: die frühen »Lieder zur Klampfe von Bert Brecht und seinen Freunden. 1918.« und die »Psalmen«, sowie die drei Ende der zwanziger, Anfang der dreißiger Jahre entstandenen Sonettsammlungen, dazu die »Hollywoodelegien« und die »Gedichte im Exil«. Der vorletzte Zyklus, die berühmten »Buckower Elegien«, umfaßt 22 Gedichte, von denen er allerdings nur sechs drucken ließ; das Gedicht »Die Lösung«, um dessen Pointe willen (die Regierung solle ihr Volk auflösen und ein anderes wählen) wir Besitzer der grauen Pappbände den listigen Verfasser doch so liebten, war nicht dabei. Dafür erfahren wir nun im Kommentar, daß sich Brecht diese freche Frage nicht aus Anlaß des 17. Juni 1953 aufdrängte, er sie vielmehr aus einem Turandot-Entwurf der frühen dreißiger Jahre übernahm. Macht nichts: Sie fällt ihm zur rechten Zeit wieder ein.

Während sich der Leser in Band eins und zwei auf von Brecht selbst autorisierte Druckfassungen verlassen kann, wird es in den folgenden Bänden unübersichtlicher, dafür aber reizvoller. Brecht legte an seine Texte allerstrengste Maßstäbe. Nur ein Fünftel des hier versammelten Materials erschien zu seinen Lebzeiten im Druck. Posthum ist er nun dem Ehrgeiz seines Herausgebers, des Literaturwissenschaftlers Jan Knopf, auf Gedeih und Verderb ausgeliefert. Und der muß, getreu dem editorischen Berufsethos, nach dem Prinzip alles oder nichts verfahren. Das mag manchem übertrieben vorkommen, doch hätten sich die vielen Herausgeber seit vierzig Jahren nicht so gewissenhaft des Nachlasses bemächtigt, wir hätten so gültige Gedichte wie »Das Lieblingstier des Herrn Keuner« oder »Vergeblicher Anruf« oder »Vergnügungen« oder »Entdeckung an einer jungen Frau« – gut das halbe Inhaltsverzeichnis ließe sich wiedergeben – nie zu Gesicht gekriegt. Allerdings auch nicht solche Schnipsel wie »Ich wurde im Frühling empfangen/so ward ich im Winter geboren«, oder die platte Polemik der »Bonner Bundeshymne«, die diese Ausgabe zutage gefördert hat. Manchen wird es hart ankommen, weil es so gar nicht in sein Brecht-Bild paßt, wenn der Siebzehnjährige in Lokalzeitungen den Kaiser anhimmelt und, fasziniert vom romantischen Soldatenleben, textet: »das ist so schön, schön über all Ermessen/daß Mütter klaglos ihre Söhne sterben sehen«. Oder wenn er kindlich reimt: »Juni: raunt es und jubelt im Rauschen der Bäume/und in der Vögelein Liederträume: Heißa der Sommer ist da.« Und wenn der Fünfzehnjährige einem Gleichaltrigen den Rat gibt: er möge »im dumpfigen Arbeitsraum« nicht »ganz deiner Jugend duft'ges Wesen von dir legen«, so ist das einfach komisch. Nein, ein Wunderknabe war Brecht nicht, aber ein begabter, nachdenklicher Youngster, der immer dann besonders gut schreibt, wenn er vergessen kann, daß er es nach Programm und für die Ewigkeit tut, so etwa als Jugendlicher in den Briefgedichten an eine Familie Reitter oder an den Bruder Walter, später in den leichthin notierten Botschaften an seine Geliebten.

Auch als genauer Beobachter und satirischer Berichterstatter gibt er sich bereits in »Die Leute« und »Die Musik« zu erkennen. Wie denn überhaupt schon in den frühesten Gedichten die meisten Themen und Motive enthalten sind: die Wolke, der Himmel, die See, der Baum, der unverstandene, gescheiterte Held, die Mutter als leidende, aufopferungswillige Frau, sogar die Havannah ist schon mit im Spiel. Der balladeske Tonfall ist schon da. Und der Befehlston: Im Gebrauch des Imperativs ist Brecht Weltmeister!

Während also die ersten beiden Bände Gedichtgruppen enthalten, die, ob nun zu dessen Lebzeiten gedruckt oder nicht, doch alle das ausdrückliche Plazet des Autors haben, mischen die Bände drei bis fünf Einzelgedichte, die schon zu Brechts Zeiten erschienen, mit Gedichten und Fragmenten aus dem Nachlaß, die bereits gedruckt sind; dazu kommen nun noch die Erstdrucke dieser Ausgabe. Im Druckbild erscheinen diese Unterschiede nicht, dort stehen die Texte gleichberechtigt neben- beziehungsweise in chronologischer Reihenfolge nacheinander. Dies macht die fortlaufende Lektüre holprig und mühselig, betont aber auch den von Brecht stets hervorgehobenen »work in progress«-Charakter seines Werks.

Mithin sind die Bände nichts für Leser, die literarisches fast food gewöhnt sind, Editionen, mit Vorwort, Nachwort und Leseanleitung gepolstert. Sie verlangen einen aktiven, neugierigen, entdeckungsfreudigen Leser, der das Kleingedruckte nicht scheut. Denn dieses ist das eigentlich Große dieser Ausgabe: Sie bietet philologische Detektivarbeit par exellence. Hier erfährt man endlich genau, wie, warum und wie oft Brecht es tat; beim Vergleich der unterschiedlichen Fassungen, der Gedichte mit den Vorlagen, die Brecht bekanntlich häufig benutzte, vor allem aber an den Hinweisen auf biographische und historische Hintergründe und die Wirkungsgeschichte der Texte wird der Leser sein Vergnügen haben. In ihrer lakonischen Objektivität lassen die Kommentierungen mitunter den Atem stocken wie ein Brecht-Gedicht, wo auch die Tragödien zwischen den Zeilen spielen. So heißt es zu »Nacht auf der Nyborgschaluppe«, das Brecht für seine Geliebte Ruth Berlau schrieb: »Während des finnischen Exils wohnen die Brechts im Sommer 1940 (ab Juli) auf Hella Wuolijokis Gut Marlebäck; Ruth Berlau kommt später nach und wohnt in einem Zelt.«

Aufschlußreich über den Einzelfall Brecht hinaus, da immer auch ein Stück deutsche Literaturgeschichte spiegelnd, sind vor allem die Anmerkungen zur Wirkungsgeschichte der Texte. So ist der, anläßlich der »3. Weltfestspiele der Jugend und Studenten für den Frieden« geschriebene und der FDJ gewidmete strammpolitisch dürre »Herrnburger Bericht«, der das obenzitierte »Spottlied« enthält, der FDJ-Leitung immer noch suspekt, weil als einziger Name Ernst Busch auftaucht, weder Walter Ulbricht noch »unser verehrter Präsident Wilhelm Pieck«. Da sich Paul Dessau, der seit seiner Musik zum »Verhör des Lukullus« ohnehin unter Beschuß steht, der Meinung der FDJ anschließt, gibt Brecht nach und streicht am Ende, nachdem man bei den Proben den Namen Ernst Busch durch Helene Weigel ersetzt hatte, das ganze Gedicht »Einladung«. Die Zürcher Zeitung »Die Tat« kürte Brecht ob dieser Texte zum »Hofpoeten Pankows«, und Wolfgang Weyrauch trauert in etwas verquältem Deutsch, daß »man den neben Gottfried Benn und Thomas Mann größten lebenden deutschen Dichter, Bertolt Brecht, zur Strecke des Verrats an der deutschen Dichtung gebracht« habe. Man fragt sich, wieso der »Herrnburger Bericht«, eine Sammlung von zehn Gedichten, die neben versifiziertem ideologischem Schrott doch auch die innigen »Bitten der Kinder« enthält, in den ersten beiden Bänden mit den Sammlungen fehlt. Hatte der Herausgeber Erbarmen mit dem Autor und versteckte die Mixtur deshalb in Band fünf?

Brechts Gedichte wurden von Anfang an immer auch mit ideologischer Elle gemessen, was Wunder, wo er sich nach besten Kräften »als sein eigener Vampir mit Doktrinen das Blut abzapft«, wie Karl Kraus es schon in den dreißiger Jahren formuliert; was Kraus, im Unterschied zu manch anderem Kritiker, nicht hindert hinzuzufügen, daß »alle zusammen (Erich Kästner, Kurt Tucholsky unter anderem) das Wasser, aus dem sie schöpfen, nicht dem eines Brecht reichen (können)«. Er hat dabei besonders das berühmte Gedicht »Die Liebenden« im Auge, auch als »Gesang der Kraniche« bekannt, mal 20, mal 23 Zeilen; jetzt heißt das Gedicht ein für allemal »Terzinen über die Liebe«, und so ist es in der Edition auch gedruckt.

Neue Titel gibt es zuhauf; doch macht der Herausgeber für die verwirrten Pappbandleser den Cicerone, indem er sie im Gesamtregister mittels Pfeilen von den alten zu den neuen Titeln lotst. »Überhaupt«, so Jan Knopf, »sehen fast achtzig Prozent der Texte jetzt anders aus als früher.« Das geht von Kleinigkeiten wie »Bidi im Herbst« statt »Biti im Herbst« bis zu Verdoppelungen, etwa wenn »Vor Jahren in meiner verflossenen Arche« jetzt acht statt vorher nur vier Strophen hat. Dafür scheiden manche Texte aus: »Als der Klassiker am Montag« ist eindeutig von Margarete Steffin, jedoch keines Falls ein Fall Goethe/von Willemer, da posthum gedruckt; ein anderes Gedicht stammt aus »Des Knaben Wunderhorn«, wieder andere von einem Mitarbeiter Brechts. »Meine Mutter«, in einer »Frankfurter Anthologie« der »Frankfurter Allgemeine Zeitung« als Meisterwerk der frühen Lyrik gefeiert, das »die Gedichte des späten Brecht nicht mehr übertreffen« kann, hat sich nun als Tagebuchnotiz in Prosa herausgestellt. Doch spricht das wirklich dem Interpreten Hohn? Er war halt ein Pappbandleser. »Als sie nun aus war, ließ man in Erde sie/Blumen wachsen, Falter gauklen darüber hin .../Sie, die leichte, drückte die Erde kaum/Wieviel Schmerz brauchte es, bis sie so leicht ward!« Und sprechen die Zeilen nicht zuletzt für die enorme poetische Substanz des Brechtschen Oeuvres, dessen Herzstück zweifellos die Lyrik ist?

Andere Texte wiederum erscheinen zwar bekannt, aber auf merkwürdige Weise verfremdet: »Im Gewitter der Rosen/ist die Nacht von Dornen erhellt und der Donner/des Laubs, das so leise war in den Büschen/Folgt uns jetzt auf dem Fuß.« Das klingt nach Bachmann, und sie ist es auch. Brecht bekam 1954 ihren ein Jahr zuvor erschienenen Gedichtband »Die gestundete Zeit« in die Hände und unterstrich darin die Verse, »die er als haltbar einschätzte«, so der Herausgeber; im Klartext, er stutzte die Bachmann so lange zusammen, bis Brecht daraus wurde. Hemmungslos nimmt sich der Verfasser, was er gebrauchen konnte, und macht sich auch nicht die geringste Mühe, einer anderen als der eigenen Vorstellung von Poesie zu folgen. Was wäre übriggeblieben von Brecht, wäre die Bachmann seinen Gedichten so hochfahrend begegnet wie er den ihren? Vor allem den politischen? Es macht doch auch diese Edition wieder klar, wie lächerlich es ist, politische Meinung zu versifizieren, wie ja jedes In-Dienst-Nehmen von Kunst ihre Vernichtung bedeutet.

Schließlich zeigen diese fünf Bände Bertolt Brecht noch einmal als gewaltigen Arbeiter und Verwerter. Kein neues Brecht-Bild also, aber wir können unser Bild von ihm bestätigen und ergänzen, indem wir von Gedicht zu Gedicht der Sache selbst auf den Grund gehen, jeder Leser ein Forscher. Die Edition macht Brecht nicht größer und nicht kleiner, aber lebendiger, indem sie ihn der widerstandslosen Konsumierbarkeit entzieht. Liebhaber seiner Gedichte dürfen sich getrost weiterhin an all dem Schönen freuen, das sie schon kennen, egal, ob es nun »Terzinen über die Liebe« oder »Die Liebenden« heißt; und es wird auch in Zukunft genügend Auswahlbände auf der Grundlage dieser Edition geben. Zum ganzen Künstler Brecht gehören jedoch auch seine immer neuen, überbordenden Anläufe, seine Trivialitäten, seine Irrtümer und Verranntheiten. Gehört seine List, die er nicht müde wurde, als eine zum Überleben notwendige Tugend zu rühmen. Bei seiner Rückkehr aus dem Exil wählte er den ostdeutsch-sozialistischen Teil Deutschlands; versehen mit einem österreichischen Paß, einem westdeutsch-kapitalistischen Verlag und einem Konto in der Schweiz.

»Schreiben Sie, daß ich unbequem war und es auch nach meinem Tod noch zu bleiben gedenke. Es gibt auch dann noch gewisse Möglichkeiten.« Diese Edition ist eine.

1993

Allen, die gerade keine Brecht-Ausgabe zur Hand haben, möchte ich doch Lust auf das Lesen seiner Gedichte machen. Hier ist sein schönstes:

Terzinen über die Liebe

Sieh jene Kraniche in großem Bogen!
Die Wolken, welche ihnen beigegeben
Zogen mit ihnen schon, als sie entflogen

Aus einem Leben in ein andres Leben.
In gleicher Höhe und mit gleicher Eile
Scheinen sie alle beide nur daneben.

Daß also keines länger hier verweile
Daß so der Kranich mit der Wolke teile
Den schönen Himmel, den sie kurz befliegen

Und keines andres sehe als das Wiegen
Des andern in dem Wind, den beide spüren
Die jetzt im Fluge beieinander liegen.

So mag der Wind sie in das Nichts entführren;
Wenn sie nur nicht vergehen und sich bleiben
So lange kann sie beide nichts berühren

So lange kann man sie von jedem Ort vertreiben
Wo Regen drohen oder Schüsse schallen.
So unter Sonn und Monds wenig verschiedenen Scheiben

Fliegen sie hin, einander ganz verfallen.

Wohin, ihr?
                    Nirgendhin.

Von wem entfernt?
                              Von allen.

Ihr fragt, wie lange sind sie schon beisammen?
Seit kurzem.
                    Und wann werden sie sich trennen?
Bald.
So scheint die Liebe Liebenden ein Halt.

Über Geld und gute Worte

Antrittsrede zum Stadtschreiberamt in Bergen-Enkheim

Ich möchte, meine Damen und Herren, die Gelegenheit nutzen, mich mit einer Sache zu befassen, von der niemand genug kriegen kann, über die in der Öffentlichkeit zu reden aber noch immer verpönt, anrüchig, fast unanständig ist: über Geld. Das ist nicht mit Geld zu bezahlen, sagt man, wenn man etwas besonders Kostbares, Einmaliges, Erfreuliches hervorheben will.

In der Tat: Ein Gedicht, ein Bild, eine Komposition sind mit Geld nicht aufzuwiegen. Denn: Sie sind nur mit Gold aufzuwiegen. Zumindest mit so viel harter Währung, daß die Hervorbringer dieser Unbezahlbarkeiten in die Lage versetzt werden, auch weiterhin derlei zu produzieren. Das »weiterhin« ist wichtig. Denn zunächst muß dieses zu vergoldende Produkt ja hergestellt werden. Und nun erhebt sich die Frage: Unter welchen Bedingungen geschieht das?

»Nur die Armut gebiert Großes«, hieß es auf einem Plakat unseres Schriftstellerverbandes in den siebziger Jahren, das den armen Poeten von Spitzweg unterm Regenschirm in einer Dachkammer zeigte. Der Mythos vom leidenden Dichter erweist sich jedoch in deutschen Landen als äußerst resistent. Ich will hier nicht auf die weitverbreitete Meinung eingehen, den Dichter ergreife das heulende Elend unerbittlicher als den Rest der Menschheit, auch nicht auf das mehr oder weniger schmeichelhafte Vorurteil, er fühle höher und tiefer als eine Autoschlosserin, ein Kindergärtner oder ein Banker. Nicht wenige Kolleginnen und Kollegen meiner Zunft leben von diesem Mythos, es gehe ihnen schlecht, ganz gut. Es ist ihnen nicht zu verdenken, daß sie, was sie am Leben hält, am Leben halten möchten.

Aber ich will in dieser Richtung nicht noch weiter gegen die Gewerbebedingungen unseres Berufsstandes verstoßen. Ich jedenfalls verabscheue Hunger, Not und Elend in jeder Form und wo immer sie sich zeigen. Und ich verabscheue noch mehr, zum

Verabscheuen gezwungen zu sein. Ich kriege nicht eine Zeile aufs Papier, wenn ich, warum und woran auch immer, leide, seien es nun Zahnschmerzen, Liebeskummer oder Geldmangel. Wobei gerade letzterer Kummer in seiner schrecklichen Schönheit erst dann genießbar wird, wenn ich es mir leisten kann, ihn in Champagner zu ertränken.

Erfahrungen, leidvolle und glückliche, zu durchleben, macht das Menschsein aus, wobei der Dichter aus den Erfahrungen seine Erfindungen macht und dafür wiederum seine Worte findet. Daß dieser Arbeit – Erfahrungen in Erfindungen, Erfindungen in Worte zu überführen, Erfindungen mit Worten zu machen – eine knappe Kasse förderlich sein soll, ist, mit Verlaub, Blödsinn. Daß ich erst 1979, also mit 33 Jahren, zu schreiben begann, mag einige Gründe haben; ein wesentlicher ist ganz gewiß der, daß mir die feste Anstellung als Literaturredakteurin bei Radio Bremen den Kopf von finanziellen Sorgen befreite. Ich hatte das gefunden, was man einen Brotberuf nennt, im Gegensatz zu … Ja, zu was eigentlich? Doch wohl zu brotloser Kunst. Ich dachte keine Sekunde daran, mit meinen Gedichten Geld zu verdienen. Als ich es dennoch tat, war ich darüber sehr erstaunt und konnte mich zunächst auch gar nicht so recht darüber freuen. Da stimmte doch etwas nicht. Waren die Gedichte wirklich gut, wenn sie sich so gut verkaufen ließen? War nicht der wahrhaft gute immer auch der verkannte, der noch bessere der verbotene Dichter? Ich litt, weil ich nichts zu leiden hatte. Auch so wird der Mythos vom leidenden Dichter genährt.

Eine Zeitlang lebte ich mit dem Kompromiß, Literatur einerseits zu begutachten und zu verwalten, andererseits selbst zu schreiben, nicht schlecht. Zu frisch noch war die Erinnerung an den mittellosen Zustand, zu häufig lernte ich Kollegen kennen, die von Freundinnen und Ehefrauen mit Helfersyndrom, wie Lehrerinnen, Sozialarbeiterinnen, Psychologinnen als deren private Sozialfälle über Wasser gegängelt wurden. Es mag Zufall sein, aber Kolleginnen, die sich von Freunden oder Ehemännern aushalten ließen, traf ich weit seltener an.

Dennoch erwuchs aus dem Kompromiß ein Konflikt. Zwar bin ich auch heute noch der Meinung, daß man ein Buch, das man schreiben muß, auch nach acht Stunden Brotarbeit schreibt. Beispiele aus der Literaturgeschichte sind bekannt. Aber man schreibt »dennoch« und »trotzdem«, nie aus einer Fülle und Frische, immer nur mit dem, was übrigblieb an Zeit und Kraft.

Im Radio begegnete man mir mit Verständnis und kam meiner Bitte um eine halbe Stelle nach. Dadurch wurde der Konflikt nicht gemildert, der Widerspruch zwischen den Tätigkeitsbereichen vielmehr verschärft. Dauernd die Fronten des Schreibtischs wechseln zu müssen, führte zu dem Gefühl, auf keine Seite ganz zu gehören. Lieber Rüben zupfen oder Papier picken im Park, sagte ich mehr als einmal, als dauernd die Arbeiten von Kollegen bewerten, verwerten oder verwerfen zu müssen. Überall in den Funkhäusern, und nicht nur dort, stieß ich auf Menschen, die ich Eigentlich-Menschen nenne, die nie das tun, was sie »eigentlich« gerne möchten, zum Beispiel schreiben. Aber. Ja aber. Das Gehalt bleibt auf dem Konto und der Roman im Kopf. Denn leider erscheint mit dem Verschwinden des Gehaltes kein Roman auf dem Papier. Und erscheint er dennoch und sogar als Buch, so bleibt der Weg vom Kopf aufs Konto immer noch höchst unsicher.

Ja, am Anfang steht der Teufelskreis. Der Brotberuf nimmt mir Zeit zulasten und gibt mir Geld zugunsten der Kunst.

Aus dem Teufelskreis ausbrechen heißt: die brotlose Kunst zum Brotberuf zu machen. Wer hat denn überhaupt diese unsinnige Alternative erfunden? Wer sagt denn, daß gut leben und gut schreiben nicht zusammen gehen? Doch nur die, die beides möchten, denen aber eins von beiden fehlt. Indes: Wo trifft man heute hoch freigiebige Fürsten wie weiland Goethe seinen Carl August, oder, bescheidener, Klopstock den König von Dänemark und den Markgrafen von Baden zwecks auskömmlicher Leibrenten? Wer hält schon so genial wie Rilke die Hand auf und hat ein Gremium adliger Damen in petto, das mit feudalen Summen einen Fonds zum Unterhalt des Dichters speiste? Wer hat schon einen Erbonkel Salomon in Hamburg oder anderswo, obwohl, wir wissen es, die Angelegenheit für Heine fast schiefgegangen wäre, da der Onkel seinen Heinrich im Testament vergaß und Vetter Carl zunächst den Geldsack sperrte. Erst als der Dichter, dem Zusammenbruch nahe, der Familie mit seinen Memoiren drohte, war man bereit, deren Veröffentlichung pekuniär zu verhindern.

Gottseidank wirken anstelle von Fürsten, Damenkränzchen und Erbonkeln heute vorschußfreudige Verleger, Stipendien- und Preisstifter zu Nutz und Frommen der Autoren. So erlauben mir mein Stadtschreibereinkommen und die Gunst meines Fürsten (es ist ein Verleger) eine gute Zeitlang den Konflikt zwischen Brotberuf und brotloser Kunst zu vergessen, machen mir, wer weiß, Mut, ihn zu lösen. Denn wir Dichter sind ja seit jeher bescheidene Leute. Die allerdings wissen, was sie wollen. Nicht mehr und nicht weniger nämlich als unser großer Vorfahr, als er von seiner italienischen Reise zurückkam und sich daranmachte, seine Verhältnisse zu ordnen:

> Erstlich freundliche Wohnung, dann leidlich zu essen, zu trinken,
> Dann geziemende Kleidung und Freunde, vertraulich zu schwatzen;
> Dann ein Liebchen des Nachts, das mich von Herzen begehrt.
> Diese fünf natürliche Dinge verlang ich vor allem.

Wer täte das nicht! Nun, mit den ersten vier Dingen wird mich mein Stadtschreiberamt ab jetzt für ein Jahr versorgen. Um das »Liebchen des Nachts« werde ich mich schon selber kümmern.

Ja, so einfach könnte das sein, litten die Menschen, die Dichter, nur an Zahnschmerzen, Liebeskummer, Geldmangel oder dergleichen, gäbe es wirklich nur den Mythos vom leidenden Dichter. Aber leider gibt es den leidenden Dichter in Wirklichkeit; nämlich überall dort, wo ihm seine elementaren Rechte als Mensch genommen werden.

Vor ungefähr einem Jahr durfte ich in Frankfurt für die Roswitha-von-Gandersheim-Medaille danken. Damals erinnerte ich an die ukrainische Lyrikerin Irina Ratushinskaja, die in einem sowjetischen Lager gefangengehalten wurde. Irina Ratushinskaja ist heute frei. Ich freue mich über ihre Freilassung und die vieler anderer Schriftsteller und Wissenschaftler, aber ich bin weiterhin in Sorge um Kolleginnen und Kollegen, die noch immer inhaftiert sind. So ist das Ehrenmitglied des PEN-Zentrums der Bundesrepublik, Victor Rafalsky, noch in psychiatrischer Behandlung, der Schriftsteller Leonid Borodin, Mitglied des Internationalen PEN, sowie die Lyriker Mykola Horbal und Mykola Rodenko leben noch im Lager beziehungsweise in der Verbannung. Aber Inhaftierungen von Schriftstellern sind nicht nur aus der Sowjetunion bekannt. Vor kurzem wählte der bundesdeutsche PEN die äthiopische Journalistin Martha Kumsa und den mexikanischen Lyriker und Liedermacher Israel Gutiérrez Hernández zu Ehrenmitgliedern. Hernandez dürfte diese Mitgliedschaft das Leben gerettet haben; denn als nach einer Rebellion im Gefängnis alle anderen an unbekannte Orte verschleppt wurden, blieb er als einziger in Mexiko-City. In Kürze werden seine Gedichte in der Bundesrepublik erscheinen.

Die Liste inhaftierter Autorinnen und Autoren ist lang; in Vietnam sitzt Phan Nhat Nam, Mitglied des französischen PEN seit 1975, im Gefängnis, in Südafrika ist Zwelackhe Sisulu, Mitglied des englischen PEN, in Isolierhaft. Insgesamt 374 Schriftsteller leben als Gefangene. 1984 waren es noch 478 Personen. Ein Grund für diese erfreuliche Tendenz ist sicherlich, daß in zunehmendem Maße Verfolger und Verfolgte beim Namen genannt, die Verfolger öffentlich verurteilt werden.

Auch der baschkirische Dichter Nisametdin Achmetow verdankt nicht zuletzt dieser Öffentlichkeit seine Freilassung. Er ist heute abend unser Gast, und ich möchte ihn besonders herzlich begrüßen. Und ich möchte nicht verschweigen, daß er bei uns Freunde gefunden hat, die ihm sein neues Leben auch in finanzieller Hinsicht erleichtern. Womit wir wieder beim Eingangsthema wären, ohne das nichts geht.

1987

Reichlich lohnen

Zu einem Gedicht von Johann Wolfgang von Goethe

Der Sänger

Was hör ich draußen vor dem Tor,
Was auf der Brücke schallen?
Laß den Gesang vor unserm Ohr
Im Saale widerhallen!
Der König sprachs, der Page lief;
Der Knabe kam, der König rief:
Laß mir herein den Alten!

Gegrüßet seid mir, edle Herrn,
Gegrüßt ihr, schöne Damen!
Welch reicher Himmel! Stern bei Stern!
Wer kennet ihre Namen?
Im Saal voll Pracht und Herrlichkeit
Schließt Augen, euch; hier ist nicht Zeit,
Sich staunend zu ergetzen.

Der Sänger drückt' die Augen ein
Und schlug in vollen Tönen;
Die Ritter schauten mutig drein,
Und in den Schoß die Schönen.
Der König, dem das Lied gefiel,
Ließ, ihn zu ehren für sein Spiel,
Eine goldne Kette holen.

Die goldne Kette gib mir nicht,
Die Kette gib den Rittern,
Vor deren kühnem Angesicht
der Feinde Lanzen splittern;
Gib sie dem Kanzler, den du hast,
Und laß ihn noch die goldne Last
Zu andern Lasten tragen.

Ich singe, wie der Vogel singt,
Der in den Zweigen wohnet;
Das Lied, das aus der Kehle dringt,
Ist Lohn, der reichlich lohnet.
Doch darf ich bitten, bitt ich eins:
Laß mir den besten Becher Weins
In purem Golde reichen.

Er setzt' ihn an, er trank ihn aus:
O Trank voll süßer Labe!
O wohl dem hochbeglückten Haus
Wo das ist kleine Gabe!
Ergehts Euch wohl, so denkt an mich,
Und danket Gott so warm, als ich
Für diesen Trunk Euch danke.

Wenn ich erkläre, von jedem Gedicht so gut wie immer mehrere Fassungen herzustellen und meine Lesereisen mache, weil ich Geld verdienen muß, sind meine Zuhörer nicht selten enttäuscht, ja verprellt. Schuld daran ist Goethe und besonders ein Gedicht wie »Der Sänger«. Wieso? Wir lesen eine spannende Ballade mit einer überraschenden Volte, vollendet in der Form, angelehnt an Luthers Choral »Aus tiefer Not schrei ich zu dir«, mit Kreuzreim, Paarreim und einer schwungvollen Weise an jedem Strophenende, die im Zeilensprung die pathetische Gebärde zusammenfaßt und steigert. Das Gedicht kommt im mittelalterlichen Gewande daher und hat doch die Vorstellungen, wie ein Dichter zu sein habe, bis auf den heutigen Tag geprägt.

In der ersten Strophe spricht noch der König, die Macht, die Gesellschaft: sie lassen bitten. Dann gehört die direkte Rede allein dem Sänger, der seinen Auftritt vor der Macht dazu nutzt, unverblümt zu sagen, was er denkt: Schmeicheleien reinsten Wassers. Er drückt beide Augen zu und läßt das Herzblut quillen, bis der Mund ihm übergeht. Was Wunder, daß dem König Kratzfuß und Kunstgenuß Gold wert sind. So weit, so üblich. Doch dann geschieht das Überraschende: Der Sänger lehnt das

Honorar für die künstlerische Darbietung ab. Merkwürdig. Mit diesem Sänger kann etwas nicht stimmen. Jubelte doch bereits kein Geringerer als Walther von der Vogelweide: »Ich han min lehen, al die werlt, ich han min lehen!« Der größte mittelhochdeutsche Dichter schämte sich keineswegs seiner Freude und Erleichterung, materieller Sorgen ein für allemal enthoben zu sein; so lange sei er ohne sein Verschulden arm und daher voll bittrer Worte gewesen, daß ihm der Atem stank, schreibt er.

Nichts davon bei Goethes Phantasieprodukt. Sein Sänger weist mit großer Geste das große Geld zurück. Wortgewaltig und höfisch gewandt, vollbringt er in der vierten Strophe das Kunststück, sich von der feinen Gesellschaft abzugrenzen und einzuschmeicheln zugleich. Damit hat die Spannung ihren Höhepunkt erreicht. Das Publikum in und vor dem Gedicht wartet begierig auf eine Begründung. Steht hier ein verkleideter König vor seinesgleichen wie in der »Ballade«, prüft ein Götterbote den König auf Freigiebigkeit, stieg gar Apoll persönlich vom Himmel herab? Ach nein. Es folgen die berühmten Zeilen, die geflügelten Worte der Strophe fünf, Zeile eins bis vier. Ein zwitscherndes Gefäß der Musen für die Mußestunden gebildeter Stände, ohne festen Wohnsitz und Altersversorgung, jederzeit für einen guten Tropfen zu haben, bescheiden und anmaßend, aber immer hübsch manierlich im prächtigen gesellschaftlichen Rahmen bleibend: der deutsche Dichter.

Johann Wolfgang von Goethe war vierunddreißig Jahre alt, als er 1793 dieses Gedicht schrieb, das 1795 in den »Lehrjahren« zuerst gedruckt wurde. Er hatte mit dem »Götz von Berlichingen« wegen allzu vieler Raubdrucke ein finanzielles Fiasko erlitten, das durch den Erfolg des »Werther« wieder ausgeglichen wurde; über beides läßt er sich in Briefen und Notizen hingebungsvoll aus. Als Sechsundzwanzigjähriger folgt er dann der Einladung des achtzehnjährigen Herzogs Carl August von Weimar; als er den »Sänger« schreibt, ist er bereits zum Wirklichen Geheimen Rat avanciert mit 1400 Talern Jahresgehalt, das sind 400 mehr als Textor, sein Großvater mütterlicherseits und höchstbezahlter Beamter Frankfurts, je bezog. An der Jenaer Universität, der

Goethe später als Kulturminister vorstand, erhielt der außerordentliche Professor Hegel hundert, der ordentliche Professor Schiller zweihundert Taler jährlich.

Die Ballade »Der Sänger« ist ein Gedicht des Wirklichen Geheimen Rats. Der »Knecht der Verhältnisse« (Börne) dichtete sich damit seine Sehnsucht nach dem reinen, freien Dichterleben vom Leibe, kompensierte so sein eigenes Verhalten, als es seinem Ideal nicht standhielt. Kaum jemand ging bewußter mit Geld und guten Worten um als Goethe. »Die doppelte Buchführung«, rühmt er, »ist eine der schönsten Erfindungen des menschlichen Geistes und ein jeder guter Haushalter sollte sie in seine Wirtschaft einführen.« Allein im »Sänger« nimmt er von der Ur- bis zur Druckfassung über zehn Änderungen vor. Goethe ist für seine lebenslangen sorgfältigen Überarbeitungen und die strenge Auswahl seiner Gedichte bekannt. Bekannt auch, daß er mit Verlegern ums Honorar zu feilschen verstand wie kein zweiter und als erster – und nur für sich! – ein Copyright für seine Schriften durchsetzte, sogar bis fünfunddreißig Jahre nach seinem Tod. Goethe war nicht nur der größte Dichter, er machte zudem das größte Buchgeschäft seiner Zeit: auch das war »Lohn, der reichlich lohnet!« So kalkuliert kein Vogel, kassiert kein Ideal.

Es ist der ewige alte Widerspruch zwischen Dichtung und Wirklichkeit. Wird die Ballade, wird ihr Verfasser dadurch geringer? Nein. Dieser Fall beweist nur einmal mehr, wie töricht es ist, die Ebenen zwischen Fiktion und Realität zu verwechseln. Hüten wir uns, für bare Münze zu nehmen, was die Dichter sagen. Geben wir sie ihnen. Das ist seliger.

PS. Nicht bekannt ist, ob »Der Sänger« den Becher aus »purem Golde« nicht am Ende doch noch mitgenommen hat.

1990

Anspruch und Verantwortung

Zum Verhältnis von Schriftstellern und Politikern

Die Feststellung, daß das Verhältnis von Literatur und Politik, falls überhaupt vorhanden, ein schlechtes sei, gehört seit jeher zum verbalen Komment auf beiden Seiten. In der Tat gibt es wenig Gemeinsames zwischen den »feindlichen Indianerstämmen«, wie Enzensberger sie nennt, ja, die Animosität wird von beiden Seiten sogar eher als Aufwertung des eigenen Berufsstandes denn als Mangel empfunden.

Der Künstler macht, was er allein muß, er allein für nötig hält, er allein so und nicht anders und nicht besser kann. Er hat keine andere Aufgabe, als die, die er sich stellt. Grenzen setzen ihm allein Talent und Material, in unserem Fall die Sprache. Für den Politiker gilt das Gegenteil: Er kann nur tun, was ihm die wirtschaftliche und politische Lage erlaubt und abverlangt, sein Handeln ist durch Verfassung und Gesetze geregelt, seine Aufgabe wird durch den Wähler bestimmt – und begrenzt.

Der Autor hingegen darf alles – auf dem Papier. Romancier und Dramatiker sind hier unumschränkte Herrscher, können tun und lassen, was sie wollen; Herren über Leben und Tod, bauen und zerstören sie Welten mit einem Federstrich. Der Lyriker richtet seinen Blick vor allem nach innen. Günter Kunert nennt das Gedicht eine »Beihilfe zur Introspektion«, früher nannte man das Gewissenserforschung. Das Gedicht vor allem, aber auch die anderen Literaturgattungen versuchen immer zweierlei: Sie wollen zum einen die Verkrüppelungen, die einem Menschen im Laufe seines Lebens widerfahren, wieder spürbar machen. Das schmerzt. Sie rühren aber auch – und darin hegt ihre Verlockung – an die Ganzheit, den Kern des Menschen, an das Beste in ihm, an das, was ihn zum Menschen macht. Nicht unbedingt durch ihren Inhalt, der kann banal, ja geschmacklos sein. Im Werk gelten für den Autor nur die Gesetze der Sprache, und auch die nur, um sie gelegentlich zu übertreten.

Es ist wahr: Literatur hat noch nicht eine Rakete verschrottet, kein Kind vorm Verhungern oder im Regenwald einen Baum vorm Abholzen gerettet. Sie bietet keine Lösungsmöglichkeiten für konkretes Handeln, aktuelle Probleme. Literatur vermehrt das Wissen über uns selbst. Insbesondere die Dichtung eines Volkes macht immer wieder deutlich, was nur in dieser Sprache gesagt werden kann. Hier, so T. S. Eliot, liegen »die geistigen Aspekte von Problemen, deren materiellen Aspekt die Politik zum Gegenstand hat«. Die Hypothese, regelmäßige Lektüre zeitgenössischer Lyrik bringe bessere Politiker hervor, wäre eine vergnügliche Langzeitstudie wert. Was geht wohl im Kopf eines Volksvertreters vor, der einen Autor mit den Worten begrüßt: »Meine Frau hat alle ihre Bücher gelesen.« Und das auch noch in guter Absicht!

Dem literarisch enthaltsamen Politiker entspricht der politisch abstinente Autor, der dem politischen Tagesgeschehen den Rücken zuwendet. Doch während die Leseunlust eines Politikers kaum Einfluß auf die Literaturproduktion seiner Landeskinder haben durfte, steht selbst der hermetischste Lyriker immer in den ökonomischen, politischen, sozialen und geistigen Bewegungen seiner Zeit und nimmt, indem er – und sei es noch so indirekt – auf ihre Sprache und Sensibilität einwirkt, mit jeder Veröffentlichung Einfluß auf die Gesellschaft. Die Zeitgenossenschaft befugt den Autor selbstverständlich, seine politische Meinung zu äußern – wie jeden anderen Demokraten auch. In dieser demokratischen Gleichmacherei aber liegt für ihn ein Stachel, bedingt durch eine Art Berufskrankheit. Gerade das, was er für seine Arbeit am Schreibtisch braucht, wird ihm hier zur Falle. Das papiergezeugte Omnipotenzgefühl, die rigorose Gnadenlosigkeit der Introspektion, eine besessene Heile-Welt- oder Katastrophen-Verliebtheit liegen politischen Äußerungen mancher Autoren wie ein Grundakkord zugrunde.

Auch sein vertrauter Umgang mit der Sprache verschafft dem Autor, anders als es häufig angenommen wird, einen rhetorischen, aber keinen inhaltlichen Vorsprung, wenn es darum geht, eine politische Meinung klar zu äußern. Er trainiert am

Schreibtisch täglich das Gegenteil. Kunstwerke leben von der Fähigkeit zur Intuition, Assoziation, Phantasie ihres Hervorbringers, sie sollen offen, mehrschichtig, vieldeutig sein; dies gilt vor allem für Gedichte, die erst im Kopf des Lesers zu Ende geschrieben werden. Ihre Deutung liegt außerhalb der Verantwortung des Autors, Mißbrauch eingeschlossen, Fehlinterpretationen auch. Im Kunstwerk ist der Autor allein seinem Material, der Sprache, verantwortlich. Welche Versuchung, eben diese Fähigkeiten auch in die politische Rede einzubringen. Hier aber sind sie durchaus fehl am Platz. Hier sind Eindeutigkeit und eine klare, unmißverständliche Argumentation gefragt; hier ist er verantwortlich dafür, wie er verstanden wird; hier hat er sich auch inhaltlich zu verantworten wie der Politiker. Ebensowenig wie der Politiker einen »Praktikerbonus« in Anspruch nehmen kann, wenn er einen Roman oder ein Gedicht veröffentlicht, sollte der Autor mit dem »Träumerbonus« spekulieren. Es sei denn, er stellt die provozierende Redeblume über den vernünftigen Inhalt und nimmt in Kauf, daß er nicht ernstgenommen wird und sich gar geehrt fühlt, wenn zurückgeschlagen wird. Wie genüßlich schmatzen manche Kollegen bei jeder sich bietenden Gelegenheit noch heute an den Auslassungen des früheren bayrischen Ministerpräsidenten. Wie Kinder, die alles ertragen können, nur nicht, links liegengelassen zu werden. Nicht von ungefähr warf Georg Simmel ihnen schon vor Jahrzehnten »sterile Aufgeregtheit« vor und Max Weber »eine ins Leere verlaufende ›Romantik des intellektuell Interessanten‹ ohne alles Verantwortungsgefühl«.

Politikerworte haben ihr Korrektiv in der Realität. Ihr Wort wird an ihrem Handeln gemessen. Politiker müssen, was sie sagen, verantworten. Ob ihre Antwort akzeptiert wurde, sagen ihnen die Wahlen.

Der Autor hat der faktischen Macht des Politikerworts nichts entgegenzusetzen – als wiederum das Wort. Daher ist im Hinblick auf dessen Gebrauch seine Verantwortung sogar noch größer als die des Politikers. Den politischen Worten des Autors sind seine literarischen schon vorausgegangen. Er hat sich durch Worte, nicht, wie der Politiker, durch Taten einen Namen gemacht. Seine literarische, nicht seine politische Kompetenz verschafft seinen politischen Äußerungen Aufmerksamkeit, Gewicht und einen Vertrauensvorschuß. Denn das Publikum vermag die Ebenen oft nicht sauber zu trennen und vermischt sie erst recht, wenn der Autor auch in seinem Werk gesellschaftspolitische Themen aufgreift. Die gelungene Darstellung eines Konflikts, literarische Angriffe gegen Unterdrückung, Visionen besserer Menschen und Welten stärken die Vermutung, die Hoffnung, dieser Autor könne auch den gegenwärtigen Konflikt w i r k l i c h lösen, den Angriff wirklich führen, die bessere Welt aus dem Ärmel schütteln. Bramarbasiert er dann noch mit wehenden Sätzen, unbehelligt von Fachwissen, über die Niederungen der Sachzwänge hinweg, auf die Gipfel einer Heiligenschein-Moral, haut er dem Politiker seine Nichtsnutzigkeit so richtig um die Ohren, sind die Vermengung der Ebenen, die Täuschung perfekt, der Beifall gewiß. Wer wird schon gern aus seinen Träumen gerissen!

Wie kein anderer hat der Autor die Macht, sein Publikum ins Nirwana der Utopien zu verführen, dessen inneren Schweinehund zu füttern, ihm Science-fiction als Wissen um die Zukunft zu verkaufen. Darauf zu verzichten heißt durchaus nicht, in Schönfärberei zu verfallen oder einer Partei nach dem Munde zu reden. Heißt auch nicht, nur bei detaillierter Sachkenntnis sich äußern zu dürfen. Der Autor ist so wenig ein Universalgenie wie der Poltiker. Doch Grundkenntnisse über wirtschaftliche und soziale Strukturen, die schließlich die Basis des Lebens jedes einzelnen ausmachen, sind keine Schande. Die Koketterie, mit der Kollegen ihr Desinteresse an ökonomischen Zusammenhängen bekunden, um dann munter vom Elend in der Dritten Welt zu plaudern, ist nicht minder dümmlich als das vorne zitierte Geständnis eines Politikers hinsichtlich seiner Lektüre.

Solche Haltungen resultieren aus dem Mangel an Respekt vor der Arbeit des anderen. Wo dieser fehlt, kann kein Verständnis erwachsen und schon gar keine Annäherung. Respekt setzt Kenntnis voraus. Ich spreche hier nicht von einer als Toleranz getarnten Geringschätzigkeit, dieser Duldung aus Gleichgültigkeit, wie sie gelegentlich alte Ehepaare praktizieren, wenn der andere ihnen nicht einmal mehr ein böses Wort wert ist. Respekt setzt voraus, daß ich die Arbeit des anderen ernst nehme in ihrer Eigenart und Andersartigkeit. Respekt meint nicht Kritiklosigkeit und für den Autor schon gar nicht Gefolgschaft für einen Politiker oder eine Partei.

Daß nach der Vereinigung alte Grabenkämpfe noch einmal aufflackern, halte ich für wahrscheinlich. Ist es westdeutschen Autoren, die jetzt und in Zukunft den nostalgischen Antikapitalismus ihrer ostdeutschen Kollegen mit forschen Worten unterstützen, eigentlich klar, daß sie damit nicht, wie sie in gutem Glauben vielleicht noch immer annehmen, auf der »Seite des Fortschritts« stehen, sondern sich ins Lager der Ewiggestrigen schlagen?

Nie, außer in den Nachkriegsjahren, mag für Autoren die Verlockung, den Schreibtisch mit dem Rednerpult zu vertauschen, größer gewesen sein als gegenwärtig. Politik ist eben nicht »das Reich der Wiederholung«, es gehört nicht »zu deren Obliegenheiten, immer dasselbe zu sagen«, wie Enzensberger in saturiertem Demokratiebehagen noch vor zwei Jahren behaupten konnte.

Doch wir müssen den Fehler der sechziger Jahre, als die Autoren den Politiker in sich entdeckten und ihre Literatur auf die Straße und damit geraden Wegs in die Sackgasse schickten, nicht wiederholen. Das Wertvollste, also das, was allein der Autor seinen Zeitgenossen mitteilen kann, entsteht wie eh und je nur in der Einsamkeit, im Rückzug vor das leere Blatt Papier. Hier hat er seine Arbeit zu tun. Und nur, wenn es ihm unbedingt notwendig erscheint, soll er diesen Platz verlassen, um sich einzumischen, wie jeder andere Demokrat auch.

1990

Rosemarie Trockel, »Antigone«, 2001, Druckgraphik

Antigone

Zu der Graphik von Rosemarie Trockel

Helle Flecken, aufleuchtend aus einer schwarzweiß gestreiften Fläche. Streifen wie Regen auf einer Fensterscheibe. Streifen wie Tränen? Helle Flecken wie ein Profil. Das Profil einer Frau. Helle Flecken unter einem dunklen Rand: Lippen und Zähne. Lächelnde Lippen? Gebleckte Zähne? Hell wie die Flecken, die das Profil formen, ist auch der starke Strich, der sich schräg über die Zähne zieht, hell auch die Senkrechte, die den Strich durch den Mund in einer Vorrichtung auffängt, die aussieht, als könne man sie in der Höhe verstellen, manipulieren. Ein Fremdkörper, ein mechanischer Gegenstand, ein verletzender Gegenstand. Ein Metallgestänge? Ein Knebel? Das Lächeln, wenn es denn eines war, ist zerstört, die unversehrte Freundlichkeit des Profils zuschanden.

Rosemarie Trockel hat dem Profil einen Namen gegeben: Antigone. Namen geben Geschichte. Namen haben Geschichte. Antigone: erste Titelheldin der dramatischen Dichtung. Sophokles machte sie dazu (468 v. Chr.), in einer der berühmtesten Trägodien des Abendlandes. Antigone: erste Heldin und erste Leidende. Erste Rebellin. Denn das junge Mädchen widersetzt sich Kreon, dem König von Theben, und begräbt trotz dessen Verbot ihren Bruder, der feindlich die Stadt erobern wollte. Kreon läßt sie in eine Höhle schleppen. Der sichere Tod durch Verhungern. Lebendig begraben.

Rosemarie Trockels Antigone lebt. Aber sie ist mund-tot. An die Kandarre genommen. Sie hat den Gesetzen der Gesellschaft widersprochen. Die Gesellschaft ist Kreon; er hat sie ausgeschlossen. Weggesperrt. Ihr Wort ist aus der Welt geschafft. Kreon ist Macht und Gesetz, die Beschränkung des Individuums, aber auch der Schutz, den ein Staat seinen Bürgern schuldet. Antigone hingegen beruft sich auf älteres Recht, das des Blutes, der Geschwisterliebe, der Menschlichkeit. Nicht von ungefähr ist der Schlüsselsatz in ihrer Rede an Kreon zum geflügelten Wort geworden: »Nicht mitzuhassen, mitzulieben bin ich da.«

Doch haßt Kreon? Er hat seine Schutzbefohlenen im Auge. Auch er glaubt sich im Recht, allerdings in einem menschengemachten, dem göttlichen untergeordneten Recht. Erst als ihm ein Prophet weissagt, seine Haltung bringe Unheil über die Stadt, stürzt er zur Höhle, um Antigone zu befreien.

Kreon und Antigone. Die Personen haben das Unwesentliche abgestreift; ihre Konflikte sind Urkonflikte der Menschheit. Im griechischen Mythos steckt ein Element der Transzendenz, des Unabgeschlossenen, Unausgesprochenen. Des Unaussprechbaren? Hier liegen die psychischen Wurzeln unserer Kultur. Der Einzelne und die Gesellschaft; Frau und Mann; Jugend und Alter; Tote und Lebende; Staatsrecht gegen göttliches Recht (heute würden wir sagen: Menschenrecht): Aspekte des Antigone-Mythos, die zu immer neuen Sichtweisen herausfordern. So gibt es seit der ersten Übertragung des Sophokles-Dramas durch Martin Opitz (1636) allein im Deutschen nahezu einhundert Übersetzungen! Künstler, Philosophen, Wissenschaftler aller Länder und Zeiten, von Hölderlin über Kierkegaard, Heidegger, Brecht, Döblin bis zu Anouilh, wurden von diesem Stoff ergriffen und haben ihn für ihre Epoche geformt und gedeutet. Für unsere Zeit am nachdrücklichsten Heinrich Böll in seinem Drehbuch »Deutschland im Herbst« (1979). Ulrike Meinhof (Antigone), in der Isolationszelle »lebendig begraben«, begeht dort Selbstmord. Der Staat enthält der Familie zunächst ihren Leichnam vor. Hat nicht der Staat, hatte nicht Kreon Recht, das Überleben der Gesellschaft mit der Unbeugsamkeit der Gesetze zu verteidigen?

Antigones kompromißlose, schroffe Haltung wurde und wird meist als unbeugsamer Heroismus verstanden. Das hat ihrem Namen viel Bewunderung eingetragen. Antigone als Verkörperung des älteren, erdverbundenen Mutterrechts und Kreon, Vertreter der männlichen Welt politischen Handelns, stehen sich, in ihrer Starrheit einander gleich, unversöhnlich gegenüber. Sie können und wollen einander nicht verstehen. Auch an ihrem furchteinflößenden Starrsinn, an der Ablehnung jeder Verständigung geht Antigone zugrunde.

Eine humanistische Heroine in verklärtem Schmerz ist Rosemarie Trockels Antigone nicht. Jeder Strich besiegelt die Starrheit ihrer Gesichtszüge. Ihre zusammengebissene Qual quält den Betrachter. So nicht! schoß es mir durch den Kopf beim ersten Anblick dieses entstellten Profils. Aber wie dann? Bei Sophokles erhängt sich Antigone selbst. Kreons Einsicht kommt zu spät. Sophokles mußte den Konflikt zuspitzen und verschärfen. Ohne den Zwang zur Entscheidung gibt es kein Drama.

Rosemarie Trockel mutet dem Betrachter den andauernden scharfen Schmerz gezüchtigter Menschlichkeit zu. Wir könnten die Augen schließen. Wegschauen. Oder aber dem Bild neue, eigene Bilder hinzufügen.

»Aus Eigensinn folgt wahrlich nur verkehrtes Tun«, lesen wir bei Sophokles, »daß Wohlberatenheit der Güter höchstes ist« und »daß ein Geist der Rat verschmäht/Am Menschen wohl das höchste Übel ist«.

Mein Kreon nimmt Antigone den Knebel aus dem Mund. Die schüttelt ihr Haar und wendet ihm das Gesicht zu. Ernst. Und dann reden sie miteinander. Hören einander zu. Suchen gemeinsam nach dem verborgenen Wort, das beide gleichermaßen erlöst aus dem Käfig ihrer festgezurrten Meinungen. Ein Wort, jenseits von Wahrheit und Lüge, einen Satz, dem man glauben könnte. Bis zur nächsten Antigone.

2001

Grau ist die Farbe der Hoffnung

Die Dichterin Irina Ratuschinskaja

»Erwärmung«, schreibt Irina Ratuschinskaja in ihrem »Bericht aus einem Frauenlager«, sei »das erste Knastwort« gewesen, das sie gelernt habe. Sie hört es, als ihr jemand beim Transport ins Lager nach Mordwinien ein Bonbon zusteckt und begreift zunächst nur die symbolische Bedeutung »das Herz erwärmen«; später versteht sie, daß es auch ganz schlicht um physikalische Wärme, Kalorien geht, wenn man überleben will. Und das wollte Irina Ratuschinskaja. Seelischer und körperlicher Kälte abgetrotzt ist ihr Buch selbst zu einer »Erwärmung« geworden, ein Hohes Lied der Menschenliebe, ein uneingeschränktes Ja zum Leben. Immer wieder habe ich die Lektüre unterbrochen und die Fotos in der Mitte des Buches angeschaut, um mir die Gesichter einzuprägen, bis sie mir beim Lesen der Namen vor Augen standen: Frauen unterschiedlichen Alters und verschiedener Herkunft, eine kommt aus der Frauenbewegung, eine ist Katholikin, eine hat Gedichte ihres Mannes illegal verbreitet, die meisten waren aktiv in der Menschenrechtsbewegung. Irina Ratuschinskaja, mit 29 Jahren die Jüngste, ist wegen ihrer Gedichte zu sieben Jahren Lager, strenges Regime, und fünf Jahren Verbannung verurteilt worden. Vier davon verbüßt sie in Braschewo, dann wird sie, mittlerweile ein weltweit berühmter Fall, von Gorbatschow begnadigt. Sie lebt heute in London.

Ob sie Gedichte gegen die Macht geschrieben habe, wird sie einmal gefragt. »Nein«, antwortet sie, »unabhängig von ihr.« Diese Unabhängigkeit bewahren sich Irina Ratuschinskaja und ihre Gefährtinnen selbst unter den extremen Bedingungen der Haft. Sie wissen, daß der KGB darauf aus ist, sie zu brechen, kleinzumachen, sie sollen zu Kreuze kriechen, um dann als Spitzel eingesetzt oder als »Bekehrte« in den Medien vorgeführt zu werden. Doch selbst da, wo Normen des menschlichen Lebens wie Sauberkeit, Hygiene, Schamgefühl außer Kraft gesetzt sind, Lüge und Brutalität den Alltag prägen, liefern sich diese

Frauen niemals aus. Sie, die Entrechteten, Wehrlosen prüfen »jede Lagervorschrift auf ihren Sinn«. Sie arbeiten gewissenhaft, »Fäustlinge für Arbeiter zu nähen ist keine Schande«, aber sie weigern sich, den Aufsehertrakt zu säubern oder die »Erkennungsmarke« zu tragen. »Natürlich wird das bestraft, wir wissen es. Aber so verlieren wir unsere menschliche Würde nicht und verwandeln uns nicht in dressierte Tiere.« So wird das Anheften oder Weglassen der Erkennungsmarken zu einer ständigen Machtfrage. Die Frauen gehen lieber in den berüchtigten SCHISO, wo sie nur mit Unterhose und sackartigem weitausgeschnittenem Leinenkittel bekleidet hungern und frieren müssen, als in dieser scheinbar nebensächlichen Angelegenheit nachzugeben. Doch: »Wenn der Hund erst die Hand leckt, zwingt man ihn, auch die Stiefel zu lecken.« Und: »Was sonst bedeutet das Lager als: Erprobung der Standfestigkeit.«

Aber Irina Ratuschinskaja hat auch Verständnis für alle, die die Kraft einmal verläßt, und ist, anders als manche, die selbst nie inhaftiert waren, nicht bereit, jemanden leichtfertig wegen Kleinigkeiten zu verurteilen. »Wenn einem anderen Menschen die Kraft versagt, dann stütze ihn, wenn du selbst genug Kraft hast.« Die Frauen in der Kleinen Zone, wie ihr von den übrigen Häftlingen abgetrennter Trakt heißt, können sich aufeinander verlassen: »Wir teilen Freuden und Leiden gemeinsam.« Als Irinas Mann sie einmal in vier Jahren für ein paar Stunden unter Bewachung besuchte, wird sie von den anderen »herausgeputzt wie eine Braut«, mit einer neuen Bluse, gekräuselten Haaren, »Frau bleibt eben überall Frau«. Abends feiern die Frauen das Wiedersehen der einen noch einmal unter sich. Andererseits halten alle zusammen, wenn eine von ihnen wahllos herausgegriffen und schikaniert wird. »Ihr wollt uns quälen – dann alle zusammen und nicht nur eine.« So wird der Lageraufenthalt zu einer fast ununterbrochenen Kette von SCHISO, PKT (verschärfte Haftbedingungen) und Hungerstreiks. »Hauptmerkmal unseres Lagerdaseins ist, daß wir für jedes, auch für das kleinste Recht, einen beständigen Kampf führen müssen.«

Doch diese Kämpfe, sei es um eine Suppe ohne Würmer oder eine Krankenhauseinweisung bei lebensgefährlichem Fieber, schweißen auch zusammen, machen die einzelne und die Gruppe stark. Eine Selbstverständlichkeit ist das nicht. Auch Irina Ratuschinskaja erwähnt, besonders als in einem Raum für fünf die meiste Zeit elf Frauen, dazu noch mit einem hysterischen Spitzel leben müssen, interne Probleme. In der Regel jedoch gelingt es, die »Fehler (zu) vermeiden, die die Lager der Kriminellen zu wahren Höllen machen«. In der Kleinen Zone wahrt man Distanz, ist höflich und per Sie, respektiert die »Innenwelt des anderen«. Immer wieder wird der Unterschied zu den gewöhnlichen Häftlingen sinnfällig, die sich in heftige lesbische Eifersuchtsdramen verstricken, sich lieber selbst verstümmeln als zu arbeiten, tablettensüchtig werden, vor den Aufsehern kuschen.

Irina Ratuschinskaja ist weit davon entfernt, den Stab über sie zu brechen. Im Gegenteil. Dostojewski, der 1849 von Zar Nikolai I. zum Tode verurteilt und erst in letzter Sekunde begnadigt und ins Lager geschickt wurde, schreibt in seinen »Aufzeichnungen aus einem Totenhaus«: »Auch in Sibirien unter Mördern habe ich Menschen kennengelernt … es waren außergewöhnliche Menschen. Vielleicht waren es die Begabtesten, die Stärksten unseres Volkes. Aber ihre gewaltige Energie wurde unnütz vertan.« Auch Irina Ratuschinskaja erfährt Hilfe und Anteilnahme, wo sie kaum zu erwarten war: »Ich danke dir, Gott im Himmel, daß ich durch die Gefängnisse mußte, daß ich Gedichte und Bücher vor dem KGB verstecken mußte, daß ich in Karzern schmachten und hungern mußte. Erst nach Aufnahme dieses offenen Kampfes erlebte ich, wie mir fast alle, die mir auf meinem Weg begegneten, halfen … euer Leben wurde verkrüppelt, eure Seele aber blieb«, schreibt sie und nimmt selbst die Wärter nicht aus: »Irgendwo tief drin in ihrer von Schulterriemen eingeschnürten Brust gibt es Ansätze von Scham, von Gewissen und Mitleid – all das, was irgendwann einmal mein Volk retten wird.«

»Nirgendwo«, so die Dichterin, sei es ihr »zuwider, wo ich etwas Neues erfahren kann«, selbst wenn dieses »Neue« »kalte schlaflose Nächte, frierende Mäuse, die uns in die Ärmel und unter die Röcke krochen, ein aufgeschwollener Körper, kiloschwere Ödeme« sind, denn all das führt zu der »erstaunlichen Erfahrung: Daß nämlich alle für uns und gegen unsere Henker sind, und die meinen dummen jugendlichen Stolz brachen und den Hochmut dahinschmelzen ließ, der meine Seele hätte zerstören können«. Dieben, Schwarzbrennern, Mördern liest sie ihre Gedichte vor, »die keinen Pfifferling wert wären, wenn diese Menschen sie nicht verstehen würden – viele von uns haben sich schon schrecklich weit entfernt von unserem Volk«. Nicht minder eindringlich wie vor dem Hochmut warnt Irina Ratuschinskaja vor dem Haß: »... weil er alles andere verdrängen, auffressen, Ihre Seele verkrüppeln würde ... er zerstört Ihre Persönlichkeit, und ein hysterisches, unzurechnungsfähiges, vertiertes Wesen wird in die Freiheit hinausgehen.« Die ganze Stärke ihrer Persönlichkeit verdichtet sich in dem Rat, wie gegen diesen Haß anzugehen sei: »Suchen Sie etwas, das komisch ist an ihm: Humor tötet Bösartigkeit. Oder bedauern Sie ihn. Denn obwohl Sie in keiner beneidenswerten Lage sind, möchten Sie doch nicht etwa mit ihm tauschen!« Irina Ratuschinskaja hat ihre Erkenntnisse vom Menschen unter wahrlich unmenschlichen Bedingungen erworben. Heute, schreibt sie, denke sie oft, wenn sie in ein neues Gesicht blicke, wie es wohl wäre, »wenn wir zusammen die Balanda löffeln, die Latrine rausschleppen und hungern müßten«? Nach ihrer Entlassung gefragt, worauf sie eingeschworen sei, antwortet sie: »Auf das Menschenrecht.« Ihre Seinsgewißheit, ihr unverbrüchlicher Glaube an den Sinn des Lebens, läßt sie diesen sogar im Lager erkennen, nämlich »zu beweisen, daß das möglich ist, das auszuhalten, ohne Positionen aufzugeben«.

Irina Ratuschinskaja ist dankbar für ihre Erfahrungen. Wir müssen ihr dankbar sein für dieses Buch. Wie Dostojewski glaubt sie an die subversive Kraft der Liebe, doch anders als er ist sie weit davon entfernt, das Leiden als Auszeichnung zu mystifizieren. Diese Frauen, diese Menschen wollen nicht leiden, sie wollen leben, menschenwürdig leben. Eine Ode, wie sie Dostojewski auf den Tod seines Peinigers Nikolai I. schrieb, wird die Ratuschinskaja auf Breschnew gewiß nicht verfassen. Doch dem KGB-Mann, der sie aus dem Lager nach Hause fährt, bietet sie einen Kaffee an. Sie weiß: »Wir sind die Sieger!«

Wir, ihre Leser, sollten ihren Appell beherzigen, wenn sie an ihre Leidensgefährten erinnert: »Helfen wir ihnen! Kämpfen wir auch sie frei! Glaubt mir, ihr Leute von der dritten Seite: Alles hängt von euch ab, und ihr könnt sehr viel mehr erreichen, als ihr denkt!«

1988

Irina Ratushinskaja wurde nach dem Gipfel in Reykjawik, wo sich Ronald Reagan und Michail Gorbatschow im Oktober 1986 trafen, freigelassen. Sie lebte eine Zeitlang in den USA, später bis Ende der neunziger Jahre in London. Heute wohnt sie mit Mann und Kindern in Moskau.

Heimat oder Freiheit?

Der Fall Nisametdin Achmetow

Schriftsteller und Journalisten, die ein Staat allein wegen ihrer Gesinnung der Freiheit beraubt, können vom Internationalen PEN und von den nationalen PEN-Clubs zu Ehrenmitgliedern gewählt werden. Es ist dies eine wirkungsvolle Möglichkeit, einen Fall in die Öffentlichkeit zu tragen, die Aufmerksamkeit zu verstärken, zur Schonung und schließlich auch zur Befreiung des Inhaftierten beizutragen. Das Werk steht dabei nicht zur Diskussion.

Auch das Schicksal Nisametdin Achmetows gebot diese Wahl, ebenso wie die Auszeichnung mit dem »Rotterdam International Poetry Award«. Denn daß einem Menschem, der sich mit achtzehn Jahren aus jugendlicher Aufsässigkeit einer nationalen Bewegung anschließt, und durch immer neue Verurteilungen zwanzig Jahre Gefängnis, Lager und Psychiatrie erwachsen, ist durch kein Gesetz der Welt zu begründen, geschweige denn zu rechtfertigen.

Achmetow wurde zunächst nicht, wie der zehn Jahre ältere, hervorragende Lyriker Wassyl Stus, der 1985 trotz aller Bemühungen um seine Freilassung im Lager starb, oder die etwa gleichaltrige Irina Ratushinskaja, die nun seit 1987 in England lebt, wegen schriftstellerischer Arbeiten verhaftet. Zu schreiben begann er erst im Lager, erst die Haft machte aus dem rebellischen Trotzkopf einen ernsthaften Kämpfer für Menschenrecht und Menschenwürde. Machte sie einen Schriftsteller aus ihm?

Im S. Fischer Verlag sind nun einunddreißig von vierzig Gedichten erschienen, die er auf die Rückseite des Urteils von 1969 gekritzelt hatte. Auf Streichholzschachtelgröße zusammengefaltet, gelangten sie vor einiger Zeit in den Westen. Die Gedichte stammen aus den Jahren 1975 bis 1983 und haben in Rolf-Dietrich Keil sicherlich einen liebevoll-bemühten, kenntnisreichen Übersetzer gefunden. Dennoch: Bedeutsam sind die Gedichte vor allem durch das Schicksal ihres Autors, sie rühren an als Zeugnisse einer gepeinigten Kreatur, die als letzte Bastion gegen die Unmenschlichkeit das dem Leiden abgerungene unendlich schwache, unendlich starke Wort findet. Daß diese Gedichte dem Autor halfen zu überleben, ist viel, ist genug. Wer wollte angesichts von Folter und Einzelhaft, Hunger und Überdosen von Psychopharmaka fragen, ob die Metaphern originell, die Form konventionell, ob diesen Notschreien ein Platz im Parnaß der Dichtung gebührt? Treffende Bilder gelingen immer wieder wie in dem Gedicht »Niemals«, wenn es heißt: »... Ein Frühlingstrugbild,/niemandem zunutz,/streunt wie ein kranker Wolf/durch den Dezember.« Oder in der Elegie für die zehn jungen Häftlinge, die 1981 nach einem Hungerstreik in nordirischen Gefängnissen starben: »Nur mit einem einzigen Zweifel/Frag ich in diesen Tagen mich selbst:/Stell ich mich denn nicht an mit dem Blechnapf?/Bin ich es allein, der leidet,/Bin ich es allein, der da aufißt/Sein Gewissen mit seiner Ration?«

Um zur Freilassung des Autors beizutragen, kommt die Veröffentlichung zu spät. Denn im Juni 1987 wurde der Autor aus der Gefangenschaft entlassen, durfte in den Westen ausreisen und lebt heute mit dem Hamburger Stipendium der »Stiftung für politisch Verfolgte« in Hamburg und bei Frankfurt. In einem etwa vierzig Seiten starken Erinnerungstext, der den Gedichten vorangestellt ist, beschreibt er Szenen aus dem Lager, aus Kinder- und Schulzeit und versucht, eine erste Bilanz seines Lebens zu ziehen. Die assoziativ aneinandergereihten Szenen zeichnen das skizzenhafte Portrait eines Menschen, der aus dem Widerspruch lebte und lebt, einem Widerspruch, der nicht frei ist von selbstzerstörerischen Zügen. Ein »junger Demagoge« sei er als Schüler gewesen, den nicht »die Wahrheit interessierte, sondern einfach die Möglichkeit, zu diesem oder jenem eine eigene Meinung zu äußern, und je schärfer es dabei zuging, desto mehr Gefallen hatte ich daran.« Diese Haltung eines Protests um des Protestes, nicht um einer Sache oder einer Idee willen, bestimmt Achmetows Leben, macht ihm überall Feinde, aber auch Freunde, »starrköpfig« nennt er sich selbst. Kurz vor der Abschlußprüfung wird er von der Schule verwiesen, die Komsomolorganisation setzt sich für ihn ein, obwohl er kein Mitglied ist, so daß er ein externes Examen ablegen kann. Über die Ursachen seiner ersten Verhaftung erfahren wir nichts, dafür einiges von der unmenschlichen Behandlung im Lager. In der knappen, leidenschaftslosen Wiedergabe von Situationen und Vorgängen, die über Biographisches hinausreichen, liegt ein überzeugender Ansatz des Prosaautors Achmetow. Ein Beispiel: Einer der Wärter versorgt ihn mit Werken von Marx und Lenin so gewissenhaft wie mit Schlägen und Tritten, bis Blut fließt. »Ich konnte nur seine Schuhe unmittelbar vor meinem Gesicht sehen: sie waren blutbespritzt, die Hosenaufschläge ebenfalls. Später entdeckte ich, daß auch auf den Büchern der Klassiker des Marxismus Blutstropfen waren. Als ich sie Muska (dem Aufseher) zurückbrachte, entschuldigte ich mich für ihr Aussehen. ›Macht nichts‹, sagt er, ›Blut ist kein Schmutz.‹«

Sich über Nacht aus der sowjetischen Psychiatrie in einem westlichen Land wiederzufinden, muß zu »einer Explosion von Problemen, einer Springflut von Eindrücken, einem Hurrikan der Verwirrung führen«. Eines der Gedichte Achmetows lautet: »Es reicht nicht zu sagen:/Für Freiheit zahlt man mit Freiheit –/ Man muß es auch tun.« Achmetow hat nicht nur mit Freiheit, er hat auch mit »Heimat« gezahlt. »›Geld oder Leben?‹ – pflegten früher die Straßenräuber zu fragen. ›Heimat oder Freiheit?‹ – fragen heute deine Feinde ebenso wie deine Freunde.« schreibt Achmetow und resümiert: »… das eine im Namen des anderen zu opfern ist absurd, grausam, unmenschlich … weder dort noch hier ist ein Platz für mich, sowohl dort als auch hier, bin ich für alle ein Fremder und ist mir alles fremd.« Ohne Umschweife spricht er von einer »schweren Persönlichkeitskrise«, von einem »Gefühl unendlicher Müdigkeit, (dem) Gefühl, daß alles unwiderruflich zu spät und deshalb eigentlich nicht mehr nötig ist«.

Prosa und Gedichte zeigen vor allem eines: Es geht noch immer in erster Linie um den Menschen Nisametdin Achmetow.

Zum Überleben hat das Schreiben ihm geholfen, mag sein, es trägt jetzt dazu bei, daß er seinen Platz im Leben findet. Ob Achmetow ein Denken in Bildern wirklich die angemessene Form des Ausdrucks ist, muß sich noch erweisen.

1988

»Du hast dein Leben nur geträumt«
Die Gedichte von Wassyl Stus

Als ich vor drei Jahren während eines Besuchs in Moskau Mitglieder des dortigen Schriftstellerverbandes nach Wassyl Stus fragte, war die Antwort, man kenne ihn nicht. Westliche Zeitungen hatten soeben seinen Tod gemeldet. Der ukrainische Dichter war wegen »Verletzung der Kleiderordnung« – er hatte sich nach der Arbeit mit der Jacke auf seine Pritsche gelegt – zu zehn Tagen verschärfter Haft verurteilt worden und dabei an Unterkühlung gestorben.

Wassyl Stus wurde 1938 als Sohn ukrainischer Bauern geboren, studierte Pädagogik und entdeckte als Student und später als Soldat seine lyrische Begabung. Seit Mitte der sechziger Jahre nahm er an gesellschaftspolitischen Bewegungen teil, die sich gegen die Unterdrückung ukrainischer Kultur und Literatur richteten. Seine Meinung, die er unter anderem in offenen Briefen an das ZK der KP der Ukraine sowie den dortigen KGB äußerte, mutet heute an wie eine Vorwegnahme von Perestroika und Glasnost: »Das Bedürfnis eines gesunden Dialogs wird immer stärker. Unumgänglich ist ein Referendum akuter Probleme ... Diese Diskussion findet zwar statt, doch in anomalen Verhältnissen – entweder in geschlossenen Parteisitzungen oder in der Samisdat-Literatur.« Doch Anfang der siebziger Jahre hatte Stus leider recht, daß »eine gesunde Besprechung vieler Fragen verboten ist«. Von 1973 bis 1977 wird er in ein mordwinisches Straflager, anschließend in die härtesten Verbannungsgebiete, auf die Halbinsel Kolyma und bis 1979 nach Matrosawo geschickt. Seine Freiheit dauert kaum ein Jahr; im Mai 1980 wird Stus erneut verhaftet und wegen »antisowjetischer Agitation und Propaganda« zu insgesamt fünfzehn Jahren Freiheitsstrafe verurteilt; als »gefährlicher Rückfalltäter« muß er davon zehn Jahre im berüchtigten Lager Kutschino 31-1 verbüßen. Er erliegt den Haftbedingungen, in denen nichts als »das Gesetz der vollen Gesetzlosigkeit« gilt, nach fünf Jahren.

Erste Gedichte veröffentlichte Stus bereits 1959, sein erster Band »Winterträume« gelangt über den Samisdat in den Westen und erscheint 1970 in Brüssel. Nicht ein Übermaß an Leiden zwang ihn zur Zuflucht ins Wort, Stus ist als Dichter zum Märtyrer geworden. Sein poetisches Credo formuliert er in einem seiner literaturtheoretischen Aufsätze, in denen er sich zu Goethe und Rilke, Ungaretti und Quasimodo bekennt, so: »Ich lehne das Wort ›Poesie‹ ab und halte mich nicht für einen Poeten. Ich sehe mich als einen Menschen, der Gedichte schreibt. Ich meine: ein Dichter muß vor allem ein Mensch sein. Ein Mensch voller Liebe, der das natürliche Gefühl des Maßes überwindet und sich von ihm wie von einer Besudelung zu befreien versucht.« Bis in den Tod bleibt Stus dieser Maxime treu, ein großer Mensch, ein großer Dichter, sie scheinen mit- und aneinander zu wachsen.

Doch die Gedichte sind weit mehr als Überlebenshilfe. Die Erfahrungen des Leidens, der Erniedrigungen, der Demütigungen herrschen vor, doch selbst wenn er seine Ohnmacht herausschreit, bleibt er des Wortes mächtig. So läßt er uns nicht nur einen Blick tun in »dieses Kellerloch/fern der Welt«, er läßt uns gleichzeitig teilhaben an den Dimensionen menschlichen Elends, menschlicher Größe, die über die Situationen hinausweisen in existentielle Bereiche. Diese Gedichte haben keine Fürsprache nötig. Nicht einmal die des Schicksals ihres Verfassers. Sie sprechen mit jeder Silbe für sich. Auf erschütternde Weise bestätigen sie wieder einmal das Wunder, die Metamorphose von Wörtern zur Dichtung, die selbst in der Gestaltung von Verzweiflung und Leid trösten kann, wenn die Gestaltung geglückt ist. Doch ist der Beglückung, einem großen Dichter zu begegnen, auch die Trauer beigemischt, daß dieser Mensch zu Tode gequält wurde. Sie zwingt dazu, das Buch immer wieder aus der Hand zu legen, denn wir erleben mit, wie Stus gegen den Tod anschreibt, gegen den Mord an Körper, Seele und Geist; fühlen, wie einer mit letzter Kraft acht gibt, »der Verzweiflung zu widerstehen/und mich der Einsamkeit des Todes nicht zu ergeben«. Um dann doch zu erkennen: »Freude, das ist nur der Tod.« Leben und Leiden sind eins; selbst die »Träume tun weh«, und »Hilfe und Rettung«

bringt nur »das verborgene Land«. Das Eis, die Kälte, der Schnee, die Erstarrung dominieren die Bilderwelt, »unbarmherzig/wird unser verschneiter Kopf/gegen die Ewigkeit geschlagen«, selbst von Gott ist »keine Stütze/zu erflehen«.

Charakteristisch für die Gedichte ist der Zwiespalt der Empfindungen: »Diese Tage und Nächte unterdrücken mich/wie ein grausiger Traum/und geben mir unendliche Kraft«; die Heimat ist »Saft und Gift«; der Tod erscheint als Freund und Feind, Verlockung, Versuchung. Erinnerungen an die Mutter, die Frau sind Trost und Schmerz zugleich, jeder Gewinn immer auch Verlust, nirgends Geborgenheit, Dauer. »Wie sehr will ich sterben«, verzweifelt der Dichter, aber der Wille zum Leben ist stärker. »Leb so –«, befiehlt er sich selbst, auch wenn jeder Tag, jede Zeile ein neues Zur-Wehr-Setzen erfordern gegen den Verlust der Hoffnung, der menschlichen Würde, die »Erfrierungen der Seele«. So gelingen selbst unter diesen barbarischen Bedingungen Bilder voller Zuversicht. Stus findet sie in der Natur. »Der goldene Honig des Löwenzahns duftet«, beginnt ein Gedicht; so könnte ein Naturgedicht beginnen, entstünde es nicht in einem Straflager. Es endet: »Leben ist Strafe. Strafe ein Almosen./Und wir sind wie Geröll der Ewigkeit.«

Wassyl Stus ist tot. Daß seine Gedichte, für die er 1982 den Internationalen Ehrensold in Rotterdam erhielt, heute in halboffiziellen Veranstaltungen in Kiew gelesen werden dürfen, trauriger Trost. Noch gibt es politische Gefangene in der UdSSR, obwohl Gorbatschow auf der Moskauer Parteikonferenz im Juli dieses Jahres gefordert hat, die Sowjetunion habe sich in einen »Rechtsstaat« zu verwandeln. Victor Rafalsky, Ehrenmitglied des bundesdeutschen PEN, befindet sich noch in Haft. Was steht seiner Freilassung entgegen?

1988

Nach der Auflösung der Sowjetunion verlieh man Stus 1993 posthum für sein Gesamtwerk die staatliche Schewtschenko-Prämie der Ukraine. Seine Werke erschienen in den folgenden Jahren in mehreren Ausgaben.

Ihr Toren, die Ihr im Koffer sucht! Hier werdet Ihr nichts entdecken! / Die Contrebande, die mit mir reist, / Die hab ich im Kopfe stecken.
HEINRICH HEINE, »Deutschland. Ein Wintermärchen«

Kunst als Contrebande
Oder: Wann darf wer nach China fahren?

Vor drei Jahren unterzeichneten der damalige Hamburger Bürgermeister Klaus von Dohnanyi und Jiang Zenin, ehemals Bürgermeister und Parteichef von Shanghai, den Partnerschaftsvertrag beider Städte. Heute ist Jiang Zenin Generalsekretär der chinesischen KP, Nachfolger Zhao Zi-yangs, der wegen seiner Offenheit und Reformbereitschaft abgesetzt wurde. Im vergangenen Jahr reisten Wirtschaftsexperten und eine große Kulturdelegation nach Hamburg, es fanden zahlreiche Lesungen chinesischer Autorinnen und Autoren und Gespräche mit deutschen Kollegen statt, man lernte einander kennen und freute sich auf ein Wiedersehen in Shanghai. In diesem Jahr sollten drei Autorinnen und vier Autoren die chinesische Hafenstadt besuchen. Das Programm stand bereits bis in die Details fest, als der Versuch des chinesischen Volkes, sein Schicksal selbst zu bestimmen, ein gewaltsames Ende fand. Ingo von Münch, Zweiter Bürgermeister und Kultursenator sagte seinen Besuch daraufhin ab. In der Autorengruppe gehen die Meinungen, ob man reisen sollte oder nicht, auseinander. Inzwischen hat die Kulturbehörde befunden: Die Kultur bleibt zu Hause. Sie darf erst nächstes Jahr. Die Wirtschaft fährt in diesem.

Als spontane Reaktion ist diese Ablehnung, die aus dem Abscheu erwächst, nur allzu verständlich: Mit einem solchen Regime möchte man nichts zu tun haben, sich nicht als Aushängeschild für Mörder und Lügner, Mitläufer und Denunzianten mißbrauchen lassen. Wie die Teilnehmer der Olympiade im Dritten Reich, meinte ein Kollege, benähmen wir uns, wenn wir nach Shanghai führen. Ich wagte kaum zu widersprechen. Zu gewaltig dröhnt der moralische Donnerschlag, mit dem jede Parallele zu diesem Stück dunkler Vergangenheit einschüchtert. Einschüchtern soll, denke ich, denn die rhetorische Funktionalisierung nationalsozialistischer Vergangenheit zur Verhinderung der Auseinandersetzung mit der Gegenwart gewinnt an Beliebtheit. Geschichte wird als Zitatenschatz benutzt, als Zulieferer von Ereignissen, die man der Gegenwart überstülpt, um sich aus dem aktuellen, konkreten Fall herauszumogeln. Doch der Sachverhalt drängt, jedweder historischen Tarnkappe zum Trotz, zur Stellungnahme. Dazu ist ein Blick in Chinas eigene Geschichte erhellend. China ist seit 1949 ein kommunistischer Staat, eine Diktatur, die vor Gewalt und Terror nie zurückschreckte und mit dem Wahlspruch Mao Tse Tungs: »Die Macht kommt aus den Gewehrläufen«, errichtet wurde. Seine Kulturrevolution kostete Millionen das Leben, schon die Kollektivierung, der »große Sprung nach vorn«, hatte vermutlich mehr als zwanzig Millionen Menschen vernichtet.

Auch die diesjährigen Ereignisse auf dem Platz des himmlischen Friedens haben Vorläufer in der jüngsten Geschichte. Im April 1976 versammelten sich dort 10 000 bis 100 000 Menschen, legten Blumen und Kränze nieder, gedachten in einer Trauerfeier Tschou En-Lais. Sie wurden von Milizen, wie es hieß, »beseitigt«. Auch damals gab es Dutzende von Toten, offiziell wurde, wie heute, nur von hundert Verletzten bei den Milizionären gesprochen. Auf einer Wandzeitung stand das folgende Gedicht: »Ich bin traurig/Die Teufel aber lachen/Ich weine/Die Schakale aber schreien/Mein Blut weihe ich/Den gefallenen Helden/Mit hochgezogenen Brauen/Ziehe ich das Schwert/China ist nicht mehr/Das alte Volk/Ist auch nicht mehr/So dumm wie einst.«

1978 wurde diese Bewegung rehabilitiert, eine Demokratisierung im ganzen Land fand statt. Ende 1978 forderte Wei Jing Sheng zu den vier offiziellen Modernisierungen – der Partei, der Wirtschaft und Landwirtschaft sowie der Wissenschaft – als fünfte Modernisierung die Demokratie und begründete den »Chinesischen Bund für Menschenrechte«, ein Wort, das es erst seit dieser Zeit im Chinesischen gibt. In einem Neunzehn-Punkte-Programm forderte man die Freiheit des Denkens und der Meinungsäußerung, Kritik und Bewertung von Staats- und Parteiführung, direkte und allgemeine Wahlen, offene Grenzen und kulturellen Austausch, Freiheit von Berufs- und Ortswahl, ja, sogar das Recht auf die freie Wahl der Kleidung wurde nicht vergessen.

Zunächst nutzte Deng Xiaoping diese Bewegung. Zwei Jahre später jedoch verwies er sie in seine Schranken. Wei Jing Sheng wurde schon 1979 inhaftiert und zu fünfzehn Jahren Gefängnis verurteilt, unter anderem weil er Ausländern innerchinesische Nachrichten habe zukommen lassen. Sein Aufenthalt in der Zelle fügte ihm ein chronisches Nierenleiden zu. Im Februar 1989 baten 33 Pekinger Bürger, darunter der Astrophysiker Fang Lizhi, jetzt als Asylant in der amerikanischen Botschaft, später noch einmal 42 Personen um seine Freilassung. Auch die Schriftstellerin Zhang Zia und der Lyriker Bei Dao unterschrieben diese Petition. Diese Tatsachen muß man sich immer wieder vor Augen führen. Einmal, um auf das Schicksal Wei Jing Shengs aufmerksam zu machen. Öffentlichkeit kann schützen. Zum anderen aber, um zu zeigen: Wir alle konnten wissen, daß Regierungen in China auch heute die Menschenrechte noch nicht respektieren. Auch die blutige Unterdrückung der Tibetaner wenige Monate vor den Ereignissen auf dem Platz des himmlischen Friedens war hierzulande bekannt. Dennoch wären wir frag- und bedenkenlos nach China gefahren.

Ab wieviel Toten darf man eigentlich nicht mehr reisen? Wenn Reiseziele nach moralischen Prinzipien festgelegt würden, dürfte man weder in den Iran noch nach Südafrika, noch in die Türkei, wo die Kurden gewaltsam niedergehalten werden, fahren. Jetzt, so die Kulturbehörde, wolle man nicht fahren, sondern nächstes Jahr. Solange also will man sich selbst, will man uns, die Autoren, im keuschen Stande der Unschuld belassen. Kann man dann die Hände der Machthaber wieder schütteln? Ist das Blut dann trocken genug? Und: Wieso soll die Wirtschaft fahren, die Kultur aber nicht? Ich bin nicht der Meinung, daß man wirtschaftliche Boykottmaßnahmen gegen China verhängen sollte, die man ohnehin dann stillschweigend wieder zurücknimmt. Keine Demokratiebewegung wird gestärkt, indem man ein Land wirtschaftlich schwächt. Selbst ein Teil der Opposition in Südafrika spricht sich inzwischen gegen Wirtschaftssanktionen aus.

Also: Die wirtschaftlichen Beziehungen zwischen Hamburg und Shanghai weiterzuführen, halte ich für richtig. Die Kultur dagegen ist offensichtlich zu wichtig, um wichtig zu sein. Weil sie so edel ist, ist sie egal. Die Wirtschaft macht sich die Hände schmutzig, und die Kultur hält die weiße Weste davor. Geteilte Moral ist doppelte Moral. Wer als Intellektueller dieser Meinung folgt, schreibt sich selbst und seiner Arbeit die Zweitrangigkeit zu, läßt sich in die Nobelecke stellen und bei Bedarf für versöhnliche Feierstunden wieder hervorholen. Ist denn die Kunst keine »Contrebande« mehr? Trauen wir ihr und uns denn gar nichts mehr zu?

Es kann Li Peng und dem Kreis seiner Greise doch nur recht sein, wenn wir wegbleiben. Genau das ist doch ihr Konzept. Diktatoren lieben die Isolation. Besonders die intellektuelle. Pinochet, Salazar, Franco mußten nicht einen Tag früher gehen, weil das Ausland sie mied. Kein Autor machte sich heute auf die Reise, um mit großem Augenaufschlag den blauen Seidenhimmel über China zu bestaunen oder sich mit touristischem Behagen an alten Kunstschätzen zu laben. Mit unserer Arbeit, unserer Person, unserem Auftreten können wir jedoch genau das stärken, was die Demokratiebewegung verlangt: das Grundrecht auf individuelle Freiheit. Nicht, indem wir in westlicher Oberlehrermanier den Chinesen unsere Zeigefingermeinungen aufdrängen, womöglich in Resolutionen von fester Heimaterde aus. Ich glaube nicht, daß Literatur dazu da ist, die Welt praktisch zu verbessern. Doch in der jetzigen Situation können Autoren aus dem westlichen Ausland in Lesungen und Gesprächen mit chinesischem Publikum auch mit ihren Texten das anrühren, was die Machthaber unterdrücken wollen: die Besinnung des Menschen auf seine Einzigartigkeit, das Bewußtsein seiner eigenen Stärke.

Darüber hinaus aber steht es ihnen frei – und das halte ich zur Zeit für den wichtigeren Part –, an Ort und Stelle öffentlich zu formulieren, was zu Hause so leicht über die Lippen geht: die eigene Enttäuschung, die eigene Trauer über das, was auf dem Tianenmen geschah, und seine eigenen Hoffnungen. Wenn einem dabei die Knie weich, Mund und Zunge trocken werden, das Lächeln auf den Gesichtern der Offiziellen gefriert, weiß man, daß man das Treffende gesagt hat. Mag sein, man wird dann ins Flugzeug nach Hause gesetzt und bekommt keine Einladung mehr. Mit einer Verweigerung der Reise nehmen wir den Machthabern sogar noch den Zwang zu einer Reaktion ab. Wir unterstützen das System, indem wir uns verweigern, nicht, indem wir reisen. Als reisten wir, um ein System zu stützen, und nicht, um Menschen zu treffen, die sich gegen dieses System bewegen wollen. Wenn wir unsere Arbeit, unser Schreiben, uns selbst ernst nehmen, dürfen wir gerade jetzt nicht in Moralismus, in der Pose des Gut-da-Stehens erstarren und uns den Begegnungen mit den chinesischen Kollegen, die mit Sicherheit keine Claqueure der Henker sind, entziehen. Die Tongji Universität in Shanghai war ein Zentrum der Studentenbewegung der letzten Monate. Wir werden dort erwartet, als Freunde von Freunden. Sie brauchen Ermutigung, gerade jetzt, und uns würde es nicht schaden, uns Situationen auszusetzen, die keine festen Spielregeln bereithalten, sondern für jeden einzelnen Herausforderungen sind, an seinen Takt, seine Zivilcourage.

Auf einer Veranstaltung sprachen sich kürzlich ohne Ausnahme alle chinesischen Teilnehmer gegen einen Aufschub der Reise aus. Wer, wenn nicht westliche Medien, hätten über die Vorgänge in China berichten sollen, fragte Bei Dao, dessen Frau als Malerin in Peking lebt. Auch sie solle man jetzt besuchen, es sei wichtig, daß ihre Bilder auch weiterhin im Westen ausgestellt würden. Immer wieder wurde betont, daß Öffentlichkeit die Menschen schützen kann.

Genau hinzusehen, zu hören, zu fragen und dann zu antworten, mitzuteilen sollte für einen Autor selbstverständlich sein. Bereits 1976 war auf einer Wandzeitung an den sogenannten

Mauern der Demokratie zu lesen: »Unser Land tritt in einen neuen Abschnitt unserer Geschichte ein … Wir bitten die Menschen im Westen, dem chinesischen Volk zu zeigen, daß sie bei seinem Kampf um wahre Demokratie auf seiner Seite stehen.« Diese Bitte erfüllen wir nicht, wenn wir, Abscheu vor der Gewalt bekundend, uns sittig verweigern und zu Hause unsere Heiligenscheine putzen.

1990

Bei der Schlußredaktion dieses Buches erreichte mich eine Einladung vom Abtprimas des Benediktinerordens Notker Wolf OSB. Sein Brief begann: »Es ist schon eine Weile her, daß ich einen Artikel von Ihnen in der ›Frankfurter Allgemeinen Zeitung‹ las. Es ging damals nach dem Tienanmen-Massaker um die Frage, ob man nun alle Kontakte zu China abbrechen sollte. Sie plädierten für die Aufrechterhaltung, weil ja gerade durch die Kontakte mit dem Ausland, zum Beispiel der Universität Hamburg mit der Universität Shanghai, demokratische Ideen nach China gelangt seien. Dieser Artikel war mir eine wertvolle Hilfe, weil ich seit 1985 in China mit kirchlichen und sozial-karitativen Projekten tätig bin und sechs Wochen nach dem Massaker wieder dorthin fliegen wollte. Die Christen hatten geschrieben, wo ich denn bleibe, sie brauchten mich jetzt dringender als zuvor. In Deutschland wurde ich wegen meines Vorhabens schief angesehen, aber genau diese Reise brachte den Durchbruch. Die Chinesen wußten es zu schätzen, daß ich trotz der Negativstimmung gekommen war und machten mir den Weg für viele Erlaubnisse frei, gerade auch für weitere partnerschaftliche Projekte. Darüber könnten wir uns einen ganzen Abend unterhalten …«

Rom, 10. Dezember 2005

Mein Herz, mein Löwe

Ein Kampfgedicht von Ricarda Huch

Mein Herz, mein Löwe, hält seine Beute fest,
Sein Geliebtes fest in den Fängen,
Aber Gehaßtes gibt es auch,
Das er niemals entläßt
Bis zum letzten Hauch,
Was immer die Jahre verhängen.
Es gibt Namen, die beflecken
Die Lippen, die sie nennen,
Die Erde mag sie nicht decken,
Die Flamme mag sie nicht brennen.
Der Engel, gesandt, den Verbrecher
Mit der Gnade von Gott zu betauen,
Wendet sich ab voll Grauen
Und wird zum zischenden Rächer.
Und hätte Gott selbst soviel Huld,
Zu waschen die blutrote Schuld,
Bis der Schandfleck verblaßte, –
Mein Herz wird hassen, was es haßte,
Mein Herz hält fest seine Beute,
Daß keiner dran künstle und deute,
Daß kein Lügner schminke das Böse,
Verfluchtes vom Fluche löse.

Zu den Dichtern, deren Leben als Werk das künstlerische zu überdauern scheint, zählt auch Ricarda Huch. Vor allem ihre Ablehnung des Nationalsozialismus, unbeirrbar seit ihrem Rücktritt aus der Preußischen Akademie der Künste – in die sie übrigens als erste Frau 1926 gewählt worden war –, bleibt unvergessen. Wer wird sie nicht loben? Aber lesen?

Ihr Werk umfaßt nahezu 12000 Seiten, Prosa zumeist; Romane, Erzählungen, Essays, historische Schriften. Gedichte hat Ricarda Huch nur wenige geschrieben, häufig Ausdruck der unglücklichen Liebe zu ihrem Vetter Richard Huch, dem Mann ihrer Schwester, den sie 1907 schließlich heiratete. Im selben Jahr erscheinen ihre »Liebesgedichte«. Erst nach einer Pause von 37 Jahren veröffentlichte Ricarda Huch eine zweite Sammlung neuer Gedichte, »Herbstfeuer«, die am 18. Juli 1944 zu ihrem achtzigsten Geburtstag erschien.

Das Gedicht »Mein Herz, mein Löwe« stammt aus diesem Band. Es ist das Gedicht einer alten Frau, aber ungebrochene Lebenskraft, Lebensmut, Leidenschaft finden schon in den ersten Zeilen in ein kämpferisches, ja gewalttätiges Bild. Ein stolzes Bild, das die Dichterin selbst charakterisiert. Denn weibliche Hingabe, Schmiegsamkeit, Unterwerfung spielten in ihren Liebesbeziehungen oder in ihrem Verhältnis zur Welt niemals eine große Rolle. So könnte man also die ersten beiden Zeilen nur als ein pointiertes Wiederanknüpfen an ihre frühen Liebesgedichte deuten – wären da nicht die folgenden Zeilen, die einen Haß zum Ausdruck bringen, der weit über private Verletzungen hinausgeht. Zügellos überschäumend ist dieser Haß; sogar die Grammatik geht in Zeile vier über Bord, wo sich »er« auf »Löwe« nicht aber auf »Herz« beziehen läßt. So ist dieses Gedicht keine späte Abrechnung mit Richard Huch, der die Dichterin nach dreijähriger Ehe wegen einer Jüngeren wieder verlassen hatte. Es ist ein aufwühlendes politisches Bekenntnis.

Ricarda Huch war eine politische Frau. Im ersten Buch ihrer mehrbändigen »Deutschen Geschichte«, das noch 1934 erscheinen durfte, findet man eine ausführliche Abhandlung über die tragische Geschichte der Juden in Deutschland, wobei die Autorin ihren Zeitgenossen deren Haltung im Spiegel der Vergangenheit unverblümt kundtat: »Die Judenverfolgungen des vierzehnten Jahrhunderts wühlten auf, was an bestialischen Trieben in den Untiefen des deutschen Volkes sich verbarg, und offenbarte den Heroismus, dessen die Juden fähig waren.« Und in einem Brief vom November 1945 heißt es: »Besser kein Deutschland als ein Deutschland der Nazisten.«

In dem Gedicht »Mein Herz, mein Löwe« steigern sich Haß, Verzweiflung, Rachedurst von Zeile zu Zeile. Irdische Bilder –

Lippen, die sich an verhaßten Namen nicht besudeln möchten, Erde und Flamme, die ihren Dienst versagen – werden von göttlichen übertroffen: selbst der Engel, abgesandt zur Begnadigung des Verbrechers, wird zum »zischenden Rächer«. Und dann der nahezu blasphemische Höhepunkt: Auch wenn Gott selbst vergäbe, die Dichterin bliebe unversöhnlich, gnadenlos. Sie hält an Haß und Rache fest. Der Fluch soll ewig währen. Fürwahr, das Gedicht einer Frau mit einem Löwenherzen. Erstaunlich, daß es 1944 überhaupt gedruckt werden konnte.

Ricarda Huch, die in ihrem persönlichen Leben die dunkelsten Seiten als notwendige Stufen ihrer Entwicklung sah, suchte auch aus den Erfahrungen unter dem Hakenkreuz Lehren zu ziehen und weiterzugeben. Nach dem Krieg erscheint »Herbstfeuer« mit zusätzlichen Gedichten, eines davon heißt: »An unsere Märtyrer«. Es kann als Gegenstück zu dem verzweifelten Fluch von »Mein Herz, mein Löwe« gelesen werden. Die Namen der Verbrecher sollen die Lippen nicht »beflecken«; aber für die »heiligen Namen« fordert die Dichterin »Gedenken« ein. Sie selbst wollte dieses Gedenken einlösen. In einem Aufruf »Für die Märtyrer der Freiheit« schrieb sie: »Ich habe es mir zur Aufgabe gemacht, Lebensbilder dieser für uns Gestorbenen aufzuzeichnen und zu sammeln, damit das deutsche Volk einen Schatz besitze, der es mitten im Elend reich macht.« Sie hat dieses Werk nicht vollenden können. Aber das Gedicht »Mein Herz, mein Löwe« zählt zu diesem »Schatz«.

2001

»Ich klage mich in meinem Herzen an«

»Moabiter Sonett« von Albrecht Haushofer

Schuld

Ich trage leicht an dem, was das Gericht
Mir Schuld benennen wird: an Plan und Sorgen.
Verbrecher wär' ich, hätt ich für das Morgen
Des Volkes nicht geplant aus eigner Pflicht.

Doch schuldig bin ich anders als ihr denkt,
ich mußte früher meine Pflicht erkennen,
ich mußte schärfer Unheil Unheil nennen –
mein Urteil hab ich viel zu lang gelenkt …

Ich klage mich in meinem Herzen an:
Ich habe mein Gewissen lang betrogen,
ich hab mich selbst und andere belogen –

ich kannte früh des Jammers ganze Bahn –
ich hab gewarnt – nicht hart genug und klar!
Und heute weiß ich, was ich schuldig war …

Albrecht Haushofer schrieb dieses Gedicht in der Berliner Haftanstalt Moabit, als er wegen Beteiligung am Attentatsversuch des 20. Juli 1944 vor Hitlers Volksgerichtshof stand. Ende April 1945, die sowjetische Armee war nur noch wenige hundert Meter entfernt, wurde er von der Gestapo in der Nähe der Haftanstalt zusammen mit anderen Häftlingen erschossen. Sein Bruder überlebte die Haft und fand die Leiche nach Wochen in einem Trümmergrundstück. Der Tote hielt ein Manuskript in der Hand: Die Moabiter Sonette.

Von Beruf politischer Geograph, war Haushofer, 1903 in Berlin geboren, zunächst Schüler und Mitarbeiter seines Vaters,

Professor Karl Haushofer. Dessen Gedanken hatten starken Einfluß auf die nationalsozialistische Osteuropa-Politik.

Albrecht Haushofer nutzte seine wissenschaftliche Ausbildung ebenfalls für praktische Politikberatung (Auslandsdeutsche) der Hitlerregierung. Von der Weimarer Demokratie enttäuscht, schrieb er allerdings schon beim Regierungsantritt Hitlers: »Ich kann menschlich mit den neuen Leuten (sowenig) wie Erasmus von Rotterdam mit den Wiedertäufern.«

In den dreißiger Jahren schrieb Haushofer einige heute nur noch literarhistorisch interessante geschichtliche Dramen. Auch diese deuten, verpackt in historische Stoffe schon Haushofers Kritik am Zeitgeschehen an, etwa die Trilogie »Scipio« (1934), »Sulla« (1938) und »Augustus« (1938).

Seine achtzig »Moabiter Sonette« jedoch, auf Betreiben eines amerikanischen Offiziers 1946 veröffentlicht, sind beständige künstlerische Zeugnisse des deutschen Widerstands. »Schuld« faßt in den letzten beiden Strophen die ganze Tragödie irregeleiteter Intellektueller der Weimarer Zeit und der Nazi-Jahre mit harter Selbstkritik zusammen. Sie sind das erste Eingeständnis deutscher Schuld nach dem Krieg. Eine unüberhörbare Mahnung an das Gewissen jedes einzelnen Menschen, Unrecht zu nennen, nicht wegzuschauen, wo es hinzuschauen gilt, und den Mut zu haben, zu sagen, was man sieht.

1999

Seit 2002 steht eine Büste Albrecht Haushofers, geschaffen von dem tschechischen Bildhauer Josef Nálepa, am Spreeufer in Berlin-Moabit. Als Inschrift gehören drei der „Moabiter Sonette« zum Denkmal.

Requiem für einen Faschisten

Der Dichter und Emigrant Theodor Kramer über den Dichter Josef Weinheber

Requiem für einen Faschisten

Du warst in allem einer ihrer Besten,
erschrocken fühl ich heut mich dir verwandt;
du schwelgtest gerne bei den gleichen Festen
und zogst wie ich oft wochenlang durchs Land.
Es füllte dich wie mich der gleiche Ekel
vor dem Geklügel ohne innern Drang,
vor jedem Wortgekletzel und Gehäkel;
nichts galt dir als der schöne Überschwang.

So zog es dich zu ihnen die marschierten;
wer weiß da, wann du auf dem Weg ins Nichts
gewahr der Zeichen wurdest, die sie zierten?
Du liegst gefällt am Tage des Gerichts.
Ich hätte dich mit eigner Hand erschlagen;
denn unser keiner hatte die Geduld,
in deiner Sprache dir den Weg zu sagen:
dein Tod ist unsre, ist auch meine Schuld.

Ich setz für dich am Abend diese Zeilen,
da schrill die Grille ihre Beine reibt
wie du es liebtest, und der Seim im geilen
Faulbaum im Kreis die schwarzen Käfer treibt.
Daß wir des Tods und Ursprungs nicht vergessen,
wann jeder Brot hat und zum Brot auch Wein,
vom Überschwang zu singen wie besessen,
soll um dich, Bruder, meine Klage sein.

Schmucklose Reime, kompakte Strophen: Der Gehalt, den sie fassen, ist ungeheuer. Als ich das Gedicht vor ungefähr dreißig Jahren zum ersten Mal las, kannte ich weder den Verfasser noch die Umstände, die ihn zu diesem Gedicht veranlaßt hatten. Klar war, hier sprach einer, den die Nazis zu vernichten versucht hatten, zu einem, der vernichtet, »gefällt« war, obwohl er zu den Vernichtern gezählt hatte. Er nennt ihn »Bruder« und beklagt seinen Tod. Das war unerhört, brachte die Zweiteilung der Welt in gut und böse ins Wanken. Aufgestört forschte ich dem Namen des Verfassers nach, nicht viel war damals über Theodor Kramer zu erfahren, ein österreichischer Jude, der zwei schmale Gedichtbände veröffentlicht hatte, ehe er nach dem »Anschluß« ins Exil nach England floh, 1957 nach Wien zurückkehrte und dort kurz darauf starb. Dies zu wissen verlieh dem Gedicht in meinen Augen eine geradezu mythische Wucht. Der Vertriebene, das Opfer, nimmt Mitschuld auf sich am Tod eines Menschen, dem dessen Vertreibung, sein Tod Programm gewesen war. Hier erkennt jemand im Todfeind seinen Nächsten, und die Klage über dessen Verstrickung wird zu einer Klage über eigenes Versagen, über die Verweigerung des bewahrenden, überzeugenden Worts – »denn unser keiner hatte die Geduld/in deiner Sprache dir den Weg zu sagen«. Und so ist die Trauer um den anderen auch eine Trauer um sich selbst. Eine Konfession, die ans Religiöse rührt. Allerdings: Erst nach dem Tod dieses »Faschisten« ist das Eingeständnis möglich. Wer noch ist schuld an seinem Tod? Wie kam er um? Das verschweigt das Gedicht. Wichtig ist nur: Der Tod bringt den »Faschisten« in die Gemeinschaft der Menschen zurück, bringt ihn von dem »Weg ins Nichts« an den gemeinsamen Tisch zu »Brot und Wein«.

Einmal, das sagt die erste Strophe, waren sie einander ja auch nah gewesen, Brüder im Geiste der Ablehnung einer kalten, gerechneten Welt setzten sie der als spießig erachteten Zivilisation ihre schwärmerische Vorliebe für die Sphäre des Instinktiven und Irrationalen entgegen – bis der Natinalsozialismus ihre Wege trennte, den jüdischen Dichter und den »Faschisten« zu Todfeinden machte. Mit »eigner Hand erschlagen« hätte er den Gefährten von einst, doch »die Geduld«, ihn von seinem Irrweg zu überzeugen, brachte »unser keiner« auf. Das Urteil: mitschuldig an dessen Tod.

Bei den Vorarbeiten zu dieser Interpretation fand ich dann heraus, daß es sich bei dem »Faschisten« um Josef Weinheber handelt, österreichischer Dichter wie Kramer. Nach dem »Anschluß« schlug er sich auf die Seite der Nazis und schrieb elende Gedichte zu deren, besonders zu Hitlers, Ruhm. Zu spät erkannte er: »wie ich gut gewollt/und wie ich bös getan habe« und sprach sich sein Urteil: Im April 1945 nahm er sich das Leben. Einen Monat später schrieb Kramer, noch im englischen Exil, das »Requiem für einen Faschisten«.

Zunächst gefiel mir diese Entdeckung nicht. Aus einem Faschisten, aus dem »Bruder« mit tausend Gesichtern, wurde ein einziger, aus dem Symbol eine bestimmte Person. Aus der großen, versöhnenden Geste die private Klage.

Doch dann schlug meine Enttäuschung in Bewunderung um.

Kramers erste Gedichte hatte Samuel Fischer 1926 ablehnt, da es ihm nicht möglich sei, »den Gedichten eine Tragweite abzufühlen, die sie über den Anschauungs- und Reflexionsbezirk ihres Eigenpersönlichen hinaus in jene lyrische Verantwortungssphäre emporhübe, in der (sie) … dem Antlitz einer reinen Leidenschaft des Mitmenschlichen zu entstammen wie auch zu entsprechen vermöchte«.

Mit diesem Gedicht hat Theodor Kramer genau das erreicht, was Fischer vermißt hatte. Aus seinen großen Schmerzen mache er seine kleinen Lieder, schrieb Heinrich Heine. Theodor Kramer hat ein großes Gedicht daraus gemacht.

Noch ist in den Strophen der Druck der Todesgefahr zu spüren, bis hinein in die Naturbilder, die auch als Referenz an Weinheber und dessen klangmagische Strophen gelesen werden können; doch weder großartig noch anheimelnd, vielmehr unheimlich, ja widerlich sind die Bilder, die der Dichter wählt, ein Leben blinder, wimmelnder, triebhafter Fruchtbarkeit – auch eine metaphorische Absage an die antiaufklärerische, die Instinkte appellierende Ästhetik der Nazis.

In den folgenden Zeilen dann die Vision eines Festes, eines gemeinamen Festmahls mit Brot, Wein, Gesang, wieder taucht das Wort »Überschwang« auf, und das »wir« meint jetzt nicht mehr nur die Gemeinschaft der Opfer; »jeder« schließt auch den »Faschisten« ein, der in der letzten Zeile mit dem Donnerwort »Bruder« umarmt wird. Noch ist das Bild vom »schönen Überfluß« für alle Utopie. Das »Bruder«wort ein Vorschuß, der eingelöst werden muß durch Miteinanderleben. Miteinanderreden. Die rechten Worte finden: »die Geduld«.

2004

Wer redet, ist nicht tot

Zu einem Gedicht von Gottfried Benn

Kommt –

Kommt, reden wir zusammen
wer redet, ist nicht tot,
es züngeln doch die Flammen
schon sehr um unsere Not.

kommt, sagen wir: die Blauen,
kommt, sagen wir: das Rot,
wir hören, lauschen, schauen
wer redet, ist nicht tot.

Allein in deiner Wüste,
in deinem Gobigraun –
du einsamst, keine Büste,
kein Zwiespruch, keine Fraun,

und schon so nah den Klippen,
du kennst dein schwaches Boot –
kommt, öffnet doch die Lippen,
wer redet, ist nicht tot.

Benn schrieb dieses Gedicht im April 1955, wenig mehr als ein Jahr vor seinem Tod. Knapp einen Monat zuvor hatte er das viel bekanntere Gedicht »Worte« abgeschlossen: »Allein du mit den Worten/und das ist wirklich allein«, lauten die ersten Zeilen; und die letzten: »bis in die Träume Silben –/doch schweigend gehst du hin.« Das ist der gewohnte Bennsche Ton, die selbstgewählte Einsamkeit des Dichters.

Davon hier nichts. Im Gegenteil. »Kommt –« verlangt nach Austausch, Gespräch. Reden – miteinander reden, die rechten Worte finden – nicht anders als beim Schreiben von Gedichten, diesen Selbstgesprächen des Autors. »Kommt, reden wir zusammen« – ungeschrieben steht das als Appell vor jedem Gedicht. Jedes Gedicht ist auch eine Aufforderung zum Dialog mit seinem Leser. Ohne Leser vermodert das Gedicht.

Ein gutes Gespräch ist selten: wie ein gutes Gedicht. Wir reden in vielen Zungen; das Reden in Bildern ist nur eine Möglichkeit. Menschen für ein Gespräch sucht man sich sorgfältig aus. Nicht anders sollte man mit Gedichten verfahren. Gedicht und Leser, die Gesprächspartner, müssen einander zugeneigt sein, einander verstehen wollen. Nur dann entsteht Bewegung, das Gefühl, lebendig zu sein: »wer redet, ist nicht tot«. Dreimal wiederholt Benn diese Beschwörung. Vermächtnis.

Manchmal ist ein Gespräch mühsam, will nicht recht in Gang kommen. Verschieben wir es. Der rechte Augenblick für eine Begegnung – mit einem Menschen oder einem Gedicht –, ist so wichtig wie das rechte Wort. Wörter können Hoffnungen, Beziehungen, Vertrauen schnell zerstören, schwer wieder aufbauen. Nicht nur im Gedicht, auch im Gespräch gehört jedes Wort auf die Goldwaage. Müßte man für jedes Wort zahlen, wie würde dann jedes Wort zählen!

Und woran erkennen wir ein »gutes Gespräch« – mit einem Gedicht, einem Menschen? Daran, daß nach einer solchen Begegnung das Schweigen ein anderes ist als zuvor; kein »Gobigraun«, keine »Wüste«, keine angsterstickte Leere der Sprachlosigkeit, vielmehr sprachgesättigte, sinnerfüllte, vertrauensvolle Stille. Vertrauen auf die Wiederholbarkeit der Erfahrung: daß es möglich ist, die »Lippen zu öffnen«. Nicht, um zu plappern, zu lügen, Sprache zu verhunzen. Sprache ist Mittel zum Leben, Lebensmittel. Gespräche, Gedichte sind Brot für die Seele. »Kommt, reden wir zusammen«.

2004

Poesie und Vergnügen – Poesie und Verantwortung
Zwei Vorträge im Rahmen der Heidelberger Poetik-Dozentur

Vergnügen und Verantwortung beim Schreiben von Gedichten

Zwei Vorträge, meine Damen und Herren, hatte ich Ihnen angekündigt: Poesie und Vergnügen. Poesie und Verantwortung. Doch je länger ich arbeitete, desto akademischer schien mir diese Trennung. Ein Gang durch die Literaturgeschichte hätte auch für die deutsche Lyrik ein Vergnügen am Vergnügen beweiskräftig machen können. Auch bei uns kann es Vergnügen am Ernst geben. Doch kam ich zu dem Schluß, daß dies herauszusezieren wohl eher Sache der wissenschaftlichen Fachkollegen ist. Denn alsbald drängten sich mir Fragen auf, die mit meiner Arbeit zusammenhängen. Bin ich etwa verantwortungslos, wenn ich beim Schreiben von Gedichten Vergnügen habe? Und ist Verantwortung immer mit Bürde und Heiligenschein verbunden? Gehört nicht vielmehr für den Schreibenden beides notwendig zusammen? Was sich aus diesen Zweifeln ergab, war dann eher eine Aufteilung in Überlegungen zum Gedichteschreiben und zum Gedichtelesen. Vergnügen und Verantwortung beim Schreiben von Gedichten ist also der Titel meines ersten Vortrags.

Gedichte schreiben. Natürlich muß ein solcher Vortrag beginnen mit der klassischen Frage nach dem Warum. Warum also schreibe ich Gedichte. Ich habe es einmal beantwortet, indem ich mir eine Großmutter erfand, von der ich angeblich das Suchen und Finden gelernt hatte, das Aufbewahren von allem möglichen, besonders sogenanntem wertlosem Zeug. Das klang gut und stoppte lästige Frager, vor allem aber vertuschte es die Tatsache, daß ich auch unter der Folter nicht aufklären könnte, warum ich denn nun Gedichte schreibe.

Nun wird ja niemand zum Gedichteschreiben gezwungen, es muß mir also ein Bedürfnis sein, dieses zu tun, ich muß einen

Sinn darin sehen, es muß mir Vergnügen machen. Zum Bedürfnis: Wer mit sich und der Wirklichkeit, so wie sie ist, zufrieden ist, schreibt vermutlich keine Gedichte.

Doch wer ist das schon? Jeder von uns muß mit mehr oder weniger Zwang funktionieren, das geht nicht ohne Verrenkungen ab, die auf Dauer zu Verkrüppelungen, Verkümmerungen, zum Taubwerden und Absterben seelischer Bereiche führen können. Dies ist wohl ein Grund dafür, daß viele Jugendliche Gedichte schreiben. Sie lehnen sich auf gegen das zurechtgehobelte Leben. Sicher ist, daß viele Menschen in Krisensituationen zu schreiben beginnen, daß Gedichte, egal, wie gut oder schlecht, eben auch eine Ventilfunktion haben. daß Gedichte, selten aus Übermut, viel häufiger jedoch aus Irritationen entstehen, in der Absicht, diese zu begreifen, sie erträglich zu machen, sich davon zu heilen.

Warum aber gibt es Menschen, die diese Art der Daseinsbewältigung zu einer professionellen Passion machen, die freiwillig Lebenszeit damit verbringen, Gedichte zu schreiben? Sie finden darin ihre Möglichkeit, existentiellen Erfahrungen zu begegnen. Wenn ich meine Erfahrungen von Trauer, Leid, oder Ungenügen am Dasein, wenn ich meine sehr persönliche Verzweiflung zur Sprache bringe, dann hilft mir das und womöglich auch dem Leser. Sie spüren, daß sie nicht allein sind. Gedichte als Trost? Literatur als Therapie ist kein primärer Aspekt des Schreibens, aber gewiß nicht der geringste. So hat kürzlich ein britischer Psychoanalytiker eine Studie veröffentlicht, wonach Gedichte lesen (aber auch schreiben) mehr heilende Wirkung haben könnte als eine Analysestunde. (Und billiger wäre es auch.)

Das Bedürfnis nach sinnvoller, sinngebender Beschäftigung erklärt jedoch immer noch nicht die spezifische Tätigkeit des Gedichteschreibens. Hinzu kommen muß das Vergnügen, die Freude daran, dies und nicht etwas anderes zu tun.

Was veranlaßt mich, mir dieses Vergnügen zu bereiten, und wie sieht dieses Vergnügen aus?

Es ist das Interesse an mir selbst. Es ist das Interesse an Menschen. Es ist das Interesse an der Sprache. Zunächst zum Interesse an mir selbst, was auch immer heißt, mein Verhältnis zu Menschen, zur Wirklichkeit, meine Sehnsucht nach Ganzheit, Sehnsucht nach Vollendung, nach einem besseren Selbst. Nennen wir es neutraler: den Willen zur Transformation. Im Gedicht versuche ich mich in einem Maße unkenntlich zu machen, daß sich jeder in mir erkennen kann. Oder, wie ich es einmal formuliert habe: Mein Ich im Gedicht ist das aller Länder und Zeiten. Über jedem Gedicht steht: Erkenne Dich selbst. »Am Gedicht arbeiten heißt, an sich selbst arbeiten.« (Paul Valéry) Gedichte schreiben ist eine Arbeit, die immer zu mir hinführt, mich vermehrt, das Gegenteil von entfremdeter, den Menschen verzehrender Arbeit. Welches Vergnügen könnte größer sein als das an nicht entfremdeter Arbeit?

Dichtern wird dieses scheinbar ausschließliche Interesse an sich selbst oft vorgeworfen. Doch kann, wer blind ist für sich, ein Auge für andere haben?

Was interessiert uns denn heute noch an der Dichtung vergangener Jahrhunderte? Der Heldengesang? Der Kommentar zur Tagespolitik? Das religiös-philosophische Traktat? Nein. Was rührt uns an, wenn wir Gedichte Goethes oder Hölderlins lesen? Doch nicht das autobiographische, geschichtliche oder gesellschaftliche Umfeld, sondern das, was wir heute genauso empfinden. Wie gleichgültig ist es, ob Sappho im sechsten Jahrhundert vor Christi, im zwanzigsten oder dreißigsten Jahrhundert gelesen wird!

Das unerschöpfliche Forschungsfeld des Dichters ist das menschliche Herz, und das seine kennt er am besten. Schreiben, das nicht an die Substanz geht, lohnt den ganzen Aufwand nicht. Dazu braucht der Dichter ein starkes Ich. Das heißt nicht, daß er ein Egozentriker sein soll, der alles an sich zieht und der nur in sich selbst kreist. Man kann sein Ich nicht mit Äußerlichkeiten auffüllen, es sozusagen mechanisch anhäufen. Was von außen kommt, muß umgewandelt und wieder abgegeben werden, nur in diesem Austausch erstarkt das Ich. Ein starkes Ich muß wachsen können. Das braucht Zeit. Gedichte brauchen Zeit. Lebenszeit und Lebenserfahrung. Sie sind Kondensate gelebten Lebens. Billiger ist Dichtung nicht zu haben. Hier hört das Handwerk auf und fängt die Dichtung an. Tania Blixen läßt einen Schriftsteller in der Erzählung »Der Mann mit der roten Nelke« beten: »Gib mir nie mehr Qualen, als ich zum Schreiben brauche.« Konkret: Ich möchte mit achtzig noch Liebesgedichte schreiben können, aber um Himmels willen nicht solche wie mit Vierzig.

Nun mögen Sie ungeduldig werden und sagen: Nun gut, ein Ungenügen an der Realität, ein Ich, das im Austausch mit Wirklichkeit erstarkt, das alles ist eher ein Thema der Psychologie oder Religion. Sie haben recht. Wenn von Gedichten die Rede ist, ist nie von Gedichten allein die Rede, und besonders fließend sind die Grenzen zu jenen Bereichen menschlicher Erfahrung, in deren Mittelpunkt ebenfalls das menschliche Fühlen und Denken steht. Und da meine poetische Konzeption die Mitteilungsmöglichkeiten des Gedichts ernst nimmt, bilden die vorangeschickten Bemerkungen zum Ich des Autors gewissermaßen den Fond, ohne den zwar Verse, aber keine Gedichte entstehen können. Anders ausgedrückt: Der Ernst, mit dem ich mich mit mir und der Welt beschäftige, ist die Voraussetzung für die Arbeit am Gedicht. Das beantwortet jedoch noch immer nicht die Frage, warum in aller Welt ich selbst Gedichte schreibe. Denn mit dieser Ernsthaftigkeit begegnen viele Menschen sich und der Welt, ohne dann Gedichte zu schreiben.

Also noch einmal: Wenn man mich fragt: Warum schreiben Sie? So antworte ich: Ich liebe Wörter. Ich suche in ihnen mein Heil, wenn Sie so wollen, wie andere in anderen Passionen. Denn das Interesse an mir und den Menschen ist zwar Voraussetzung zum Schreiben, doch werde ich erst dann ganz ich selbst, wenn ich ganz von mir absehen kann, wenn ich mich selbst vergesse, mich hingebe. Beim Gedichteschreiben gebe ich mich hin an die Sprache. So daß das Interesse an mir selbst doch nur eine Seite des Schreibprozesses trifft. Ich muß mich der Sprache hingeben. Mein kleines Ich geht in der mächtigen Sprache auf. Erst in der Sprache, in der geformten Sprache ist die »Überpersönlichkeit« des Gesagten gesichert. Nur die Form sichert das Gesetz der Literatur: »Was nur für einen einzigen Wert hat, das hat überhaupt keinen Wert.« (Paul Valéry) In diesem Sinne ist dann auch Gottfried Benns Definition zu verstehen: »Es gibt keinen anderen Gegenstand für die Lyrik als den Lyriker selbst.«

Mit der Liebe zu den Wörtern wäre ich dann bei dem zweiten Teil meiner Rede, den auszuführen mir leichter fällt, weil er anschaulicher ist, da es ums Materielle, das Material, die Sprache geht. Natürlich ist auch zu diesem Aspekt des Gedichts schon unendlich viel gesagt worden. Bände füllt der Streit zwischen denen, die behaupten, daß Gedichte gemacht, und denen, die sagen, daß sie Eingebung seien. Ein Streit, der meines Erachtens so überholt ist wie die Zuordnungen zu rechts und links in der Politik. Die Wirklichkeit selbst löst die Etiketten, die nicht mehr haften. Als gäbe es ein gutes Gedicht, das nicht überlegt gemacht wäre; als gäbe es eines, das ohne Eingebung existierte.

Und das Handwerk? Handwerk steht ja wieder hoch im Kurs; immer wenn andere Kategorien fehlen, ruft man auch in den Künsten nach ihrem goldenen Boden. Appelle aus den Feuilletons, selbiges bitte schön zu beherrschen, klingen für mich immer wie die Aufforderungen von Erziehungsberechtigten zum Händewaschen vor dem Essen. Gutes Handwerk ist doch eine Selbstverständlichkeit. Der Autor sollte vieles kennen und auch können, zumindest wissen, wie man es macht – deswegen muß er es ja nicht anwenden! Man darf Pyramiden bewundern, ohne selbst welche zu bauen. Daher gehört auch Lesen zum Handwerk. Lesen als Lernen, wie's die anderen machen, besonders auch in anderen Sprachen. Übersetzen gehört zum Handwerk. Allerdings ist leider der Ernst, mit dem sich ein Dichter um sein Gedicht bemüht, keineswegs, wie es mancher fleißige Redakteur gerne hätte (denn dann wäre der nichtsnutzige Mensch doch wenigstens fleißig, könnte etwas vorweisen), an der Anzahl der Fassungen ablesbar. Eine Vielzahl von Fassungen gibt Auskunft über die Qualität des Sitzfleisches eines Autors, nicht aber über die des Produkts. Mozart und Beethoven sind bestes Anschauungsmaterial für sehr unterschiedliche Arbeitsverfahren. Mozart komponierte Symphonien, Quartette, Opernszenen im

Kopf nahezu fertig – oft auf einer Reise oder in Gesellschaft – und schrieb sie dann in einem Zug nieder. Beethoven schrieb Bruchstücke einzelner Themen in Notizbücher, legte sie beiseite, arbeitete weiter an ihnen und entwickelte sie über Jahre. Oft waren seine ersten Ideen so, daß sich Wissenschaftler verwunderten, wie es dann schließlich zu den komplexen Werken kommen konnte. Von Karl Krolow weiß ich, daß viele seiner Gedichte im Gehen entstehen, nach ausgedehnten Spaziergängen tippt er ein Gedicht in die Schreibmaschine und ändert es nur noch selten. Ich gehöre zu denen, die viel Sitzfleisch brauchen, und das tut mir noch nicht einmal leid. Denn der Schreibprozeß ist mein größtes Vergnügen: Man lernt nie aus, die Meßlatte ist nach oben unendlich verschiebbar.

Dem eigentlichen Schreiben voraus geht die Jagd (ein Bild von García Lorca), das Sammeln von Wörtern und Bildern (ein Bild von Paul Valéry, der das zutreffende Paradoxon formuliert hat: »Der Dichter sucht mit Fleiß, um durch Zufall zu finden«). Es geht voraus »das Aufstellen der Flimmerhärchen«, wie Benn es nennt, die einem an Material zuspielen, was man gerade braucht. Diese Bereitschaft kann, ja muß man trainieren wie einen Muskel. Auch ich habe mittlerweile wohl zehn mal mehr Notizbücher als Gedichtbände geschrieben.

Dann muß man zweierlei tun, was sich auf den ersten Blick widerspricht: Man muß beharrlich sein und warten können. Sprache will umworben sein. Weniger emphatisch heißt das: arbeiten. Oder: Genie ist Fleiß (wobei das leider nicht ganz stimmt). Schreiben läßt sich so wenig erzwingen wie lieben. Valery verstummte zwischen zwei Gedichtbänden viele Jahre, Rainer Maria Rilke schrieb vierzehn Jahre keine Gedichte und dann die »Duineser Elegien«, zwischen den zwei Strophen von Gottfried Benns Gedicht »Welle der Nacht« liegen zwanzig Jahre. Mit der Sprache ist es wie in der Liebe oder Freundschaft: Je länger und je inniger ich mit einem Menschen umgehe, je mehr ich mich ihm anvertraue, desto mehr erhalte ich zurück. Ich erhalte auch von der Sprache nur das, was ich mir selber zumute, mir selbst zutraue. Man bekommt nur in dem Maße zurück, in dem man zu geben bereit und fähig ist. Das Publikum vollzieht diese Entwicklung nicht immer mit.

Heinrich Heine klagte darüber, daß man ihn, was immer er auch später geschrieben habe, nur als Verfasser des »Buchs der Lieder« schätze, Rilke erging es mit seinem »Stundenbuch« ähnlich, eine große Anzahl von Dichtern unseres Jahrhunderts, etwa Peter Huchel, Christa Reinig, Gertrud Kolmar, entwickelten sich zum Bedauern mancher ihrer Leser von melodiösen Strophen zu kargen, freien Rhythmen, und Peter Rühmkorf gar schreibt dem Lyriker das Lebensalter der Jugend zu. In dem Maße, wie die Kenntnis der sprachlichen Möglichkeiten zunimmt, kann ich gar nicht umhin, Neues auszuprobieren, wobei dies wiederum nicht eine bewußte Wahl ist, etwa: heute schreibe ich ein Sonett oder freie Rhythmen, sondern vom Gegenstand des Gedichts diktiert wird.

Der zweite Arbeitsschritt erfolgt, wo immer es mir gelingt, den Tageslärm zum Verstummen zu bringen. Das muß nicht am Schreibtisch sein. Ähnlich wie Peter Rühmkorf schreibe ich gern in Zügen. Ich schreibe gern im Garten. Ich bin gern allein. Ich denke, der Dichter braucht auch ein Talent zur Einsamkeit. (Hintergrund jeden Sprechens ist das Schweigen.) Das scheint dem eingangs formulierten Interesse an Menschen zu widersprechen. Nein. Es ist nur eine Absage an Angebote der sogenannten Zerstreuung. Wenn ich schreibe, »schlage ich mich nicht ans Kreuz«, wie Benn es formuliert hat. Ich genieße diesen Zustand der wachen Selbstversunkenheit wie keinen anderen, wenn ich die Welt wechsele, um eine andere zu schaffen, wenn ich meinen Körper vergesse, um einen anderen hervorzubringen. Hermann Hesse hat dieses Glück der Selbstvergessenheit ein wenig pathetisch, aber doch recht zutreffend beschrieben; zumindest ist er, denke ich, ehrlicher als all die Kollegen, die suggerieren, sie seien Weltmeister im Leiden, weil sie Gedichte schreiben. Ich halte dies für eine Schutzbehauptung, so eine Art Beschwichtigung des Gottes Publikum, damit das ja nicht auf die Idee kommen muß, Schreibenkönnen, Schreibendürfen sei ein Privileg.

Ich aber bin ein Dichter und zahl es mit mancher Entbehrung,
Manchem Opfer vielleicht, dafür hat Gott mir gestattet,
Nicht bloß in unseren Tagen zu leben, sondern der Zeit mich
Oft zu entschlagen und zeitlos zu atmen im Raume, einst galt das
Viel und wurde Entrückung genannt oder göttlicher Wahnsinn.
Heute gilt es nichts mehr, weil heute so kostbar die Zeit scheint
Zeitverachtung aber ein Laster und Irrsinn sei. ›Introversion‹ heißt
Bei den Spezialisten der Zustand, von dem ich hier spreche,
Und bezeichnet das Tun eines Schwächlings, der sich den Pflichten
Seines Lebens entzieht und im Selbstgenuß seiner Träume
Sich verliert und verspielt und den kein Erwachsener ernstnimmt
Nun, so werden von Menschen und Zeiten die Güter verschieden
Eingeschätzt, und es sei mit dem Seinen ein jeder zufrieden.

Hilde Domin fügt dieser Selbstvergessenheit die Zeit-Vergessenheit hinzu und leitet daraus die sehr brauchbare Definition des Gedichts als »Zeitkonserve« ab.

Ich sagte, ich vergesse meinen Körper, um einen Körper hervorzubringen, einen Körper aus Klang und Sinn, das Gedicht. Ezra Pound riet dem Dichter, er solle sich »wie ein Musiker verhalten«, Valéry spricht davon, die Sprache zu »musikalisieren«, Joseph von Eichendorff warb um das »Zauberwort«, das die Welt zum Singen bringt. Ich empfinde ein geradezu sinnliches Vergnügen bei der Arbeit mit Sprache, eine physische Lust an Vokalen, Konsonanten, an Rhythmus und Metrik. Ich schreibe mit den Ohren. Oft ist der Rhythmus da vor dem Wort. Die Töne vor dem Sinn. Jedes Gedicht hat einen Klangkörper. Das wird heute oft vernachlässigt. Gedichte werden heute fast nur noch für die Augen, den Verstand geschrieben; fürs stille Lesen, weniger fürs Vor- oder Lautlesen. Schade, denn die unmittelbare sinnliche Dimension geht dabei verloren und damit das sinnliche Vergnügen an der Melodik eines Gedichts. Meines Erachtens liegt hier auch der Hauptgrund für die Verwechslung freier Rhythmen mit in Zeilen umbrochener Prosa. Und es ist die Körperlichkeit des Gedichts, die Einheit von Klang und Sinn, die bedingt, daß es nie wirklich international sein kann.

Darauf haben vor allem Benn und Apollinaire hingewiesen. Im Ton ist immer schon eine Aussage enthalten. Was ist ein »Nimmermehr« gegen das originale »Nevermore« im Gedicht »The Raven« von Edgar Allan Poe?

Und der Reim? Ich halte die Diskussion um den Reim für erledigt. Im mißlungenen Gedicht ist beides gleich unerträglich: der freie Rhythmus wie der Reim. Ich denke auch, spätestens wenn der Reim beginnt, sich wie von selbst einzustellen, muß man ihn – zumindest eine Zeitlang – meiden.

Edgar Allan Poe hat mit seinem vor fast zweihundert Jahren veröffentlichten Aufsatz »The Philosophy of Composition« die Theorie moderner Lyrik beeinflußt wie niemand nach ihm. Seither haben Autoren immer wieder den Entstehungsakt eines Gedichtes aufzudecken versucht. Ich glaube nicht, daß, wenn ich den Entstehungsprozeß eines meiner Gedichte versuche nachzuvollziehen – schon das Wort »nachvollziehen« ist verräterisch –, etwas anderes tue, als diese Genese zu erfinden, was schon Hans Magnus Enzensberger in einem Aufsatz zu ebendiesem Thema geargwöhnt hat. Dennoch möchte ich mir das Vergnügen dieser Anstrengungen nicht versagen und Ihnen eine Erfahrung über eine Erfindung vortragen.

Ars poetica

Danke ich brauch keine neuen
Formen ich stehe auf
festen Versesfüßen und alten
Normen Reimen zu hauf

zu Papier und zu euren
Ohren bring ich was klingen soll
klingt mir das Lied aus den
Poren rinnen die Zeilen voll

und über und drüber und drunter
und drauf und dran und wohlan

und das hat mit ihrem Singen
die Loreley getan.

Ich leide noch immer, wenn dieses Gedicht, das ich vor etwa sechzehn Jahren geschrieben habe, anders vorgetragen wird, als Sie es jetzt von mir gehört haben. Womöglich auch noch ein e bei »brauch« hinzugefügt wird oder die Zeilenbrechungen ignoriert werden. Mit kaum einem anderen Gedicht habe ich mir so viele Freunde und so viele Feinde gemacht. Und zwar beide aus dem gleichen Mißverständnis. Beide sind in die gleiche Falle gegangen: Sie haben allein die direkte Mitteilung wahrgenommen. Sie haben Signale des Textes überlesen, nicht ernstgenommen, daß sie es mit einem Gedicht zu tun haben, also mit Mitteilung der Form ebenso wie der Inhalte, beziehungsweise daß die wesentliche Mitteilung aus der Form hervorgeht. Natürlich ist das Gedicht ironisch gemeint. Um ironisch sein zu können, muß man den Gegenstand der Ironie kennen und ernst nehmen. Ironie kommt aus dem Griechischen und meint Verstellung. Etwas sagen und etwas anderes meinen, nicht um zu täuschen, auch nicht in erster Linie, um zu spotten, sondern um ein Mißverhältnis anzuzeigen: zwischen dem, der spricht und dem, worüber er spricht; zwischen Sprechendem und Gesprächspartner, zwischen dem Sprecher und ihm selbst. Gegenstand dieses Gedichts sind die alten Formen und die Suche nach neuen. Aus der inhaltlichen Behauptung und der formalen Gestaltung ergibt sich eine gegenläufige Bewegung. Aus dieser gegenläufigen Bewegung erwächst die ironische Spannung. Dies ist hier in diesem Fall um so vertrackter, als die benutzte Form des Gedichts wiederum eine tradierte, alte Form ist, allerdings in bezug auf den Inhalt auch wieder ironisch eingesetzt – Zeilenbrechung –, dann aber vor allem in gehäufter Ballung des Reims auch formal gänzlich ad absurdum geführt. Inhaltlich wirkt das Klischee vom Dichter, den die Muse küßt, wirkt die Vorstellung des Organischen als Hauptmerkmal des Authentischen; führt die Sehnsucht nach dem Authentischen in einer von Künstlichkeit überbordenden Welt den Leser in die Irre, das heißt zu der

Vorstellung, dem Dichter »fließe das Lied aus den Poren«. Oder, wie es in Johann Wolfgang von Goethes »Sänger« heißt: »Ich singe wie der Vogel singt«.

»Klingt mir das Lied aus den Poren, rinnen die Zeilen voll«, heißt es hier, »bimmeln«, hätte Rühmkorf geschrieben. Seine ironische Behandlung der Tradition ist weit drastischer, ist immer schon Interpretation, festlegend. Zunächst hatte ich geschrieben: »ringt sich die Zeile voll«. Das war mir zuviel Gemachtes, zuviel Anstrengung. Es sollte ja gerade das Bild des Dichters als Gefäß evoziert werden. Ringen hätte das Klingeln zwar formal verstärkt, in Rinnen ist aber immer noch eine Assonanz vorhanden. Dann, in der letzten Strophe, galoppieren die Wörter davon, die Muse überwältigt den Dichter, das Gedicht läuft dem Ich aus dem Ruder, die Wörter überschlagen sich, lassen den Dichter kentern, purzeln sinnlos durcheinander, bis das Ich seine Verantwortung an die bewährte Zauberin, die Loreley delegiert. Ironie schafft Distanz zum Gegenstand. Hegel sagt in den Betrachtungen zu Diderots »Rameaus Neffe« über die Ironie: »Wenn man dem Dasein so gegenübertritt, als brauche man es nicht vollkommen ernst zu nehmen, dann hat der Geist dadurch Abstand gewonnen und ist weniger gebunden.« Viele, fast alle meine Liebesgedichte benutzen das Stilmittel der Ironie. Ich habe mit diesem Stilmittel die erstaunlichsten Überraschungen erlebt, auch bei sogenannten professionellen Lesern. In Deutschland scheint man entweder ernsthaft oder satirisch sein zu müssen, auf jeden Fall empfiehlt es sich, deutlich zu signalisieren, wes Geistes Kind man ist, um nicht zwischen alle Stühle zu geraten.

Zurück zur Sprachbehandlung. In älterer Dichtung kann man über dem Gesagten das Sagen vergessen. In der Moderne hat sich das Gleichgewicht zwischen Aussageinhalt und Aussageweise zugunsten der letzteren verschoben. Das Gedicht ist immer erst Vorgang in der Sprache, dann erst in der Sache. Dabei kann die Sprache auch einen natürlich scheinenden Vorgang, ein authentisch scheinendes Ich konstruieren. Suggeriert wird dann eine Aufhebung der Trennung zwischen dichterischem Subjekt und empirischem Ich. Dennoch drückt auch ein scheinbar organisches Gedicht keine Gefühle aus, es konstruiert sie. Verzauberung wird erzeugt. Auch das ist heute eine der möglichen »Gaukeleien« der Kunst (Mallarmé). Andererseits ist vieles, was zu Beginn der Moderne kühn war, etwa aggressiver Sprachgebrauch, der Bruch mit Gewohntem, Schocks für Leser, heute zu Schockeffekten in der Sprache der Werbung verkommen. Verstöße gegen die Tradition sind selbst traditionsbildend geworden. Mallarmé, Rimbaud, Valéry haben schon im neunzehnte Jahrhundert für uns Nachgeborene den Vorstoß und Verstoß gegen die sogenannte Tradition erledigt. Wir müssen nicht mehr, wie es Rimbaud noch formuliert, »die Ahnen verfluchen« und die Mitteilungsfunktion der Sprache eliminieren. Wenn ich mich unter das Gesetz der Sprache stelle, akzeptiere ich auch ihre Mitteilungsfähigkeit. Sie ist ihr ebenso natürlich wie ihr Klingen, ihre Magie.

Unseren behutsameren, bewußteren Umgang mit der Natur, die wir schützen wollen und vor zerstörerischen Zugriffen bewahren müssen, möchte ich auch für die Sprache reklamieren. Gerade in einer Zeit, in der alles digitalisiert, auf Graphiken und Schaubildchen reduziert wird, möchte ich diese Möglichkeit der Sprache nicht kappen. Heute ist der Lyriker in eine ganz andere geschichtliche Situation gestellt als zu Beginn des zwanzigsten Jahrhunderts. Er ist gehalten, die Spannung zwischen Kommunikations- und Gestaltungsmittel zu ertragen und produktiv zu nutzen. Nach Mallarme und Valéry muß jedoch jede scheinbar natürliche Wirklichkeit im Gedicht als konstruierte genommen werden. Jedes Gedicht muß auf den Mitteilungswert der Konstruktion befragt werden, auch und gerade, wenn diese nicht ins Auge fällt. Es ist mit der Kunst nicht anders als mit der Natur: Unsere Nachfahren werden fragen, was wir mit unserem Erbe machten. Wir sind gehalten, eine Kunst, die wir größtenteils von den Toten gelernt haben, jetzt auszuüben, um sie weiterzugeben an die Ungeborenen. Die Verantwortung für die Sprache: das ist die klassische konservative Antwort, wenn es um die Verantwortung des Dichters geht. Die »links« oft zu hörende Antwort, daß der Autor der Gesellschaft verpflichtet sei, schien mit dieser Definition unvereinbar.

Doch ebenso wie der Gegensatz Konstruktion – Imagination sind auch l'art pour l'art contra littérature engagé überholte, untaugliche Etiketten waren es eigentlich schon immer. Denn: meine Kunst fortführen kann ich nur, wenn ich mich unter die Bedingungen der Kunst stelle, und die sind nicht nur ästhetischer, sondern auch sozialer Natur. In unserer Gesellschaft ist das schwieriger denn je. Die ungeschriebene Idee von dem, was poetisch sei, die es wohl in jeder Gesellschaft gibt, wird heute immer undeutlicher, immer verschwommener. Diese Idee des Poetischen schließt Vorstellungen über die soziale Realität mit ein, und auf diese Vorstellungen antwortet der Dichter, indem er sie widerlegt oder verwandelt. Kenntnisse über diese soziale Realität, auch Menschenkenntnis, gewinnt man nicht am Schreibtisch. Um sich den Begriff Zeitgenosse, ja Zeitzeuge zu verdienen, sollte der Autor auch mit Bereichen befaßt sein, die mit seinem Schreiben auf den ersten Blick nichts zu tun haben. Die ganz spezifische Verantwortung des Dichters besteht darin, die Kunst weiterzuführen, indem er scheinbar unpoetisches Material, Rhythmus, Sichtweisen, Wörter in Poesie überführt. Aus Erfahrungen Erfindungen machen. Und vielleicht ist Einbildungskraft nichts anderes, als »Erinnerung als Erfahrung« heraufzuholen und in Sprache zu überführen.

Dies kann auf unzählige Arten geschehen, im Bereich der Form wie der Sujets. Daraus folgt: Nur das, was scheinbar unpoetisch ist, das, was von der Tradition noch nicht zur Poesie gemacht worden ist, hält die Poesie lebendig. Der Spielraum der Poesie muß unablässig erweitert werden, und das kann nur geschehen, indem sich Berufserfahrung und Lebenserfahrung des Autors erweitern, indem neue Autoren neue Erfahrungen in Sprache umwandeln. Schauen wir uns die Liebesgedichte von Frauen an, so finden wir bis nach dem Zweiten Weltkrieg fast ausnahmslos Gedichte, in denen sich die Frau dem geliebten Mann unterordnet, wir finden Verherrlichungen, Klagen, Bitten, Sehnsucht, Abschiedsschmerz. Nach den zwei großen Frauenbewegungen – um die Jahrhundertwende und in den sechziger, siebziger Jahren – war dieses Muster nicht mehr möglich. Frauen suchten ein neues Bild von sich, suchten dieses in Abgrenzung zu traditionellen Mustern und gerieten zwangsläufig mit diesen in Kollision. So schmerzhaft, so unerträglich waren die Widersprüche zwischen dem Kopf, der die Notwendigkeit von Selbständigkeit begriffen hatte, und dem Herzen, das nach Selbstaufgabe lechzte, daß Liebesgedichte von Frauen zeitweilig klangen wie Kriegserklärungen. Ich glaube übrigens, daß sich in den letzten zehn Jahren wiederum ein Wandel abzeichnet, von der emanzipierten, der befreiten Frau – eine Formulierung, in der immer noch die Anstrengung des Kampfes mitschwingt – hin zur freien Frau, die nicht mehr kämpfen muß, sondern wählen kann, sich nicht mehr aus dem Mangel, sondern aus der Fülle erlebt. Gedichte werden auch dies bezeugen.

Das Unpoetische ins Gedicht hineinzunehmen liegt nicht allein im Belieben des Autors. Nicht nur er sucht sich die Gegenstände, die Gegenstände suchen auch ihn. Und es ist auch nicht nur eine Erweiterung der poetischen Gegenstände vonnöten, sondern auch eine Vertiefung und Veränderung der poetischen Sichtweise auf bekannte Themen. Cézanne soll einmal auf die Frage nach dem Gegenstand der Malerei geantwortet haben, es genüge, ein Leben lang nur grüne Äpfel zu malen. In Japan und China widmeten Maler ihr Leben der Konzentration eines Gegenstandes in einen einzigen Pinselstrich. Häufig werde ich gefragt: Sie sind doch ein politisch interessierter Mensch. Warum schreiben Sie nicht ein Gedicht über den Krieg in Jugoslawien, Ruanda, über Solingen et cetera. (Die Bestellungen wechseln.) Und jedesmal antworte ich: Ich weiß es nicht. Was ich weiß, ist, daß das, was ich weiß, nicht das ist, was ich erfahren habe, und daß nur aus meiner Erfahrung mir die Imagination zuwächst, die dann zur poetischen Erfindung führt.

Aus dieser Unfähigkeit zur Transformation bestimmter Gegenstände erklären sich wohl auch viele sogenannte gutgemeinte Gedichte, das heißt Gedichte, deren Verfasser besser daran täten, ihre politisch korrekte Betroffenheit, gepaart mit Kenntnis rhetorischer Figuren, in einem Artikel vorzuführen, statt Gedichte zu schreiben, die sich auf der Ebene einer Lichterkette bewegen. Sie schaffen es nicht, ihren durchaus wichtigen Gegenstand so zu transformieren, daß eine von der üblichen Sicht verschiedene, ganz und gar dem Autor zugehörige Anschauung entsteht. Und erst dann kann es ein Gedicht sein. (Wobei – aber das in Klammern – ich noch nie verstanden habe, weshalb das Publikum der politischen Meinung eines Schriftstellers mehr Bedeutung beimißt als der eines Rechtsanwalts, Arztes, Bankers.)

Natürlich hat Benn recht, wenn er jauchzt: »Substantive! Sie brauchen nur die Schwingen zu öffnen und Jahrtausende entfallen ihrem Flug. Nehmen Sie Anemonenwald, also zwischen Stämmen feines kleines Kraut, ja über sie hinaus Narzissenwiesen, aller Kelche Rauch und Qualm, im Ölbaum blüht der Wind und über Marmorstufen steigt, verschlungen, in eine Weite die Erfüllung«.

Aber Benn geht natürlich auch auf Nummer Sicher. Denn versuchen Sie das mal mit »Asylantenheim«. »Anemonenwald« – »Asylantenheim«. Das klingt doch sehr ähnlich. Und nun machen Sie mal das Wort »Asylantenheim« heimisch im Gedicht. Es muß ja nicht das Wort sein, aber der Vorgang, der zu einem solchen Wort führte. Etwa in einem Gedicht wie der »Todesfuge« von Paul Celan. Wem ist schon ein solches Maß an Lebens- und Leiderfahrung und an Talent beschieden, wie es dazu nötig wäre.

Warum also dann schreiben, wenn man doch nur ein kleiner Zögling großer Vorfahren ist? Damit wäre ich wieder am Beginn meines Vortrages, den ich abschließen möchte mit zwei ihrer Antworten.

Elias Canetti: Es ist »die Sache des Dichters … den Abgesandten des Nichts, die in der Literatur immer zahlreicher werden, zu widerstehen … daß man in der Trauer und in der Verzweiflung ausharrt, um zu lernen, wie man andere herausholt, aber nicht aus Verachtung des Glücks, das den Geschöpfen gebührt, obwohl sie einander entstellen und zerreißen.«

Und schließlich W. A. Auden: »To unlearn hatred and to teach love.«

Vergnügen und Verantwortung beim Lesen von Gedichten

Während eines längeren Aufenthalts in Rom schrieb ich eine Gruppe von Gedichten, darunter »Katzenmahlzeit«.

KATZENMAHLZEIT

Alles ist in Roma eßbar
Artischocken schwarzes Schaf
Ciceroni Chips Cypressen
Rosmarin Maroni

Alles ist in Rom vergeßbar
Esbahn Uhahn Alster Spree
Villen Pillen Brillenträger
Papa Papperlap

alles ist vergeßbar eßbar
Colosseum Marzipan
Minestrone Mama Mia
Dolce Duce Du

Zu diesem Gedicht gab es einige Leserbriefe; drei Lesermeinungen möchte ich Ihnen referieren. (S. S. 21)

Ein liebevoll mit Blümchen verzierter Brief kam von einem Mädchen aus einer vierten Klasse. Sie schrieb – sinngemäß – folgendes: Meine Tante hat mir Ihr Gedicht abends am Bett vorgelesen. Ich habe es nicht verstanden. Aber es hat mir gut gefallen. Da habe ich es mitgenommen, und am anderen Morgen mit meinen Freundinnen auswendig gelernt. Jetzt benutzen wir es in der Pause als Abzählreim. Die zweite Zuschrift kam von einem Oberstudienra. Er regte sich darüber auf, daß ich mich erdreistet habe, mit diesem Gedicht den italienischen Faschismus zu verherrlichen. Ich begriff dies zunächst nicht. Dann ging mir ein Licht auf: Der Mann hatte die letzte Zeile: »dolce duce du« mit »süßer Führer du« übersetzt. Und zum Schluß möchte ich Ihnen noch den Leseeindruck eines Psychoanalytikers mitteilen, der herausgefunden hatte, daß die Abkürzung meines Namens, Uhahn, genau in der Mitte des Gedichts steht, was er als vortrefflichen Beweis nahm, daß sich im Leben wie in der Poesie immer alles um das liebe Ego der Autorin drehe.

Es waren Reaktionen wie diese, ich könnte noch von vielen erzählen, die mich bewogen, nach zehn Jahren Erfahrungen mit dem Veröffentlichen von Gedichten, also auch mit Erfahrungen von Lesererfahrungen mit meinen Gedichten, meinem Band »Unerhörte Nähe« einen Anhang mitzugeben: »Für den der fragt.« Daraus die Antwort auf die berühmteste aller Fragen beim Lesen von Gedichten:

»Was will uns der Dichter damit sagen?:

Daß ihm das Gleichnis von der wunderbaren Brotvermehrung das liebste ist. Da schreibt einer ein Gedicht und Hunderttausende können es annehmen. Jeder das seine. Jeder ißt, jeder liest für sich allein. Jeder auf seine Art. Nur als unser Gedicht nährt das Gedicht.

Jedes Gedicht ist eine Antwort. Aber: Keine Antwort ohne Frage. Wer fragt was? Jeder was ihm paßt. Ein Gedicht ist keine Vorschrift. Ich kann und will dem Leser seine Frage nicht in den Mund legen.

Sobald ich das Gedicht geschrieben, frei und losgesprochen habe, bin ich auch ein Leser; ich weiß anderes, mag sein, mehr, mag sein, weniger. Jedes Gedicht sagt dem Leser nur das, was er sich sagen läßt. Das Gedicht ist so harmlos und gefährlich wie der Leser selbst. Jeder hat das Recht, sich so dumm zu stellen, wie er will. Ein Gedicht ist einfach nur da. Es hat allein die Macht, die der Leser ihm einräumt.«

Zunächst und vor allem: Ich bin froh, gelesen zu werden. Denn: Ein Gedicht existiert nur im Vollzug. Nimmt man es nicht als Gedicht wahr, ist es etwas Gedrucktes wie alles andere auch, mit dem man allerlei machen kann, sogar Grammatikübungen. So hat mir zum Beispiel ein Schulrat meinen ersten Gedichtband »Herz über Kopf« – Sie wissen, ich verwende Satzzeichen so sparsam wie möglich, um die Kombinationsmöglichkeiten der Wörter nicht festzuschreiben – zurückgeschickt: von vorne bis hinten korrekt interpunktiert! Aber auch das Gedicht als sinnvolles Gebilde ist nie festgelegt, lebendig wird es erst im individuellen Gebrauch. Es gibt keine autorisierte Auslegung, und keinen »eigentlichen Sinn«. Dazu ein respektloses Zitat von Hugo von Hofmannsthal: »Die Leute suchen gern hinter einem Gedicht, was sie den ›eigentlichen Sinn‹ nennen. Sie sind wie Affen, die auch immer mit den Händen hinter einen Spiegel fahren, als müsse dort ein Körper zu fassen sein.«

Ich möchte noch einmal auf das Gedicht »Katzenmahlzeit« und die drei Leserbriefe zurückkommen

Jeder der drei Leser hat mit dem Gedicht etwas anfangen können. Das ist viel. Und der Dichter kann sich damit zufriedengeben, und ich tue das auch. Wie gesagt: Ein Gedicht ist keine Vorschrift, und jeder soll auf seine Art mit meinen Erfindungen seine Erfahrungen machen. Doch möchte ich heute auch als Leserin zu Ihnen sprechen. Und da ist klar: Keiner der drei Leserbriefschreiber hat das Gedicht verstanden beziehungsweise sich um Verständnis bemüht. Das kleine Mädchen scherte sich nicht darum und genoß höchstwahrscheinlich das Gedicht als lustiges Kauderwelsch aus Klängen und Silben nach dem Muster von Fischers Fritze. Und warum auch nicht. Es hat sich mit dem Gedicht amüsiert.

Bei den beiden anderen Lesern trat etwas ein, was sich oft beim Lesen von Gedichten beobachten läßt: In einem Gedicht können viele Stimmen zusammenklingen wie in der Partitur einer Sinfonie. Gedichte sollten auf vielen Ebenen funktionieren, vielfältige Konstruktionsebenen verschränken. Das ist verwirrend. Findet der Leser nun in der Vielfältigkeit der Erfindungen irgend etwas, das mit seinen eigenen Erfahrungen, Gefühlen, Bedürfnissen übereinstimmt, greift er danach wie nach einem Strohhalm. Er hat einen Anhaltspunkt gefunden, dem er nun alles andere unterordnet, oder, schlimmer, von dem aus er alles andere wegblendet. Es steht ihm nicht, wie es der berühmte hermeneutische Zirkel vorschreibt, der Teil für das Ganze; er bemüht sich nicht, Teile und Ganzes sinnvoll aufeinander zu beziehen; er erklärt fürs Ganze den Bruchteil. »Sie lesen nicht. Sie lesen sich. Sie betrachten nicht. Sie betrachten sich«, beschrieb Cocteau diesen Vorgang. Lesern, die sich bei der Lektüre von Gedichten allein auf ihr Gefühl verlassen, lesen Gedichte wie eine Art Traumdeutung. Das Gedicht dient als Spiegel. Was abweicht vom Selbstporträt, wird unterschlagen. Im Gefühl, das das Gedicht bei ihnen auslöst, finden und genießen sie sich selbst; sie haben nichts vom Gedicht, aber womöglich viel von sich. Es ist ein sich selbst bestätigendes Lesen.

Natürlich kann der Leser jederzeit an einem Aspekt des so komplexen Gebildes Gedicht hängenbleiben. Dies ist dann allerdings mehr ein Plündern als ein Begreifen und Verstehen des Gedichts. Aber dagegen ist der Autor machtlos. Er darf sich außerdem fragen, was ihm lieber ist: nicht gelesen oder falsch und unvollständig verstanden zu werden. Wobei er sich natürlich fragen muß, wann ein Gedicht falsch verstanden ist. Eine Frage, die in Schulen endlose Diskussionen auslöst. Natürlich wünsche ich mir den Leser, der mein Gedicht in seinem Kopf noch einmal schreibt. Wohlgemerkt: m e i n Gedicht. Das gibt es aber nicht. Gedichte lesen ist wie das Herstellen von Palimpsesten. Jeder überschreibt das Original anders, wobei das Original nicht zwangsläufig verlieren muß. Oft ergeben sich überraschende Aspekte, an die ich nicht gedacht hatte. Gedichte sind oft klüger als ihre Verfasser. Fast immer aber beinhalten sie mehr, als der Verfasser in sie hineinzulegen dachte.

Ähnliche Funktion kann ein Gedicht haben, mit dem Sie nichts anfangen können. Erste Frage sollte sein, ob Sie denn mit ihm etwas anfangen w o l l e n. Wenn nicht, legen Sie es beiseite. Aber bezichtigen Sie dann nicht das Gedicht für Ihre Unfähigkeit oder Ihre Unwilligkeit, mit ihm etwas anfangen zu können beziehungsweise zu wollen. Denken Sie doch einmal darüber nach, woher Ihr Unwillen rühren könnte. Auch dabei erfahren Sie womöglich eine Menge über sich selbst. Dies kann um so aufschlußreicher werden, je größer der Widerstand gegen das Gedicht ist.

Es ist gut, jedes Gedicht zu lesen, als sei es das erste Mal, daß man ein Gedicht liest. Aber ist der erste Eindruck wirklich der beste, wie das Sprichwort sagt? Ist Gefühl alles? Es wäre schade, den Umgang mit dem Gedicht auf dieser Ebene, der Ebene des Geschmacks, über den sich bekanntlich nicht streiten läßt, abzubrechen. Doch wem es wirklich um das Gedicht geht, für den gehören die Fragen: Was sagt das Gedicht *mir*? Und: Was sagt das *Gedicht* mir? zusammen. Streiten läßt sich über Geschmack nicht, aber ein Geschmacksurteil läßt sich, wenn nicht begründen, so doch nachvollziehbar darstellen, aber dazu am Ende des Vortrages mehr.

Gedichte *verstehen*.

Wenn wir ein Gedicht nicht auf Anhieb verstehen, können wir es bei den oben beschriebenen Reaktionen bewenden lassen. Ob ich mit einem Gedicht etwas anfangen kann oder nicht, ergibt sich wie von selbst. *Verstehen* muß man *wollen*. Was heißt das? 1. Ich muß akzeptieren, daß da etwas Fremdes ist. 2. Das Fremde, das Gedicht, als verstehenswürdig ansehen. 3. Die Anstrengung wollen, mir das Fremde verständlich zu machen, das heißt es in meinen Kopf zu übersetzen. 4. Die Übersetzung akzeptieren. 5. Aushalten, daß immer ein Rest bleibt, der meinen Verstehensbemühungen widerstrebt. Dies ist auch ein ethischer Vorgang.

Ich trete heraus aus den Schranken der eigenen Persönlichkeit, bereit, Aspekte anderer Persönlichkeiten in die eigene aufzunehmen. Der Gewinn des interpretierenden Ich: nicht Aufhebung, sondern Anerkennung des anderen Individuellen. Verstehen ist wesentlich ein Hinhören, ein Akzeptieren des bereits Artikulierten, und die Bereitschaft, dem bereits Artikulierten zu folgen. Und ich muß lernen zu akzeptieren, daß wir nie zu Eindeutigkeiten kommen können, daß ein Rest Nichtverstehen immer bleibt.

Verlagern wir erneut die Betonung, so verlagert sich das Interesse auf den Gegenstand, das Gedicht.

Gedichte verstehen.

Jedes Verstehen spielt zwischen Fremdheit und Vertrautheit. Der Beginn des Verstehens geht also von der ersten Frage aus: Was sagt das Gedicht mir, vom eigenen Erfahrungshorizont, der Lebenserfahrung ebenso umfaßt wie ästhetische Kenntnisse und Vorlieben, aber auch die Lebenssituation, die aktuellen Umstände, in denen das Gedicht auf einen Leser trifft.

Zum Verstehen-wollen muß ein Gedicht verlocken. Es tut dies durch sein Widerspiel von Einleuchtendem und Befremdlichem, von Sinn und Sinnverweigerung. Ein Gedicht verstehen heißt, das verlockende Unbekannte zwischen Fremdheit und Vertrautheit zu entdecken, zu begreifen, das heißt mit Sinn zu füllen.

Wie kann dies vor sich gehen? Und warum ist dies soviel schwieriger bei modernen Gedichten?

Ich habe bereits in meinem Vortrag »Poesie und Verantwortung beim Schreiben von Gedichten« bei der Interpretation des Gedichts »Ars poetica« daraufhingewiesen, daß sich das Verhältnis von Gehalt und Form eines Gedichts im Laufe dieses Jahrhunderts umgekehrt hat. An alten Gedichten übersah man gern die Form, heute wird oft der Gehalt über der Form vergessen.

Doch immer gilt, daß wenn Sinn und Klang oder Inhalt und Form sich leicht voneinander lösen lassen, das Gedicht zerfällt. Daher ist ein Gedicht, anders als Prosa, nicht nacherzählbar, auch nicht ein traditionelles Gedicht, das uns leichter zugänglich scheint. Prosa ist auf einen Zweck ausgerichtet, ist der Zweck erfüllt, stirbt die Sprache. Martin Walser hat das hier in Heidelberg in seinem letztjährigen Vortrag über seine Leseerfahrung mit Franz Kafkas Roman »Der Prozeß« plausibel beschrieben: als er ihn verstanden hatte, war der Text für ihn uninteressant. In diesem Sinne läßt sich kein Gedicht verstehen, Bilder lassen sich nicht auflösen. Das, was das Gedicht macht, bleibt undefinierbar. Wen interessieren die Handvoll überprüfbarer Kriterien: Metrik, Versformen, rhetorische Figuren et cetera; wir können sagen, ob ein Sonett falsch gebaut ist, können ein Gedicht am Musterhaften messen – und damit doch nichts anderes bestätigen als das Musterhafte. Valéry geht noch einen Schritt weiter, wenn er sagt: »Alles, was wir definieren können, unterscheidet sich sogleich vom produktiven Geist und stellt sich ihm entgegen.«

Dabei scheint beim Lesen traditioneller Gedichte alles so einfach!

An den Mond
Spätere Fassung

Füllest wieder Busch und Tal
Still mit Nebelglanz,
Lösest endlich auch einmal
Meine Seele ganz,

Breitest über mein Gefild
Lindernd deinen Blick,
Wie des Freundes Auge mild
Über mein Geschick.

Jeden Nachklang fühlt mein Herz
Froh- und trüber Zeit,
Wandle zwischen Freud' und Schmerz
In der Einsamkeit.

Fließe, fließe, lieber Fluß!
Nimmer werd' ich froh,
So verrauschte Scherz und Kuß,
Und die Treue so.

Ich besaß es doch einmal,
Was so köstlich ist!
Daß man doch zu seiner Qual
Nimmer es vergißt!

Rausche, Fluß, das Tal entlang,
Ohne Rast und Ruh,

Rausche, flüstre meinem Sang
Melodien zu,

Wenn du in der Winternacht
Wütend überschwillst,
Oder um die Frühlingspracht
Junger Knospen quillst.

Selig, wer sich vor der Welt
Ohne Haß verschließt,
Einen Freund am Busen hält
Und mit dem genießt,

Was, von Menschen nicht gewußt
Oder nicht bedacht,
Durch das Labyrinth der Brust
Wandelt in der Nacht.

Ein Gedicht, das wir auf Anhieb zu verstehen glauben, ein Gedicht, das man wieder und wieder lesen kann, ohne es zu verstehen, ein Gedicht, das man wieder und wieder lesen kann, ohne daß es im geringsten von seinem Zauber einbüßt. Warum? Weil uns jedes große Gedicht in ein anderes Universum versetzen kann. Immer wieder beweist sich: Im Anfang war die Form. Form, aus der sich der Schmerz gebiert, die Trauer, das Wissen um die Vergänglichkeit alles Lebendigen. Form, die gleichzeitig allem Schmerz, aller Trauer ein Ende macht und sich der Vergänglichkeit entgegenstemmt.

Auch hier, wie könnte es anders sein, liegt die Mitteilung in der Form, einer Form indes, die uns nach zweihundert Jahren vertraut ist wie dem Kind die Stimme der Mutter. Richtig, uns ist diese Stimme vertraut, aber wie ging es Goethes Zeitgenossen? In seinem sehr anregenden Buch »Der verkannte Künstler« bezieht sich auch Franz Roh unter anderem auf diese Strophen. Wir finden dort einen Kommentar Martin Spanns, der noch

1831 in einem Aufsatz über den Lyriker Goethe schrieb: »Herr von Goethe apostrophiert allererst den Mond und zwar in einer Pöbelsprache, indem er nach Art ungebildeter Menschen in den ersten drei Strophen die Zeitwörter ohne ihre persönlichen Fürwörter, das heißt ohne ausdrückliche Subjektbezeichnung setzet. Was die Seele lösen soll, bleibt dem Leser zu entziffern.« Und: »Daß der Mond seinen Blick lindernd verbreitet, läßt mutmaßen, daß die Gegend an einer schmerzhaften Krankheit leidet.«

Warum diese Zitate? Nicht, um Kolleginnen und Kollegen damit zu trösten, daß selbst Genies zuweilen verkannt werden. Nicht, um einen Martin Spann – und die Beispiele und Namen ließen sich mehren – dem Spott der Nachwelt auszuliefern. Nein: ich habe diesen Umweg genommen, um vom Vergnügen beim Lesen von Gedichten zur Verantwortung des Lesers zu kommen, wohlgemerkt, des Lesers, der verstehen will.

Mein Verhältnis zur Tradition habe ich schon öfter beschrieben; etwa in meiner Rede zum Hölderlin-Preis 1985.

»Die Vorfahren sind nicht nur für mich, ich bin auch für sie da. In der Kunst veraltet nichts. Aber das ist immer wieder neu zu beweisen. Denn das Alte ist nur ewig und zeitlos, wenn wir es in unsere Zeit hineinholen, es veraltet nur deshalb nicht, weil es sich verändert, durch uns, durch unsere Zeit verändert. Immer wieder ist zu entdecken, daß sich, so Friedrich Nietzsche, das scheinbar Unzeitgemäße am Ende als das der Zeit in einem tieferen Sinne Aktuelle herausstellt.«

Anders ausgedrückt: Auch unsere Klassiker bleiben nur lebendig, wenn wir sie zu Zeitgenossen machen. Dies ist gewiß ein Teil der Verantwortung des Lesers. Was uns aber nicht als Entschuldigung dienen darf, unsere Zeitgenossen zu nobodies zu machen. Als vor Jahren im Claassen Verlag eine Anthologie zeitgenössischer Lyrik erschien, hatte das Buch noch nach einem Jahr mehr Beiträger als Käufer. Und schon 1923 spottet Oskar Loerke, »daß ein statistisches Amt (einmal) feststellen müßte, ob es in Deutschland nicht mehr Gedichteschreiber gibt als Einwohner«.

Wohlgemerkt, ich rede hier nicht dem Snob das Wort, der unterschiedslos alles »interessant« findet, nur weil es neu ist, um sich damit naserümpfend von der rückständigen Masse abzuheben und auf Parties mitplappern zu können. Warnen aber möchte ich davor, das Gestern als Autorität gegen das Heute aufzurichten, um sich damit ein Alibi für seine eigene Trägheit, sein bequemes Verharren im Althergebrachten, im Gewohnten zu verschaffen. Ein Verfahren, das nicht neu ist: »Leider war kein Lessing mehr vorhanden, dessen Riesenkraft allein hinreichend gewesen wäre, diese verderbliche Seuche von der Ehre der deutschen Urteilskraft entfernt zu halten«, schreibt der bereits erwähnte Spann zu Goethes Faust.

Einer der häufigsten Vorwürfe, den man dem zeitgenössischen Gedicht macht, ist zu allen Zeiten der der Unverständlichkeit. Sprache wird lediglich als Mittel zur Mitteilung verstanden, nicht aber als Kunst-Material. Als Mitteilungsmittel ist Sprache auf das Allgemeine aus, als Kunst-Material auf das Individuelle. Im Klartext heißt also der Schrei nach Verständlichkeit, der Dichter solle allgemeiner, konventioneller werden, das Eigene zurückstellen, mit einem Wort, sich zurückentwickeln.

Erst- und Letztfassungen von Gedichten machen häufig deutlich, wohin es führt, wenn der Dichter diesem Wunsche folgt.

Ich möchte dies an zwei Gedichten von Conrad Ferdinand Meyer zeigen.

Im Walde

Es flimmert in den Ästen
Der Birke Stamm erblinkt,
Nun weiß ich, daß im Westen
die Sonne purpurn sinkt.

Dort muß ein Meer von Gluten
Der Abendhimmel sein,
hier rinnt ein stilles Bluten
Um mich auf Moos und Stein.

Conrad Ferdinand Meyer hat das Gedicht noch zweimal umgeformt. Die letzte Fassung lautet:

Abendrot im Walde

In den Wald bin ich geflüchtet,
ein zu Tod gehetztes Wild,
da die letzte Glut der Sonne
Längs den glatten Stämmen quillt.
Keuchend lieg ich. Mir zu Seiten
Blutend, siehe, Moos und Stein –
Strömt das Blut aus meinen Wunden?
Oder ist's der Abendschein?

Der Verlust poetischer Substanz erschließt sich beim ersten Hören. In der ursprünglichen Fassung Bilder voller Magie, von einem Rhythmus mitgetragen, der das Sinken, das Verrinnen, das Verbluten hörbar macht. Anschaulichkeit und Geheimnis halten sich die Waage, der Leser ist verlockt, den dunklen Leerräumen, dem »Zwischen« zwischen Wörtern und Zeilen zu folgen, sich bezaubern zu lassen. Es ist in der Tat ein Gedicht, das es vermag, den »Leser zum Imaginierten« zu machen, wie es Valéry ausdrückt.

In der zweiten Fassung ist alles klar wie auf einem Ölbild aus dem Kaufhaus. Nicht nur die Bilder sind platt, auch der wackere Rhythmus will, ebensowenig wie die aufgedrehte Munterkeit der rhetorischen Fragen am Schluß des Gedichts zu der Sterbestunde eines »zu Tod gehetzten Wildes« passen.

C. F. Meyer hat hier das begangen, was Friedrich Nietzsche eine Todsünde gegen den Geist des Lesers nennt, »welche ihm Jener nie verzeiht: (wenn er) sein Talent verleugnet, um sich dem Leser gleichzustellen«.

Interessant ist an diesem Beispiel noch ein weiteres. Wolfgang Kayser, mit dessen Buch »Das sprachliche Kunstwerk« ich vor dreißig Jahren meine Proseminare bestritten habe, erklärt die erste Fassung »für überhaupt nicht verständlich« und gibt der zweiten eindeutig den Vorzug, da »nun der Leser weiß, daß es sich um ein zu Tode gehetztes Wild handelt, das an der Quelle verblutet« – und der Professor nun ergänzen kann, daß in diesem Topos ein »geheimer Bezug auf die Qual eines einsamen Ich« vorliegt. Nicht um die Bedeutung Wolfgang Kaysers zu schmälern, habe ich dies zitiert, wohl aber um noch einmal zu unterstreichen, wie schnell sich unsere Auffassung von der Verständlichkeit eines Gedichts ändert, und wie sehr sich auch professionelle Leser irren können beziehungsweise dem Zeitgeschmack verhaftet sind.

Daß wir in einem Gedicht das Dunkle, das Geheimnis, das »Zwischen«, das nie ganz Auflösbare akzeptieren müssen, gilt für Gedichte aller Zeiten. Für die Rezeption zeitgenössischer Gedichte kommt aber noch eines dazu: das »Unpoetische« zu akzeptieren. (Was, wir haben es an Goethes Gedicht gesehen, seinen Zeitgenossen nicht anders erging.)

In meinem ersten Vortrag habe ich darauf hingewiesen, daß sich der Autor eben um dieses scheinbar Unpoetische bemühen muß, um es in Poesie zu überfuhren, und so den Spielraum der Poesie unablässig zu erweitern. Nichts, was in der Erfahrung des Menschen verfügbar ist, darf aus der Dichtung verwiesen werden. Auch nicht die sogenannten sperrigen Gegenstände und widerborstigen Tonarten. Allerdings ist die Akzeptanz für den Leser wohl schwieriger als für den Autor: Der Autor hat sich seinen Gegenstand, seine Form, sein Wort aus freiwilligem Zwang gewählt, er hält ihn für notwendig. Der Leser ist noch weit mehr an Mond und Sonnenuntergang, an elegische Stimmungen, moralische Aufrüstung, an schöne, hehre und reine Wörter gewöhnt. Die Sehnsucht des Lesers nach dem reinen Gedicht ist wohl immer stärker als die des Dichters. Der Dichter weiß, daß er das reine Gedicht nie erreicht, daß vielmehr der Anteil des Poetischen, die Essenz des Gedichts erst durch den Anteil an Prosaischem zustande kommt und durch das Prosaische hindurch. Oder, um es noch einmal anders zu wenden: Die Dichtung ist Essenz, das Gedicht immer auch dem Wirklichkeitssinn, dem Zeitgeist verbunden. Dichtung verkörpert sich im Gedicht, das Gedicht muß in der Realität verankert sein und deren Spuren aufweisen. Schriebe heute jemand wie Hölderlin, er hätte kaum eine große Bedeutung.

Nicht nur Handwerk und Qualität müssen vorhanden sein, sondern auch die bewußte Zugehörigkeit zur gegenwärtigen Zeit. Ein Gedicht muß Widerstände enthalten. Gibt es diese Widerstände nicht, stellt sich ein Gefühl ein, wie bei der Lektüre von C. F. Meyers »Abendrot im Walde«, das Robert Penn Warren einmal als »ein Gefühl wie auf einer Rodelbahn oder beim Fall durch den leeren Raum« beschrieben hat.

Wenn es nun keine Verbindlichkeiten, keine starre Poetik, kein normatives Schreiben mehr gibt, so gibt es auch kein normatives Lesen mehr. Und es gab beides ja auch zu keiner Zeit, wie das Beispiel des Goethe-Gedichts gezeigt hat.

Wenn Sie sich jedoch die Mühe einer Rezeption mit der Betonung auf Gedicht machen wollen – Was sagt das G e d i c h t mir? –, sage ich Ihnen gern, wie ich vorgehe, um ein Gedicht zu verstehen: Ich folge dem Rat Friedrich Nietzsches und benutze die »Liebe als Kunstgriff«. »Wer etwas Neues wirklich kennen lernen will«, heißt es da, »(sei es ein Mensch, ein Ereignis, ein Buch) der thut gut, dieses Neue mit aller möglichen Liebe aufzunehmen, von Allem, was ihm daran feindlich, anstössig, falsch vorkommt, schnell das Auge abzuwenden, ja, es zu vergessen: so daß man zum Beispiel dem Autor eines Buches den größten Vorsprung gibt und geradezu wie bei Wettrennen, mit klopfendem Herzen danach begehrt, daß er sein Ziel erreiche. Mit diesem Verfahren dringt man nämlich der neuen Sache bis an ihr Herz, bis an ihren bewegenden Punct: und dieses heißt eben sie kennen lernen. Ist man soweit, so macht der Verstand hinterdrein seine Restrictionen; jene Überschätzung, jenes zeitweilige Aushängen des kritischen Pendels war eben nur der Kunstgriff, die Seele einer Sache herauszulocken.«

Der Verstand kann dann folgendes tun:

Zuallererst fasse ich jedes Gedicht als eine Konstruktion auf. Dies bedingt, daß es re-konstruiert werden kann. In der modernen Lyrik ist diese Konstruktion oft schwer erkennbar, da, wie ich oben ausgeführt habe, hier die Sprache als Kunst-Material genutzt wird. Valéry: »Ich habe nicht sagen wollen, sondern machen wollen.«

Darf ein modernes Gedicht demnach keine Gedanken mitteilen oder nahelegen? Doch. Aber diese sind gleichwertig, sind Mittel wie Klänge, Kadenzen, Rhythmen, rhetorische Figuren. Gedanken oder Vorgänge aus dem Gesamtzusammenhang herauszulösen, abzulösen, zerstört das Gedicht. Gedichte, die sich darin erschöpfen, beim Leser eine Kopfbewegung auszulösen, entweder nach rechts und links oder oben und unten, sind bestenfalls etwas fürs moderne Poesiealbum. Sie rührten weder an die Existenz des Autors, und mithin rühren sie auch nicht an die des Lesers. Sie lassen beide kalt. Wir haben es mit Rhetorik zu tun, nicht mit Dichtung.

Dies sind in der Tat Gedichte als Gebrauchsgegenstände. Gerade in einer Zeit, in der alles auf Verwertbarkeit und Nutzen-Kosten-Denken aus ist, sollte die Dichtung Wert darauf legen, das Unnütze gegen das Verwertbare, die Schönheit gegen die Nützlichkeit in Schutz zu nehmen. Es könnte der Dichtung sonst ergehen wie den christlichen Kirchen, die auf das Geheimnis ihrer Religion immer mehr verzichteten und statt dessen zu Filialen von Jugend- und Sozialarbeit degenerieren können. Ein Gedicht muß seinen Nutzen so wenig nachweisen wie eine Blume oder ein Kiesel. Und kann es auch nicht. Wer Gewißheit sucht, der lese keine Gedichte. Hilde Domin hat für diese Art der Erkenntnis, die uns Gedichte vermitteln, den Begriff der »unspezifischen Genauigkeit« geprägt. Wer die Leerstellen, in denen sich die Vieldeutigkeit manifestiert, nicht aushält, der wird mit Gedichten nichts anfangen können, geschweige denn, sie verstehen. Die poetische Kraft eines Gedichts liegt ja gerade im Appell des Nicht-Gesagten, des Nicht-Begriffenen.

Moderne Lyrik gibt dem Leser nicht nur etwas zu verstehen, sondern sie regt ihn darüber hinaus an, den Sinn unter den jeweiligen Voraussetzungen, die er, der Leser, mitbringt, im Gedicht selbst zu konstituieren.

Lyrik ist oft in die Nähe der Musik gerückt worden. Ich habe eingangs das Gedicht mit einer Partitur verglichen. Bleiben wir in diesem Bild, so wäre der Leser moderner Lyrik ein Solist, der in Kadenzen oder Variationen zum Thema sich seine ganz eigene Musik machen kann, ohne den Bezug zum Ganzen zu verlieren.

Wie kann das vor sich gehen?

Ich lese jedes Gedicht laut. Versuche, jedes Wort gleich zu betonen, um Gleichwertigkeit herzustellen. Ich lasse meinen Atem von den Zeilen führen. Halte die Pause am Zeilenende ein. In meinem ersten Vortrag habe ich gesagt: Ich schreibe mit den Ohren. Und mit den Ohren lese ich auch. Es gibt keinen freien Rhythmus, nur einen notwendigen Rhythmus.

Ich frage mich: Gibt es einen Zusammenhang zwischen dem Fortschreiten des Sinns und des Atems?

Ich frage mich: Muß das sein? Muß dieses Wort sein, und muß es da stehn, wo es steht. Was bedeutet das Wort, was sind seine Konnotationen, was bedeutet es für sich, was in der Reibung, im Zusammenspiel, Zusammenprall mit anderen Wörtern des Gedichts? Wie verträgt es sich mit seinen Nachbarn, gibt es entfernte Verwandte über die Zeilen und Strophen hinweg? Wie klingt das Gedicht, und wie wird der Klang erzeugt? Und vieles mehr. Ich begreife das Gedicht wie eine Plastik, drehe und wende es, etwa wie es der Maler Francis Bacon in seinen Bildern mit den Körpern tut.

Ich habe mir überlegt, ob ich dieses Verfahren an einem modernen Gedicht demonstrieren sollte; es schien mir zu schwer nachvollziehbar. Worauf es mir vor allem ankommt, läßt sich jedoch ebensogut an einem Gedicht aufzeigen, das Sie alle kennen.

Wandrers Nachtlied

Über allen Gefilden
ist Ruh
in allen Wipfeln
spürst du
kaum einen Hauch
Die Vögel schweigen im Wald
Wart nur schon bald
ruhst du auch.

Nicht wahr, dieses Gedicht kennen Sie alle. Oder nicht? Lautet Ihre Fassung ein wenig anders? Ich habe so gut wie nichts verändert, kaum ein Bild, ein wenig den Rhythmus, es fehlt fünf Mal ein e. Der »eigentliche Sinn«, Sie erinnern sich, der hinter dem Spiegel, ist unverändert. »Gefilde« in der ersten, »Vögel« in der sechsten Zeile, habe nicht ich verursacht, sondern zwei frühe Abschriften des Goethe-Gedichts von Herder und Luise von Göchhausen. Wahrscheinlich waren ihnen die Gipfel zu prosaisch und die »Vögelein«, die dieser Zeile den Rhythmus eines Wiegenliedes geben, zu verspielt, zu nahe am Kinderlied. Sie haben versucht, das Gedicht mit »Poesie« und philosophischem Ernst anzureichern.

Meine Kassierung der fünf e in der vierten, siebten und achten Zeile und die Zugabe eines gänzlich überflüssigen, weil interpretatorischen »schon« sind dann mehr als genug, das Gedicht drittklassig zu machen. Allein wie der Rhythmus in den beiden letzten Zeilen davongaloppiert, erinnert eher an den Vater im Erlkönig, der mit Müh und Not den Hof erreicht, und hat nichts mehr vom ruhigen Ausatmen beim Einswerden des Menschen mit der Natur. Der Rhythmus läuft der Aussage zuwider, das Gedicht wirkt konfus. Natürlich kann nicht jedes Gedicht einer so strengen Nachprüfung so souverän standhalten. Es ging mir ja auch nur um das Verfahren. Und selbst die Pädagogik kann diesem Gedicht nichts antun.

Wandrers Nachtlied

Über allen Gipfeln
ist Ruh
In allen Wipfeln
spürest Du
kaum einen Hauch
Die Vögelein schweigen im Walde
warte nur, balde
ruhest du auch.

Bevor ich nach Heidelberg kam, habe ich nachdrücklich die These vertreten, Gedichte gehörten wie kaum eine andere Literaturgattung ins stille Kämmerlein. Ich bin da nicht mehr sicher. In den Lyrikseminaren von Professor Helmuth Kiesel hat sich die gemeinsame Lektüre moderner Gedichte als so anregend und aufschlußreich erwiesen, daß niemand von uns allein die Texte in diesem Umfang verstanden hätte. Die Gedichte waren nicht lediglich Vorwand für freie Assoziationen, aber auch nicht bloßer Stoff für akademisches Sezieren. Mitzuerleben, wie man sich ernsthaft um den Gegenstand bemühte, ohne die eigene subjektive Wahrnehmung, die eigenen Erfahrungen zu unterdrücken, diese Art wissenschaftlicher Arbeit zu erleben, das war eine meiner Heidelberger Erfahrungen; sie hat mir die meiste Freude gemacht. Vergnügen und Verantwortung des Lesers, hier fielen sie zusammen.

Hier wurde ein Umgang mit zeitgenössischer Literatur geübt, wie ihn schon Schopenhauer in seiner Zeit anmahnte: »Den richtigen Maßstab für den intellektuellen Wert eines Zeitalters (geben) nicht die großen Geister, die in demselben auftreten … sondern ihn gibt die Aufnahme, welche ihre Werke bei den Zeitgenossen gefunden haben. Ob nämlich ihm ein baldiger und lebhafter Beifall ward oder ein später und zäher, oder ob er ganz der Nachwelt überlassen blieb.«

Bevor ich zum Schluß meines Vortrags komme, möchte ich noch einige Anmerkungen machen zu einer Sonderform des Lesens von Gedichten, der Lyrikkritik.

Es gehört zu den Ritualen des literarischen Lebens, daß der Autor den Literaturkritiker nicht nur nicht liebt – das ist natürlich, es besteht eine sozusagen naturgemäße Feindschaft zwischen ihnen wie zwischen Hund und Katze –, sondern ihn für überflüssig hält. Die Kritik solle dem Buche dienen, kann man da lesen; für sich genommen, habe sie keinerlei Daseinsberechtigung. Ich halte von dieser Art Dienstverpflichtung nichts.

Doch denke ich, daß auch das Lesen von Literaturkritik gelernt sein will.

Allem voran steht für mich die Frage, ob der Kritiker, im Sinne Nietzsches die »Liebe als Kunstgriff« verwandt hat, ob er den ernsthaften Versuch gemacht hat, die Gedichte eines Autors im obenbeschriebenen Sinne zu verstehen. Das heißt, ich möchte seiner Beweisführung, die ihn zu einem bestimmten Urteil führt, folgen können, wie einem Kommissar, der einen Haftbefehl, oder dem Verteidiger, der einen Freispruch beantragt. Denn das Verfahren der Beurteilung ist dem der Verurteilung zum Verwechseln ähnlich.

Dem Urteil muß – deutlich erkennbar und nachvollziehbar – die Sammlung von Erfahrungen mit dem Gedicht vorausgehen. Ich sage: mit dem Gedicht. Trauen Sie niemals einer Beweisführung, die sich nur auf ein paar Zeilen stützt: Mit ein paar aus dem Zusammenhang gerissenen Zeilen kann man beinah jedes Gedicht zuschanden oder zur Kunst machen. Es sollte, gerade bei negativen Kritiken eine Selbstverständlichkeit sein, wenigstens ein Gedicht ganz abzudrucken – und zwar das, was der Kritiker für das gelungenste hält. Ich weiß, das setzt beim Kritiker zwei Dinge voraus, die oft fehlen: Liebe zur Literatur und Fairneß. Gedichte sind verwundbar. Sie sind eine leichte Beute des Intellekts, der sich über sie lustig macht und sie dem Gelächter preisgibt. Prüfen Sie beim Lesen einer Kritik, ob die einleuchtende Beweisführung oder die selbstverliebte Formulierungssucht des Schreibers im Vordergrund steht, letzteres besonders bei Verrissen, die mich im übrigen ebenso neugierig auf das Buch machen wie eine Seligpreisung. Hier geht es in der Regel um nichts weiter als um Geschmacksurteile. Im Geschmacksurteil aber wird nicht der Versuch gemacht, den Gegenstand zu erkennen, es ist bloß Ausdruck subjektiver Reaktion. Da der Kritiker aber seiner subjektiv irrationalen Meinung gern ein objektives Gepräge geben möchte, macht er es wie der eingangs beschriebene Oberstudienrat: Er hakt sich an irgendeiner Zeile, einem Gedicht, einem Bild fest und reagiert seinen Mißmut gegenüber dem Fremden in bösartigen Formulierungen ab. Doch das Gedicht ist wie das ungeheuerliche Tier Orillo in Boiardos »Orlando innamorato« (Der verliebte Roland). »Wenn das Schwert irgendein Glied des Körpers abhaut, so wächst dieses Glied sofort wieder am Körper nach, und das Ungeheuer ist so schrecklich wie nur je. Aber das Gedicht ist sogar noch schrecklicher als das Ungeheuer; denn Orillos Gegner gewann schließlich den Kampf durch einen erstaunlich gewandten Streich: er schlug dem Ungeheuer beide Arme ab, ergriff sie blitzschnell und schleuderte sie in den Fluß. Der Kritiker, der prahlerisch seiner Methode vertraut, das Gedicht zu erklären, das Gedicht zu erschöpfen, versucht, diesen gewandten Streich nachzuahmen: Er glaubt, daß auch er den Kampf dadurch gewinnen könne, daß er die abgeschlagenen Arme in den Fluß wirft. Aber er ist zum Scheitern verurteilt. Weder Feuer noch Wasser werden genügen, um zu verhindern, daß die verstümmelten Glieder dem Rumpf des Ungeheuers wieder anwachsen: Man muß es verschlingen, mit Knochen, Blut, Haut und Haar, Fell und Knorpel. Und selbst dann ist das Ungeheuer nicht tot; denn es lebt in einem selbst weiter, wird völlig einverleibt und man wird ein anderer Mensch und selbst irgendwie ein Ungeheuer dadurch, daß man es verschlungen hat.« (Robert Penn Warren)

Es würde mich freuen, meine Damen und Herren, wenn ich Ihre Lust, sich mittels Gedichten in Ungeheuer zu verwandeln, ein wenig angestachelt hätte, und so möchte Ihnen zum Schluß noch eines dieser unsterblichen Ungetüme vorsetzen. Das letzte Wort haben soll das Gedicht.

Walther von der Vogelweide

Under der linden
an der heide,
dâ unser zweier bette was,
Dâ mugt ir vinden
schône beide
gebrochen bluomen unde gras.
Vor dem walde in einem tal,
tandaradei,
  schône sanc diu nahtegal.

Ich kam gegangen
zuo der ouwe:
dô was mîn friedel kommen ê.
dâ wart ich empfangen,
hêre frouwe,
daz ich bin saelic iemer mê
Kuste er mich? wol tûstentstunt:
tandaradei,
  seht wie rôt mir ist der munt.

Dô hete er gemachet
alsô rîche
von bluomen eine bettestat.
des wirt noch gelachet
innelclîche,
kumt iemen an daz selbe pfat.
bî den rôsen er wol mac,
tandaradei,
  merken wâ mirz houbet lac.

Daz er bî mir laege,
wessez iemen
(nu enwelle got!), sô schamt ich mich.
Wes er mit mir pflaege,
niemer niemen
bevinde daz wan er unde ich –
Und ein kleinez vogellin,
tandaradei,
  daz mac wol getriuwe sîn.

Unter der Linde

Unter der Linde
auf der Heide
da unser beider Lager war,

da könnt ihr schön
gebrochen finden
die Blumen und das Gras.
Vor dem Wald in einem Tal –
tandaradei –
sang schön die Nachtigall.

Ich kam gegangen
zu der Aue:
da war mein Liebster schon gekommen.
Da ward ich empfangen –
Gnädige Jungfrau! –,
daß ich für immer glücklich bin.
Ob er mich küßte? Wohl tausendmal:
tandaradei –
seht, wie rot ist mir der Mund!

Da hat er gemacht
so prächtig
ein Bett von Blumen.
Da lacht noch mancher
herzlich,
kommt er jenen Pfad daher.
An den Rosen mag er wohl –
tandaradei –
merken, wo das Haupt mir lag

Daß er bei mir lag –
wüßte es jemand
(das verhüte Gott!), so schämt ich mich.
Wie er mit mir war,
niemals, niemand
erfahre das als er und ich
und ein kleines Vögelchen,
tandaradei –
das kann wohl verschwiegen sein.

Editorische Notiz

Die hier versammelten Reden, Aufsätze, Kritiken entstanden über einen Zeitraum von mehr als zwanzig Jahren. Sie erschienen in verschiedenen Verlagen, Presseorganen und Rundfunkanstalten, vor allem in der »Frankfurter Allgemeinen Zeitung«, aber auch im »Spiegel«, dem »Rheinischen Merkur«, der »Zeit«, dem Reclam und Suhrkamp Verlag sowie Radio Bremen. An einigen Stellen wird der Leser die Wiederholung von Bildern und Zitaten bemerken, wie sie bei einer solchen Sammlung unvermeidlich sind.
Für Leser, die meine Rezensionen zur Lektüre angeregt haben, folgen die Titel der besprochenen Bücher:

Nisametdin Achmetow, »Die Straße der Freiheit«, Prosa und Lyrik, übersetzt von Rolf-Dietrich Keil, Fischer Verlag, Frankfurt 1988

Bertolt Brecht, Werke, Große kommentierte Berliner und Frankfurter Ausgabe, Gedichte 1–5, Bde. 11–15, hg. von Werner Hecht, Jan Knopf, Werner Mitterzwei und Klaus-Detlev Müller, bearbeitet von Jan Knopf und Brigitte Bergheim, Suhrkamp Verlag, Frankfurt am Main 1993

Lilja Brik, »Schreib Verse für mich. Erinnerungen an Majakowski und Briefe«, Übersetzt von Ilse Tschörtner, Volk und Welt, Berlin 1991

Inger Christensen, »Azorno«, Roman, Übersetzt von Hanns Grössel, Kleinheinrich Verlag, Münster 1991

Emily Dickinson, »Guten Morgen, Mitternacht«, Gedichte und Briefe, Ausgewählt und übertragen von Lola Gruenthal, Karl Hennsel Verlag, Berlin 1987

Gabriele Fritsch-Vivié, »Nelly Sachs«, Monographie, Rowohlt, Reinbek bei Hamburg 1993

Johann Wolfgang von Goethe, »Der Sänger«, Werke, Hamburger Ausgabe in 14 Bänden, hg. von Erich Trunz, München [12]1981

Albrecht Haushofer, »Moabiter Sonette«, textura 128, Langwiesche Brandt, o. J. Dieses Sonett mit Kommentar in: »Gedichte fürs Gedächtnis«, hg von Ulla Hahn, Deutsche Verlags-Anstalt, München/Stuttgart 1999

Ricarda Huch, »Herbstfeuer«, Gedichte, Insel Verlag, Leipzig 1947

»Gertrud Kolmar. 1894–1943«, Marbacher Magazin 63/1993 bearbeitet von Johanna Woltmann

Irina Ratuschinskaja, »Grau ist die Farbe der Hoffnung«, Bericht aus einem Frauenlager, Albrecht Knaus Verlag, München und Hamburg 1988

Wassyl Stus, »Du hast dein Leben nur geträumt«, Gerold und Appel Verlag, Hamburg 1988

Giuseppe Ungaretti, »Ich suche ein unschuldiges Land«, Gesammelte Gedichte, Italienisch/Deutsch, Übertragen und mit einem Nachwort versehen von Michael Marschall von Bieberstein, Piper Verlag, München/Zürich 1988

Marina Zwetajewa, »Auf eigenen Wegen«, Tagebuchprosa, Moskau 1917–1920, Paris 1934, Übersetzt und mit einem Nachwort versehen von Marie-Luise Bott, Suhrkamp Verlag, Frankfurt am Main 1987

»Antigone«: Rosemarie Trockel/Ulla Hahn, »Antigone«, Mappe auf Anregung der Galerie Joachim Blüher, Köln 2001

»Denn sieh, du blätterst einen Menschen um«: Rede zu Werk und Leben Gertrud Kolmars im Rahmen der Jeanette-Schokken-Literaturtage in Bremerhaven, 1996

»Historische Provinzler«: Aus der Dankrede zur Verleihung des Hölderlin-Preises, 1985

»Mit dem Gaumen des Herzens«: Vorwort zu der Antholgie »Gedichte fürs Gedächtnis. Zum Inwendig-Lernen- und Auswendig-Sagen«, Deutschen Verlags-Anstalt, München/Stuttgart 1999

»Nur eine Rose als Stütze«: Laudatio für Hilde Domin zur Verleihung des Hölderlin-Preises, 1995

»Stechäpfel«: Nachwort zur gleichnamigen Anthologie im Reclam Verlag, Stuttgart 1992

»Süßapfel, rot«: Nachwort zur gleichnamigen Sammlung meiner Gedichte im Reclam Verlag, Stuttgart 2003

»Wenn mir beim Schreiben die Luft wegbleibt«: Laudatio für Christa Reinig zur Verleihung der Roswitha-von-Gandersheim-Medaille, 1993

Personenregister

Bibliografische Information Der Deutschen Bibliothek
Die Deutsche Bibliothek verzeichnet diese Publikation
in der Deutschen Nationalbibliografie; detaillierte
bibliografische Daten sind im Internet über
<http://dnb.ddb.de> abrufbar.

Diese Ausgabe wurde auf chlor- und säurefrei gebleichtem,
alterungsbeständigem Papier gedruckt.

1. Auflage

Satz und Layout: Boer Verlagsservice
Gesetzt aus der Minion Pro
Druck und Bindung: Clausen & Bosse, Leck
Printed in Germany
ISBN 10: 3-421-05951-9
ISBN 13: 978-3-421-05951-2

www.dva.de